2020：中国消除农村贫困

全面建成小康社会的精准扶贫、脱贫攻坚研究

杨秋宝◎主编

北京出版集团公司
北京人民出版社

撰写者

（以章为序）

杨秋宝　第一章、第二章

姚星星　第三章、第六章、第七章

公丕明　第四章、第八章

张国防　第五章、第十章

仲德涛　第九章、第十五章、第十六章

杨振强　第十一章

公丕宏　第十二章、第十七章

刘金新　第十三章、第十四章

龙琪琪、王道勇　第十八章

王道勇、龙琪琪　第十九章

目 录

第一章　精准扶贫、脱贫攻坚的战略方位

中国是一个有着13亿多人口的发展中大国，让农村贫困人口摆脱贫困、走向小康、奔向富裕，在相当长的历史进程中，始终是经济社会发展、走向社会主义现代化的极其重要的内容。党的十八大以来，党和国家高度重视继续推进扶贫开发，把精准扶贫、脱贫攻坚放到治国理政的重要位置，纳入“四个全面”战略布局，并作为全面建成小康社会的重要要求，提升到贯彻落实五大发展理念的高度，做出了一系列决策部署。研究分析、贯彻落实党和国家全面建成小康社会精准扶贫、脱贫攻坚的战略部署，要有历史的眼光、战略的视野，要在中国发展的历史进程中，从战略的高度来理解和分析。当然，首先还是要深刻认识精准扶贫、脱贫攻坚的战略方位。

一、全面建成小康社会新阶段

反贫困、促进并实现农村贫困人口摆脱贫困、走向富裕，是中国发展过程中一项极其重要的内容。从中国进入近现代社会以后的战略演进来看，可以按递进顺序，从三个基本层面来认识精准扶贫、脱贫攻坚的战略方位。

（一）实现中华民族伟大复兴的百年战略方位

从中国近现代以来的历史进程来看，从1840年第一次鸦片战争到21世纪中叶，是中国从百年屈辱走向百年复兴的两百多年，可以简要概括为两百年。这两百年，中国人民和中华民族推进发展、持续奋斗的全部内

容，在一定意义上就是要做两件大事、完成两大历史任务。

第一个百年其实是一百多年即1840年到1949年。中国人民和中华民族在几千年历史的发展进程中，创造了灿烂无比、悠久辉煌、影响人类的伟大的中华文明，为整个人类社会的发展做出了卓越贡献。但是，在1840年进入近代社会的历史进程以后，由于西方诸多列强的侵略掠夺，也由于整个封建社会制度走向没落腐朽，以及封建国家统治集团盲目闭关自守、夜郎自大，在整个世界变革的大潮流中中国逐渐滞后于时代前进的步伐，一步一步落后于在近代工业革命中迅速崛起的西方各国，终于被西方列强的坚船利炮打开不堪一击的大门，拥有五千年历史的文明古国一步步沦为半殖民地半封建社会的国家，山河破碎，生灵涂炭，中华民族遭受了前所未有的苦难。面对整个中华民族陷入苦难深渊的巨大危机，面对整个国家屈辱落后的悲惨境况，奋起反抗、救亡图存、为国家独立和民族解放而斗争，就成为中国人民和中华民族要做的第一件大事、必须完成的第一大历史任务。在百年历史进程中，无数仁人志士抛头颅、洒热血，探寻救国救民的道路；中华民族挺起脊梁、奋起抗争，以百折不挠的精神，进行了一场场气壮山河的斗争，描绘了一幅幅悲壮感人的图画，谱写了一首首可歌可泣的史诗。中国人民和中华民族经历了无数的痛苦、无数的磨难、无数的艰辛、无数的努力、无数的奋斗，终于在中国共产党领导下于1949年建立了伟大的中华人民共和国，使得旧中国民族屈辱、一盘散沙的局面彻底终结，使得旧中国半殖民地半封建社会的历史彻底终结，同时彻底废除了西方各列强强加给中国的一系列不平等条约，彻底取消了帝国主义在中国的一切特权，从而为最终完成中华民族的伟大复兴扫清了巨大的障碍，创造了足够的前提，奠定了坚实的基础。换言之，第一个百年期间中国人民和中华民族做成的第一件大事、完成的第一大历史任务就是实现了国家独立和民族解放，为中国的现代化建设、中国的发展富强、中国人民的生活富裕、中国梦的实现奠定了最基本的政治基础和制度基础。

1949年到2050年是第二个一百年，中国人民和中华民族要做的第二件大事、要完成的第二大历史任务就是基本实现现代化，在基本实现现代化的基础上，把我国建成富强民主文明和谐美丽的社会主义现代化强国，实现中华民族的伟大复兴。可见，在中国进入近现代社会以后两百来年的历史进程中，今天的中国已经推进、发展到了第二个百年，处在为完成第二大历史任务而奋斗的百年战略大方位中。正是在这个百年战略方位中，党的十八大以后，党和国家提出精准扶贫、脱贫攻坚的重大战略，精准扶贫、脱贫攻坚对于中国第二个百年发展、完成第二大历史任务，即基本实现现代化、实现中华民族伟大复兴具有重要意义，是实现中华民族伟大复兴、推进发展百年战略方位的重要内容。只有通过推进精准扶贫、脱贫攻坚，让农村贫困人口摆脱贫困，才能为建成社会主义现代化强国、实现中华民族伟大复兴奠定坚实的发展基础。

（二）实施现代化建设第三步发展战略的战略方位

第二个百年的历史进程，又可以划分为前后两个50年，其根据是邓小平提出的中国现代化建设“三步走”发展战略。

改革开放以后，在设计与领导中国发展的实践中，邓小平立足于实现中华民族振兴，从中国跨世纪发展前所未有的高度，提出了中国发展“三步走”基本实现现代化的宏伟战略。完整的“三步走”战略构想，是以新中国成立以后前30年（1949年到1980年）的发展为基础，以1981年为基数，即确定具体发展目标是从1981年开始。第一步，到1990年比1981年实现国民生产总值翻一番，解决人民群众的温饱问题；第二步，到2000年即20世纪末，实现国民生产总值再翻一番，人民群众的生活水平达到小康水平；第三步，到21世纪中叶即2050年，中国的国民生产总值达到中等发达国家水平，人民群众生活较为富裕，基本实现现代化。“三步走”现代化建设的发展战略，实际上是涵盖新中国成立后长达100年发展的总体构想、总体战略。这个总体战略构想既为中国的现代化建设指明了奋斗方向，又为在现代化建设中充分调动广大人民群众的主动性、积极性、创造性提供了巨大的动力，也为中国在发展的历史进程中制定短期和中长期经济社会发展规划提供了极其重要的依据。“三步走”的现代化建设发展战略构想，既突出了实现社会主义现代化的紧迫性，又强调了整个社会主义初级阶段现代化建设的长期性，也从战略指导的高度解决了中国经济建设中长期存在的急于求成的问题，把奋斗目标建立在切实可行的基础上；同时，“三步走”的现代化建设发展战略还体现了中国人民有决心用一百年的时间艰苦奋斗，走完发达国家近现代几百年来走过的现代化路程，体现了中国整个现代化建设历史过程的长期性，体现了中国人民对于实现整个现代化的执着追求。“三步走”的现代化建设战略，也体现了整个中华民族远大目标与具体措施的有机结合、雄心壮志与实干精神的科学统一，把中国整个国家的社会主义现代化进程具体化为富有实践意义、切实可行的推进步骤，展现了国家发展、社会繁荣的美好前景，统一了现代化建设历史进程中全党和全国人民的坚定意志，是激励全国人民为一个共同理想而努力奋斗的宏伟纲领。

在新中国成立后前30年对中国现代化建设道路进行艰辛探索的基础上，根据邓小平提出的“三步走”现代化建设发展战略，经过改革开放前二十来年的艰辛努力与艰苦奋斗，中国在发展中先后顺利地完成了现代化建设的第一步发展战略目标和第二步发展战略目标，人民群众的生活水平在总体上达到小康水平，整个国家实现了从贫困到温饱，再从温饱到小康的历史性跨越。这就是第二个百年历史进程中的第一个50年，在打基础的前提下实现并完成了邓小平提出的中国现代化建设的第一步与第二步发展战略目标。

进入21世纪，从2001年到2050年，是第二个50年，中国人民和中华民族要贯彻实施“三步走”发展战略的第三步战略构想，用50年即半个世纪的时间基本实现现代化，建设富强民主文明和谐美丽的社会主义现代化强国，实现中华民族的伟大复兴。

实施并完成现代化建设第三步发展战略目标，在21世纪新的历史时期与新的时代背景下，需要整个国家与全体人民全面加速为实现现代化而努力、奋斗和追求，是中国历史发展中最伟大的事业与最辉煌的壮举，对于整个国家乃至全世界都具有划时代的意义，必然使得中国经济社会的整个面貌焕然一新。实现现代化，全面进入现代化社会，中国人民千百年来梦寐以求的宏伟理想必将得以实现，必将开启21世纪历史发展的新纪元。

可见，在中国进入第二个百年、完成第二大历史任务的历史进程中，今天的中国已经推进、发展到第二个50年阶段，处在实施并完成现代化建设第三步发展战略的50年战略方位之中。正是在这个50年战略方位的发展过程中，党的十八大以后，党和国家提出精准扶贫、脱贫攻坚的重大战略，精准扶贫、脱贫攻坚对于中国第二个50年实施并完成现代化建设第三步发展战略具有重要意义，是实施并完成现代化建设第三步发展战略的重要内容。只有通过推进精准扶贫、脱贫攻坚，让农村贫困人口摆脱贫困，才能为实施并完成现代化建设第三步发展战略提供重要的发展条件。

（三）全面建成小康社会新阶段的战略方位

随着我国现代化建设第二步发展战略目标的顺利实现，人民群众的生活水平在总体上达到小康水平，进入21世纪以后怎样实施现代化建设第三步发展战略，就成为推进中国现代化建设在21世纪发展的重大战略问题。

经过一定时期的研究，党和国家在实际上把实施现代化建设第三步发展战略的50年划分为前20年和后30年两个大的历史时期。21世纪前20年，要继续推进社会主义现代化建设，进一步发展社会主义市场经济，建立并完善社会主义市场经济体制，使人民群众生活达到全面小康。接下来的30年，是在前20年发展的基础上，基本实现现代化，建成富强民主文明和谐美丽的社会主义强家。

进入21世纪以后，党和国家明确提出要紧紧抓住21世纪前20年的重要战略机遇期，把前20年推进发展、做好工作的全部要求、全部内容、全部任务，集中、概括、浓缩为全面建设小康社会。在跨入21世纪之际，党的十五届五中全会审议通过《中共中央关于制定国民经济和社会发展第十个五年计划的建议》（以下简称《建议》），《建议》明确指出："从新世纪开始，我国将进入全面建设小康社会，加快推进社会主义现代化的新的发展阶段。"① 2002年，党的十六大又明确提出，要紧紧抓住前20年的重要战略机遇期，集中力量，全面建设惠及十几亿人口的更高水平的小康社会，并且确定了中国20年全面建设小康社会的宏伟纲领，为全党和全国人民展现了加快推进社会主义现代化的光明前景。显然，前20年，中国的经济社会发展进入并处于全面建设小康社会20年的战略方位之中，我们要用

① 中共中央文献研究室：《十五大以来重要文献选编（中）》，人民出版社2000年版，第1369页。

20年时间，在总体小康的基础上，全面建成小康社会。

在全面建设小康社会的发展过程中，经过21世纪10余年的发展推进，全面建设小康社会在各方面取得了重大进展，党的十八大以后，中国进入全面建成小康社会决定性阶段。在全面建成小康社会决定性阶段的历史进程中，又经过三年的努力奋斗，在以习近平为核心的党中央领导下，打下了对于全面建成小康社会具有决定性意义的基础，进而迈向“十三五”。在即将步入“十三五”之际，党的十八届五中全会对中国的发展做出战略部署，明确提出“十三五”时期是全面建成小康社会的决胜阶段，要夺取全面建成小康社会的决定性胜利。简而言之，“十三五”时期中国的发展，就是要决胜全面小康。

可见，在21世纪前20年全面建设小康社会的发展过程中，中国的经济社会发展已经推进到全面建成小康社会决定性阶段，进而在迈向“十三五”之际又发展到全面建成小康社会决胜阶段的战略方位中。正是在全面建成小康社会新阶段推进发展的过程中，党的十八大以后，党和国家提出精准扶贫、脱贫攻坚的重大战略。精准扶贫、脱贫攻坚对于全面建成小康社会、夺取全面建成小康社会决定性胜利具有重要意义，是决胜全面小康、全面建成小康社会的重要内容、重要要求。只有通过推进精准扶贫、脱贫攻坚，让农村贫困人口摆脱贫困，才能确保如期全面建成小康社会、实现全面建成小康社会的奋斗目标。

（四） 精准扶贫、脱贫攻坚是全面建成小康社会的重要内容和要求

我国的经济社会发展在历史的进程中已经进入并处在全面建成小康社会的新阶段，而全面建成小康社会的重要内容、重要要求，就是要精准扶贫、脱贫攻坚，实现农村贫困人口脱贫，改变贫困地区贫穷落后的面貌。如果经过若干年的努力，到2020年农村还有几千万贫困人口没有摆脱贫困，现有贫困地区的落后面貌没有显著改变，那就是没有完成全面建成小康社会的历史任务，党和国家也就无法得到人民群众和国际社会的认可。

全面建成小康社会，最繁重、最艰巨的任务在贫困地区，最突出的短板是农村贫困人口的贫困。在全面建成小康社会过程中突出重点、补齐短板，把扶贫开发摆在更加突出的位置，必须精准扶贫、脱贫攻坚，采取超

常规的举措，拿出过硬办法，咬定目标，苦干实干，坚持到底，全面改善贫困地区人民群众民生，使改革发展成果更多更公平地惠及贫困地区和贫困人口，不让贫困地区和贫困人口在全面建成小康社会的征程中落伍掉队，打赢脱贫攻坚战。通过精准扶贫、脱贫攻坚，实现农村贫困人口脱贫，必将成为我国全面建成小康社会一个最耀眼、最突出的亮点，必然会为进一步迈向实现现代化、实现中华民族伟大复兴奠定坚实基础。

精准扶贫、脱贫攻坚，对于为全面建成小康社会创造良好的社会环境、维护社会稳定具有着重要社会意义。如果不能在发展中一步一步消除贫困，一个国家、一个社会就很难保持长期的社会稳定；没有社会稳定，就难以保障经济和社会持续发展，就会阻碍小康社会的全面建成。因此，精准扶贫、脱贫攻坚，推动贫困地区加快发展，不仅是一个重要的经济问题，而且也是关系到国家长治久安的重大政治问题，是治国安邦、长远发展的大事。

我国存在着较大的区域发展差距，既不利于生产要素的优化配置和生产力的合理布局，也不利于社会稳定和国家振兴。精准扶贫、脱贫攻坚，加快贫困地区经济社会发展，能够促进区域经济发展差距的缩小，促进区域经济协调发展，进而促进整个国家社会发展的稳定，为全面建成小康社会提供重要的保障。我国的贫困地区，有相当一部分是革命老区，老区人民为建立新中国做出了巨大的贡献和牺牲。精准扶贫、脱贫攻坚，让革命老区的广大人民群众摆脱贫困，走向共同富裕之路，是对在中国革命和建设中做出过巨大历史贡献的广大革命老区人民群众的一种历史性回报和补偿，充分体现了党和国家对于革命老区广大人民群众负责任、知感恩的态度，必然得到广大人民群众的拥护。在我国贫困地区中，还有相当一部分是少数民族地区和边疆地区。少数民族地区和边疆地区的稳定发展，对于加强民族团结、巩固边防安全、维护国家统一非常重要。精准扶贫、脱贫攻坚，必将推进少数民族地区和边疆地区进一步的经济发展，促进少数民族地区、边疆地区人民生活水平的进一步提高，促进少数民族地区、边疆地区社会面貌的进一步改善，进而为促进全国各民族团结、维护边疆安定提供重要保障。因此，精准扶贫、脱贫攻坚，是关乎社会稳定、关乎国家全局安定、关乎执政党地位的大事要事，是全面建成小康社会的极其重要的要求与内容，对于促进国家经济社会协调发展和社会安定团结，对于夯实党的执政施政基础，对于加强各民族团结、维护国家统一和巩固边防安全，都具有着重大的意义。

二、大规模反贫困进程新阶段

中国制定和实施扶贫开发战略，进行大规模扶贫开发，始于改革开放以后的20世纪80年代。在改革开放的历史进程中，中国的扶贫开发不断深入。党的十八大以来，中国的扶贫开发推进到大规模反贫困进程新阶段的战略方位。

（一）大规模反贫困进程的启动

早在新中国成立前夕，毛泽东于1949年9月30日为中国人民政治协商会议第一届全体会议起草《中国人民大团结万岁》的宣言，其中就向世人昭示："中华人民共和国现已宣告成立，中国人民业已有了自己的中央政府。""它将领导全国人民克服一切困难，进行大规模的经济建设和文化建设，扫除旧中国所留下来的贫困和愚昧，逐步地改善人民的物质生活和提高人民的文化生活。"① 从新中国成立起，解决贫困人口的温饱问题始终就是党和国家的重要任务，全国各族人民为此进行了不懈的奋斗。20世纪50年代初，一些地区就组织并派出工作队，前往有关困难地区、困难村帮助贫困农户、困难人口解决春耕生产中面临的各种困难。60年代，国家有关部门在《关于在社会主义教育运动中加强农村社会保险工作、帮助贫下中农克服困难的报告》中，明确提出要通过发展生产促使农村困难户、贫困户走共同富裕的道路，这个报告要求困难户、贫困户"依靠集体经济，通过生产自救，逐步走上与其他社员共同富裕的道路"。70年代后期，对于农村困难户和各地的扶贫情况，国家民政部曾派出工作组分赴多个省、自治区调查研究，并对全国的扶贫工作进行过安排。"文化大革命"结束以后的1978年，在整个国民经济仍然较为困难的情况下，中共中央和国务院决定每年专门拨款5000万元，支持帮助属于革命老区、贫困地区的陕北

① 中共中央文献研究室：《毛泽东文集》（卷五），人民出版社1996年版，第348页。

地区发展经济、扶贫帮困。但是，改革开放以前的扶贫帮困，主要是由国家采取每年向贫困地区调拨粮食、衣物等救济物品的直接救济的“输血”方法，由民政部门负责社会救济工作，对贫困人口、困难人口无偿提供最为基本、维持生存的吃饭穿衣等基本消费资料。真正具有实质性内容的反贫困战略以及严格意义上的扶贫开发行动，是在改革开放以后提出并大规模实施的。

1978 年党的十一届三中全会至 1985 年，是中国提出第一个扶贫开发指导性文件并启动大规模反贫困行动的阶段。1978 年 12 月，党的十一届三中全会审议的《中共中央关于加快农业发展若干问题的决定（草案）》中指出：“农村仍有 1 亿几千万人口粮不足……有近四分之一的生产队社员收入在 40 元以下。”实际上，这是党和国家首次明确确认中国农村存在较大规模贫困人口，开始把消除农村贫困作为促进农村农业发展的重要内容和要求。1981 年，农业部人民公社管理局公布了《一九七七至一九七九年全国穷县情况》的统计分析报告，提供了 1977 年至 1979 年除西藏自治区以外的全国所有农村人均集体分配收入低于 50 元的县数和低于 40 元的生产队数，公布了 1977 年至 1979 年连续三年人均分配收入持续低于 50 元的贫困县在各省分布情况与名单，从而首次全面概括了中国农村基本的贫困状况。此后，根据国家统计局测算，1978 年中国农村年人均纯收入低于 100 元的贫困人口有 2.5 亿，占农村总人口的 30.7%。

1982 年，针对甘肃定西地区、河西地区和宁夏西海固地区生态破坏严重、农民饥寒交迫的状况，国务院决定专项拨款 20 亿元（每年 2 亿元），实施为期十年的“三西”农业建设计划，提出三年停止破坏、五年解决温饱、两年巩固提高的目标。“三西”农业建设计划实际上是涉及较大区域的扶贫开发计划，这一计划的实施拉开了中国特定贫困区域大规模扶贫开发的序幕。

1984 年 9 月 29 日，中共中央、国务院发布《关于帮助贫困地区尽快改变面貌的通知》（以下简称《通知》）。《通知》指出，解决好贫困地区的问题具有重要的经济意义和政治意义，改变贫困地区面貌的根本途径是依靠当地人民自己的力量，按照本地的特点，因地制宜，扬长避短，充分利用当地资源，发展商品生产，增强本地区经济的内部活力。这实际上提出了开发式扶贫的思路。《通知》还强调，解决贫困地区的问题要突出重点，应集中力量解决十几个集中连片贫困区的问题。为有效地促进贫困地区经济发展，《通知》提出了五点具体措施：一是进一步放宽政策，对贫困地区实行比一般地区更灵活、更开放的政策，彻底纠正集中过多、统得过死的弊端，给贫困地区农牧民以更大的经营主动权；二是减轻负担，给予优惠，包括对贫困地区分情况减免农业税，外地到贫困地区兴办的开发性企业5年内免缴所得税等；三是搞活商品流通，加速商品周转；四是增加智力投资，有计划地发展和普及初等教育，重点发展农业职业教育，加速培养适应山区开发的各种人才；五是加强领导，包括各有关地区要组建贫困地区经济开发领导小组和组织工作机构，发挥督促检查各项扶贫开发措施落实的职能。这项《通知》是中国改革开放以后党和国家制定的第一个专门的扶贫开发指导性文件，在改革开放新时期第一次提出了中国扶贫开发较为完整的系统的工作思路和政策措施，有力推动了扶贫开发的进程。

改革开放之初，农村大面积贫困的原因是多方面的，但最主要原因是人民公社制度导致广大农民缺乏农业生产的积极性和主动性，致使农业生产效率低下。所以，农村生产经营制度的调整与变革，对于缓解当时的农村贫困发挥着重要作用。这一时期，农村土地经营制度的变革即以家庭承包经营制度取代人民公社制度，极大地激发了广大农户、农民的生产积极性、主动性、自觉性，从而极大地促进了农业生产力的解放，提高了农村土地产出率。与此同时，农产品价格逐步放开、大力发展乡镇企业等多项改革举措也在农村逐步推行，促进了农村经济、农业生产的快速发展，并且通过农产品价格提升、农业结构调整以及农村劳动力向非农产业转移三个方面的渠道，将利益传递给贫困人口，促使较大规模的农村贫困人口得以逐步脱贫，农村贫困现象得到较大幅度缓解，贫困人口大幅度减少。按照当时的农村贫困标准，贫困人口从1978年的2.5亿减少为1985年的1.25亿，下降幅度为50%，平均每年减少贫困人口1786万，贫困发生率由1978年的30.7%降至1985年的14.8%。

（二）大规模反贫困进程的全面展开

1986年至2000年，是中国大规模反贫困行动全面展开、扶贫开发进入组织化和制度化的阶段。

20世纪80年代中期，在农村制度变革和家庭联产承包责任制逐步完善的过程中，广大农村地区经济实现较快发展，经济社会发展落后的面貌开始改变。但是，一部分农村贫困地区由于受历史、自然、地理、经济、社会等方面因素的制约，经济社会发展相当滞后，农村贫困人口中有相当一部分人食不果腹、衣不蔽体、房不避风雨，贫困农户的生产经营收入难以满足基本生存的需要。针对农村不同地区经济社会发展日益凸显的不平衡问题，针对在经济、社会、文化等方面贫困地区与其他地区（尤其是东部沿海发达地区）发展差距逐步扩大的问题，从1986年开始，党和国家进一步加大扶贫开发力度，实施了一系列反贫困、扶贫开发的重大战略措施，在整个国家范围内开展了大规模有组织、有计划的开发式扶贫，中国的反贫困、扶贫开发迈入一个新的历史推进时期。

首先，明确了扶贫开发的区域对象并成立扶贫开发的专门领导机构。在贯彻落实《关于帮助贫困地区尽快改变面貌的通知》的基础上，1986年的全国人大六届四次会议审议通过的《中华人民共和国国民经济和社会发展第七个五年计划（1986—1990）》，把扶持老、少、边、穷地区尽快摆脱经济文化落后的状况列为重要内容。同时，按照确定的扶持标准把全国的贫困县划分为国家重点扶持贫困县与省区扶持贫困县两类，形成按区域实施反贫困、扶贫开发战略的基础，进而对所确定的18个集中贫困区域实施连片开发。又于1986年5月成立国家扶贫开发领导机构即国务院贫困地区经济开发领导小组（1993年更名为国务院扶贫开发领导小组），对整个国家的反贫困、扶贫开发承担领导、组织、协调、监督、检查等职责。各有关省区由省级到县级也陆续成立了专门的扶贫开发工作机构。

其次，彻底改革传统的救济式、输血式的反贫困、扶贫方式，确定了开发式扶贫的反贫困方针，也就是在国家的必要支持下，贫困地区发挥自身资源优势，进行开发性生产建设，逐步形成、提高贫困地区与贫困农户自我积累和发展能力，主要通过经济开发、生产建设提高自身能力，促进贫困地区经济发展、贫困农户解决温饱乃至脱贫致富。同时，还配套实施了一系列专门面向贫困地区与贫困人口的开发式扶贫政策措施，包括设立扶贫开发专项扶持资金以较大幅度增加扶贫开发投入，对贫困地区经济开发项目实行优惠的财政、金融支持政策，采取措施促进贫困人口素质与自我发展能力的提高，动员政府机构与社会各界广泛参与扶贫开发，等等。

最后，制定实施《国家八七扶贫攻坚计划》（以下简称《计划》）。国务院于1994年3月正式公布《计划》，确定从1994年到2000年，用7年左右的时间，集中人力、物力、财力，动员社会各界力量，基本解决以当时的标准衡量的全国农村8000万绝对贫困人口的温饱问题；同时提出要继续坚持开发式扶贫方针，明确了开发式扶贫的基本途径、主要形式，强化了开发式扶贫的信贷优惠政策、财税优惠政策和经济开发优惠政策。《计划》实施以后成效显著。1996年10月，中共中央、国务院召开了中央扶贫开发工作会议，会上通过《关于尽快解决农村贫困人口温饱问题的决定》；1999年6月，中共中央、国务院再次召开会议，通过《关于进一步加强扶贫开发工作的决定》。在《计划》的实施过程中，党和国家又采取了一系列反贫困、扶贫开发的重大政策措施，较大幅度从多方面增加了反贫困、扶贫开发的投入，进一步加大、提升了整个国家的反贫困、扶贫开发力度。

通过开发式扶贫战略的实施，以当时的标准衡量的农村贫困人口稳步减少。1986年至1993年，按照当时的标准，全国农村绝对贫困人口从1.25亿人减少到8000万人，平均每年减少640万人左右，年均递减6.2%，贫困人口占农村总人口的比重从14.8%下降到8.8%。到1993年年底，农村绝对贫困人口又减少为7500万人，国家重点扶持贫困县的农民人均纯收入也从1986年的206元增加到483.7元。到1995年年底，中国的农村贫困人口下降为6500万人，1996年年底下降为5800万人，1997年年底下降为5000万人，1998年年底下降为4200万人，1999年年底下降为3400万人，2000年年底，以当时的标准衡量的农村贫困人口下降为3000万人。

（三）大规模反贫困进程的继续深入

进入21世纪，2001年到2012年党的十八大，可以说是中国大规模反贫困进程继续深入的阶段。

在进入21世纪之际，《计划》确定的中国反贫困目标，按照当时的标准衡量已经基本实现，尽管农村还存在部分生活在自然环境恶劣地区的特困人口、必须救济的少数困难人口与残疾人等，但总体来看，农村贫困人口的温饱问题已经基本解决。然而，中国仍然处在社会主义初级阶段，贫困地区、贫困人口和贫困现象在一定时期将继续存在是无法避免的。温饱问题还没有解决的那些特困人口、少数困难人口和残疾人等，数量上虽然不是很多，但要从根本上摆脱贫困的难度确实很大。那些初步解决温饱的农户、农村人口，因为区域经济发展和生产条件、生活环境没有得到根本改变，其温饱状况并不十分稳固，巩固初步脱贫成果的任务仍然非常艰巨。还必须指出，已经基本解决温饱、摆脱贫困的农户和农村人口，其摆脱贫困、解决温饱的标准并不是很高，在这个基础上要使这些农户和农村人口奔向小康，进而提升到具有较为宽裕的生活水平，必然要再经过一定历史时期的努力奋斗。至于从根本上彻底改变贫困地区社会经济的落后面貌，大幅度缩小区域经济社会发展差距，显然是一个较为长期的历史性任务。因此，农村贫困人口温饱问题的基本解决，既是中国扶贫开发的伟大胜利，标志着中国的反贫困实现了从贫困到温饱的历史性跨越，意味着中国扶贫开发胜利地走完了一个历史阶段；但同时，也是中国扶贫开发的新的起点，标志着中国的反贫困又开始了新衡量标准下的从温饱到小康的新的跨越征程，中国的扶贫开发在21世纪进入了继续深入的新阶段。

2001年6月，中共中央、国务院印发《中国农村扶贫开发纲要（2001—2010年）》，提出在2001年至2010年这十年，要集中全党全国全社会力量，进一步加快贫困地区在21世纪反贫困、脱贫致富的步伐，把中国的反贫困、扶贫开发伟大事业推向一个新的历史阶段；在全面建设小康社会、扶贫开发的新阶段，要尽快解决仍然处在贫困状态中的少数农村贫困人口温饱问题，提高贫困人口的生活质量和综合素质，进一步改善贫困地区的基本生产生活条件，加强贫困乡村的基础设施建设，改善贫困地区的生态环境，巩固已取得的温饱成果，促进贫困地区经济、社会、文化落后状况在根本上得到改变，为实现小康社会创造条件。这一阶段的反贫困、扶贫开发，把贫困地区尚未解决温饱问题的贫困人口作为扶贫开发的首要对象，把贫困人口相对集中的中西部革命老区、少数民族地区、边疆地区与特困地区作为反贫困、扶贫开发的重点区域，强调坚持开发式扶贫，坚持综合开发、全面发展，坚持可持续发展，坚持自力更生、艰苦奋斗，坚持政府主导、全社会共同参与，采取与实施了一系列扶贫开发的政策措施，取得了重要的成就。按照20世纪80年代中期确定的贫困标准，到2010年，中国农村的贫困人口从1978年的2.5亿、2000年的3000万，减少到1000万以下；根据进入21世纪调整以后的贫困标准，到2010年，中国农村贫困人口从2000年的9422万，减少到2688万。

在进入21世纪第二个十年之际，中共中央、国务院于2011年12月又发布《中国农村扶贫开发纲要（2011—2020年）》（以下简称《扶贫开发纲要》），《扶贫开发纲要》提出，要提高扶贫标准，加大投入力度，把连片特困地区作为反贫困、扶贫开发的主战场，把稳定解决扶贫对象温饱问题、尽快实现脱贫致富作为反贫困、扶贫开发的首要任务；《扶贫开发纲要》明确了"两个坚持、四个注重"，即坚持政府主导，坚持统筹发展，更加注重转变经济发展方式，更加注重增强扶贫对象自我发展能力，更加注重基本公共服务均等化，更加注重解决制约发展的突出问题，努力推动贫困地区经济社会更好更快发展；《扶贫开发纲要》重申坚持开发式扶贫方针，进而强调实行扶贫开发和农村最低生活保障制度有效衔接，把扶贫开发作为脱贫致富的主要途径，把社会保障作为解决温饱问题的基本手段。

（四） 精准扶贫、脱贫攻坚的新阶段

党的十八大以后，中国大规模反贫困进程推进到精准扶贫、脱贫攻坚的新阶段。这个新阶段的基本含义包括两个方面：一方面是精准扶贫，在党的十八大之后的一年，习近平总书记于2013年11月到湖南湘西十八洞村进行考察，习近平总书记在考察中明确提出扶贫开发要精准扶贫。此后，精准扶贫就成为中国扶贫开发新阶段的基本要求、推进方略和工作机制。正如习近平总书记所指出的，扶贫开发推进到今天这样的程度，贵在精准，重在精准，成败之举在于精准。另一方面是脱贫攻坚，习近平总书记在2015年中央扶贫开发工作会议上强调，把"扶贫攻坚"改成"脱贫攻坚"，就是要在2020年这一时间节点上，兑现脱贫的承诺。脱贫攻坚集中体现了大规模反贫困新阶段的奋斗目标和突出特点，表明中国大规模反贫困已进入啃硬骨头、攻坚拔寨的冲刺期。

进入新阶段以来，中共中央办公厅、国务院办公厅于2013年12月印发《关于创新机制扎实推进农村扶贫开发工作的意见》，明确要求在反贫困、扶贫开发中要创新扶贫开发工作机制，提出建立精准扶贫工作机制；2015年11月，《中共中央国务院关于打赢脱贫攻坚战的决定》颁发，提出确保到2020年农村贫困人口实现脱贫，大力实施精准扶贫，坚决打赢这场攻坚战；2016年11月，国务院印发《"十三五"脱贫攻坚规划》，提出"十三五"时期是打赢脱贫攻坚战的决胜阶段，要求坚持精准扶贫、精准脱贫基本方略，不断增强贫困地区和贫困人口自我发展能力，打赢脱贫攻坚战，确保到2020年现行标准下农村贫困人口实现脱贫。党的十八大以来，党和国家对精准扶贫、脱贫攻坚做出的一系列决策安排，形成了中国精准扶贫、脱贫攻坚新阶段的系统、完整、重大的战略部署。

（五）新阶段精准扶贫、脱贫攻坚的深远影响

在精准扶贫、脱贫攻坚的新阶段，到2020年实现农村贫困人口脱贫，不仅是对已经取得的扶贫开发成就的巩固，更是对以往巨大成就的继续提升。实现中国的农村贫困人口脱贫，必然会创造中国历史上的伟大奇迹，而且也必然会创造整个人类社会发展历史上的伟大奇迹；不仅具有重要的制度意义和政治意义，而且对于整个人类的生存与发展也都具有深远的影响。

精准扶贫、脱贫攻坚，实现农村贫困人口脱贫，体现了中国特色社会主义的本质要求和中国特色社会主义制度的优越性。贫穷不是社会主义，让广大人民群众走出贫困、奔向共同富裕，共享改革发展的成果，是中国特色社会主义制度最根本的特征，也是中国特色社会主义制度优越性的最集中体现。要坚持社会主义，就要摆脱贫穷落后的状态。我国进行大规模扶贫开发，进而通过精准扶贫、脱贫攻坚，使贫困地区摆脱贫困、农村贫困人口解决温饱并奔向小康，解决几千年历史过程中没有解决的贫困问题，充分表明社会主义的本质要求是消灭剥削、共同富裕、解放和发展生产力，体现这种本质要求的中国特色社会主义制度具有无比巨大的优越性，表明彻底消灭贫困的根本制度保障就是中国特色社会主义制度。高举中国特色社会主义伟大旗帜，在中国特色社会主义理论指导下坚持走中国特色社会主义道路，坚持中国特色社会主义制度，是中国各族人民彻底摆

脱贫困、走向共同富裕和实现国家富强的必由之路。

精准扶贫、脱贫攻坚，实现农村贫困人口摆脱贫困，不仅在中华民族的历史上是一件大事，而且在人类社会发展史上也是一个伟大的壮举。这一壮举向世界昭示，中国政府高度重视推进和发展中国人民的人权事业，为保障和维护中国人民的生存权与发展权这一最基本最重要的人权，进行着锲而不舍、艰苦卓绝的努力。通过精准扶贫、脱贫攻坚，实现农村贫困人口脱贫，保障和维护了这部分人群基本的生存权和发展权，为他们进一步实现其他各项权利提供了基础与条件。

这是中国发展人权事业取得的最重要最伟大的成果，体现了中国社会主义社会巨大的人道主义价值，也是对世界人权事业的重大贡献。

精准扶贫、脱贫攻坚，实现农村贫困人口脱贫，必将推动中国人类社会的反贫困进程。在全球发展中，贫困问题极为突出，直接威胁着世界的经济发展、政治安全、生态环境保护和人类健康，消除贫困是整个人类社会共同面临的重要任务。中国是世界上人口最多的国家，在一定的历史时期也是世界上贫困人口规模较大的国家。在改革开放以来的扶贫开发中，中国成为对世界减贫贡献最大的国家。通过精准扶贫、脱贫攻坚，实现农村贫困人口脱贫，中国必将对人类社会反贫困做出更大贡献。中国的精准扶贫、脱贫攻坚，显示了中国人民战胜贫穷、摆脱贫困、走向富裕的坚定意志和大无畏勇气，在全球发展中必然具有世界性的意义，是中华民族参与全球发展的积极表现，是中国为消除人类社会贫困所做出的重大贡献，必将有力推动当今世界的反贫困进程。

三、上中等收入国家发展阶段

研究分析精准扶贫、脱贫攻坚的战略方位，还要有世界的眼光、全球的视野。当今的世界，是一个开放的世界；当今的中国，是一个开放的中国。认识中国精准扶贫、脱贫攻坚的战略方位，就要用世界眼光、全球视野，从全球发展、国际比较、对外开放等方面来理解、分析。就此角度而言，中国是在稳定处于上中等收入国家行列推进发展的战略方位中提出精准扶贫、脱贫攻坚的战略举措的，对于促进在上中等收入阶段的发展、应对中等收入陷阱问题具有重要意义。

（一）世界银行对不同国家发展水平的划分

在全球发展中，有一些国际经济组织对整个世界经济发展有或多或少的影响，可以称为全球性国际经济组织的，至少有三个，即世界银行（World Bank）、国际货币基金组织（IMF）和世界贸易组织（WTO），这三个全球性国际经济组织成为国际经济体制中最重要的三大支柱。

为了对全球发展中不同国家的经济发展进行分析、研究，世界银行根据人均收入对不同国家和地区进行分类。这里的人均收入不是指人均可支配收入，而是指一个国家的经济总量用其国民人数平均后所得的人均收入。世界银行现在使用的划分指标是人均国民总收入。国民总收入（GNI）在统计口径上，是指一个国家或地区的国内生产总值（GDP）加上来自于国外的要素收入，再减去对国外的要素支出，在国民经济总量的性质上大体类似于我国使用的国内生产总值（GDP）。

世界银行按照人均收入水平的高低，把世界上的国家与具有独立经济体意义的地区，划分为三种类型、四个等级。第一种类型是低收入国家或地区。根据世界银行发布的《2015 年世界发展报告》可知，全世界的低收入国家和地区有 37 个，绝大多数是非洲国家，非洲撒哈拉以南的 30 多个国家基本上都属于世界银行确定的低收入国家，此外还有几个亚洲国家。第二种类型是中等收入国家或地区。第三种类型是高收入国家或地区，全世界的高收入国家和地区有 74 个，美国、日本以及其他发达国家都是高收入国家，亚洲四小龙（新加坡、韩国、中国香港与中国台湾）、一些石油资源丰富的阿拉伯石油输出国（如沙特阿拉伯、科威特、卡塔尔、阿联酋等），以及一些人均收入高的小岛国和地区，都在高收入国家或地区的行列中。

全世界共有 200 多个国家和具有独立经济体意义的地区，低收入国家或地区和高收入国家或地区共计有 100 多个，其余都处在中等收入行列中。世界银行又依照一定标准，把中等收入国家或地区划分为下中等收入和上中等收入两个部分。这样就形成了四个等级，依次为低收入国家或地区、下中等收入国家或地区、上中等收入国家或地区、高收入国家或地区。

（二）中国稳定处于上中等收入行列的重要阶段

按照世界银行的划分标准，在历史的进程中，改革开放之初即30多年以前，中国属于低收入国家，甚至被世界银行称为是世界上最不发达的国家之一。

经过改革开放以来20年的发展，在20世纪90年代后期，中国从低收入国家进入下中等收入国家。按照世界银行2000年的划分标准，低收入国家或地区的人均国民收入为755美元及以下，下中等收入国家或地区的人均国民收入为756～2995美元，上中等收入国家或地区的人均国民收入为2996～9265美元，高收入国家或地区的人均国民收入为9266美元及以上。中国1999年人均GDP超过800美元，达到世界银行下中等收入国家的标准。所以，如果笼统地说中国是中等收入国家，是从1999年开始的，当时的中国就已经是中等收入国家，中国已经在中等收入国家行列中行进了18年了。

在21世纪的发展中，中国又从下中等收入国家行列上升到上中等收入国家行列之中。

按照世界银行《2011年世界发展报告》的划分标准（人均国民收入），低收入国家或地区的人均国民收入为1005美元及以下，下中等收入国家或地区的人均国民收入为1006～3975美元，上中等收入国家或地区的人均国民收入为3976～12275美元，高收入国家或地区的人均国民收入为12276美元及以上。大体上可以看作，人均国民收入水平为1000～4000美元的属于下中等收入行列，人均国民收入水平为4000～12000美元，再上延到13000美元的属于上中等收入行列。2009年中国人均GDP为3800美元左右，虽然仍处于下中等收入行列，但在下中等收入行列中已经接近顶端。在2010年，中国人均国内生产总值为4394美元，超过了4000美元，按照世界银行的标准，中国为上中等收入国家。因而，从21世纪第二个十年开始，中国就进入上中等收入国家行列。

在近年来的发展中，2011年中国人均GDP超5000美元，达到5432美元；2012年中国人均GDP超6000美元，达到6093美元；2013年中国人均GDP超6700美元，达到6768美元；2014年中国人均GDP超7000美元，大约 7500 美元；2015 年中国人均 GDP 经初步核算接近 8000 美元，2015 年中国人均 GDP 为人民币 49351 元，折合 7924 美元。显然，从发展水平提升来看，在全面建成小康社会的历史进程中、在大规模反贫困进入新阶段的历史进程中，中国已经稳定处于上中等收入国家行列推进发展的重要阶段。

（三） 中国发展面对中等收入陷阱问题

中国在处于上中等收入发展阶段中，面对的困难、问题、矛盾、风险，概括起来，就是所谓的中等收入陷阱问题。对于中等收入陷阱，一般的解释是说一个国家或地区处在中等收入发展阶段，由于发展动力不足而形成的经济长期停滞不前的状态。其实，确切而论，根据第二次世界大战以后国际社会发展实践与全球发展理论的研究，中等收入陷阱是指一个典型国家或地区从下中等收入阶段进入到上中等收入阶段以后在发展过程中可能出现的停滞不前的状态。

当一个国家或地区从下中等收入阶段上升到上中等收入阶段，一方面意味着经济社会发展跨越了一个大台阶，上升到一个新平台；另一方面，由于上升到一个新平台，经济社会发展的状况必然发生重大变化。一些在原来发展过程中出现的困难、问题、矛盾、风险，不明显的现在明显了，不突出的现在突出了，不严重的现在严重了，不激烈的现在激烈了，不尖锐的现在尖锐了，不复杂的现在复杂了；原来没有出现和产生的困难、问题、矛盾、风险，也开始出现、产生并激化。所有这些困难、问题、矛盾、风险，交织在一起，堆积在一块，形成多重叠加状态。面对着新阶段的新情况、新挑战，如果没有及时推进发展转型，就有可能出现面对的困难难以克服、面对的问题难以解决、面对的矛盾难以缓解、面对的风险难以应对等复杂局面。进而就有可能出现这样的情况：一方面上升到上中等收入阶段以后，不一定掉下来；但另一方面，在上中等收入阶段的发展过程中，则可能走一走、停一停，停滞不前、徘徊不进、陷在那里，好像是陷入泥潭而无法自拔。对于这种情况，2007 年世界银行在分析、总结继亚洲金融危机发生 10 年来东亚国家的发展时，提出了中等收入陷阱的概念。因此，比较准确地看，中等收入陷阱问题是一个典型国家或地区在上中等收入阶段推进发展时可能面临的问题。

在发展的历史进程中，中国发展进入新常态，稳定地进入并处于上中等收入发展阶段。中国发展中面对的困难、问题、矛盾、风险，概括起来就是面对着中等收入陷阱问题；中国发展中的要求，概括起来就是要顺利应对中等收入陷阱问题，成功跨越中等收入陷阱。

可见，从全球发展来看，在全面建成小康社会的历史进程中、在大规模反贫困进入新阶段的历史进程中，中国已经稳定处于上中等收入国家行列推进发展的战略方位中，在发展中面对中等收入陷阱问题，要求采取重大发展举措跨越中等收入陷阱。正是在上中等收入国家行列推进发展的战略方位中，面对着应对中等收入陷阱的发展要求，党的十八大以后，党和国家提出精准扶贫、脱贫攻坚的重大战略。精准扶贫、脱贫攻坚对于中国顺利应对中等收入陷阱问题、成功跨越中等收入陷阱具有重要意义，是顺利应对中等收入陷阱问题的重大举措、重要内容，只有通过推进精准扶贫、脱贫攻坚，让农村贫困人口摆脱贫困，才能够在缩小城乡区域和收入分配差距等方面应对中等收入陷阱问题，为成功跨越中等收入陷阱创造条件、提供基础，进而促进我国在以后的发展中从上中等收入阶段推进到高收入阶段。

（四） 精准扶贫、脱贫攻坚促进上中等收入阶段经济稳定增长与发展

中等收入陷阱的综合性表现，就是经济增长与发展的停滞不前、徘徊不进，应对中等收入陷阱问题的综合性措施，就是要促进国民经济持续稳定增长与发展，促进经济社会现代化进程的持续推进。中国的国民经济是一个完整的系统，贫困地区经济是其中不可或缺的重要构成部分，我国综合国力增强的一个重要方面，就是贫困地区经济发展的推进、贫困地区经济实力的增强。精准扶贫、脱贫攻坚，通过产业扶贫等多方面途径加快贫困地区的经济增长和发展，加快农村贫困人口摆脱贫困，必然有助于提升整个国家的综合国力，促进国民经济持续稳定增长与发展，避免陷入长期的经济增长停滞、经济发展徘徊的局势中。在经济稳定增长和发展的过程中，国家经济社会发展要迈向现代化。而完整的国家经济社会发展现代化，必然包括贫困地区经济社会发展的现代化。可以说，没有贫困地区经

济社会发展的现代化，整个国家、整个国民经济社会发展的现代化就是不完整的。因此，通过精准扶贫、脱贫攻坚，促进贫困地区加快经济社会发展的现代化，必然推动整个国家的现代化进程，推动中国在上中等收入发展阶段保持持续、稳定、健康的发展。

精准扶贫、脱贫攻坚，有利于促进新常态中国民经济保持中高速增长。中国经济发展进入新常态，要保持经济中高速增长、迈向中高端水平，必须拓展新空间、培育新动能。在精准扶贫、脱贫攻坚中，加强贫困地区基础设施建设和加大公共服务力度，能够增加有效投资，同时也有助于消化过剩产能。仅就易地扶贫搬迁来看，调研测算直接投资额达到6000亿元，必然会促进有效投资的扩大，为保持中高速增长提供一定支撑。

在精准扶贫、脱贫攻坚中，必然会促进相关基础产业、支柱产业、战略性新兴产业、现代服务业的发展，这些产业往往在一些方面关系到整个国民经济的全局发展与长远发展，因而精准扶贫中这些产业的发展就会为整个国民经济长远发展提供后劲。对于保持国民经济稳定持续发展具有重要意义的一些原材料基地、能源基地，有相当一部分位于贫困地区，通过精准扶贫、脱贫攻坚，促进这些原材料基地、能源基地的开发、优化、发展，可以形成新的经济增长点、增长极、增长带，为全面建成小康社会、国民经济和社会发展注入新动力，加快我国的现代化建设进程。

精准扶贫、脱贫攻坚，提升贫困地区、贫困人口的收入水平，必然促进国内市场容量的扩大和消费、投资需求的增加，进而扩大内需，为保持国民经济稳定增长、经济持续发展提供重要的动力。中国的国内统一市场是一个完整系统，贫困地区的区域市场是其中重要的构成部分，贫困地区区域市场的市场容量大小、市场空间范围、市场开放程度，与贫困地区经济社会发展水平高低直接相关，对国内统一市场的完善与发展有重要影响。在精准扶贫、脱贫攻坚中，随着贫困地区经济增长规模的扩大、经济发展程度的提高，随着贫困农户、贫困人口摆脱贫困、实现小康、走向富裕，广大农户的生产经营规模就会相应扩大，农村人口的购买力、消费水平就会相应提高，农村、农民的有效消费需求必然持续扩大，进而导致投资需求相应增加，贫困地区区域市场的市场容量也就会不断提升、市场空间不断拓宽、市场开放不断扩展。这样一来，必然促进国内统一市场的完善发展，促进国内统一市场消费需求的扩大，也会促进有关投资需求的增加，最终促进国民经济实现稳定增长和持续发展。

分析表明，面向新发展，进入新常态，中国经济社会发展确确实实进入新的历史阶段，精准扶贫、脱贫攻坚处在新的战略方位中。中国经济社会发展进入并处在全面建成小康社会新阶段，进入并处在大规模反贫困进程的新阶段，进入并稳定处于上中等收入国家行列推进发展的重要阶段。新阶段推进发展客观上要有新要求新内容新举措。精准扶贫、脱贫攻坚就是新常态下中国经济社会发展进入新阶段并处于新战略方位时所提出的重大要求、内容和举措，是全面建成小康社会新阶段的重大要求、内容和举措，是大规模反贫困进程新阶段的重大要求、内容和举措，也是我国应对中等收入陷阱问题，跨越中等收入陷阱的重大要求、内容和举措。

第二章 精准扶贫、脱贫攻坚的战略框架

党的十八大以来，在全面建成小康社会的进程中，党和国家对于继续推进中国大规模反贫困、深化扶贫开发做出了一系列重大部署。[①] 2013 年

① 2013 年到 2016 年，党和国家出台了关于精准扶贫、脱贫攻坚的一系列重要文件。主要有：1.《关于创新机制扎实推进农村扶贫开发工作的意见》（中办发〔2013〕25 号），中共中央办公厅、国务院办公厅，2013 年 12 月。2.《关于全面做好扶贫开发金融服务工作的指导意见》（银发〔2014〕65 号），中国人民银行、财政部、银监会等七部门，2014 年 3 月。3.《扶贫开发建档立卡工作方案》（国开办发〔2014〕24 号），国务院扶贫办，2014 年 4 月。4.《建立精准扶贫工作机制实施方案》（国开办发〔2014〕30 号），国务院扶贫开发领导小组办公室等七部门，2014 年 5 月。5.《关于进一步动员社会各方面力量参与扶贫开发的意见》（国办发〔2014〕58 号），国务院办公厅，2014 年 11 月。6.《关于改进贫困县党政领导班子和领导干部经济社会发展实绩考核工作的意见》（组通字〔2014〕43 号），中共中央组织部、国务院扶贫办，2014 年 12 月。7.《中共中央国务院关于打赢脱贫攻坚战的决定》（中发〔2015〕34 号），中共中央、国务院，2015 年 11 月。8.《关于加大脱贫攻坚力度支持革命老区开发建设的指导意见》（中办发〔2015〕64 号），中共中央办公厅、国务院办公厅，2015 年 12 月。9.《省级党委和政府扶贫开发工作成效考核办法》，中共中央办公厅、国务院办公厅，2016 年 2 月。10.《关于金融助推脱贫攻坚的实施意见》，中国人民银行、国家发改委、财政部等七部门，2016 年 3 月。11.《关于建立贫困退出机制的意见》（厅字〔2016〕16 号），中共中央办公厅、国务院办公厅，2016 年 4 月。12.《贫困地区发展特色产业促进精准脱贫指导意见》（农计发〔2016〕59 号），农业部、国家发改委、财政部等九部门，2016 年 5 月。13.《关于实施健康扶贫工程的指导意见》（国卫财务发〔2016〕26 号），国家卫生计生委、国务院扶贫办、国家发改委等十五部门，2016 年 6 月。14.《“十三五”交通扶贫规划》，交通运输部，2016 年 7 月。15.《关于做好农村最低生活保障制度与扶贫开发政策有效衔接指导意见的通知》（国办发〔2016〕70 号），民政部、国务院扶贫办、中央农办等六部门，2016 年 9 月。16.《全国“十三五”易地扶贫搬迁规划》，国家发改委，2016 年 9 月。17.《脱贫攻坚责任制实施办法》（厅字〔2016〕33 号），中共中央办公厅、国务院办公厅，2016 年 10 月。18.《关于印发〈科技扶贫行动方案〉的通知》（国科发农〔2016〕314 号），科技部、教育部、中科院等七部门，2016 年 10 月。19.《网络扶贫行动计划》，中央网信办、国家发改委、国务院扶贫办，2016 年 10 月。20.《教育脱贫攻坚五年规划》，国务院常务会议，2016 年 11 月。21.《国务院关于印发“十三五”脱贫攻坚规划的通知》（国发〔2016〕64 号），国务院，2016 年 11 月。22.《关于切实做好就业扶贫工作的指导意见》（人社部发〔2016〕119 号），人力资源社会保障部、财政部、国务院扶贫办，2016 年 12 月。

11 月，在湖南湘西十八洞村调研时，习近平总书记首次提出精准扶贫；在即将跨入“十三五”时期之际，党中央、国务院于 2015 年 11 月印发《中共中央国务院关于打赢脱贫攻坚战的决定》；进入“十三五”时期开局之年，国务院于 2016 年 11 月印发《“十三五”脱贫攻坚规划》。党的十八大以后，党和国家关于精准扶贫、脱贫攻坚的一系列重大部署，形成了中国全面建成小康社会精准扶贫、脱贫攻坚的系统的、完整的战略框架。

一、精准扶贫、脱贫攻坚的战略要求

精准扶贫、脱贫攻坚，是党的十八大以来党和国家从坚持中国特色社会主义本质要求、全面建成小康社会战略高度，根据中国经济社会发展和扶贫开发的新阶段、新形势、新问题、新特点，所提出的中国反贫困、扶贫开发新的重大战略，是中国经济社会发展新阶段、新常态、新形势的战略要求。

（一）精准扶贫、脱贫攻坚是全面建成小康社会的战略要求

中国经济社会发展在“十三五”时期进入全面建成小康社会决胜阶段，全面建成小康社会是“四个全面”战略布局的首要方面，是实现中华民族伟大复兴和中国梦的关键一步，也是全国人民的期待，更是中国共产党对人民的郑重承诺。全体人民进入全面小康社会，是全面建成小康社会最基本的内容和重要要求，其中也包括贫困地区、贫困人口的小康。如果贫困地区没有实现小康，贫困人口的生活没有达到小康水平，整个国家的小康就不是全面小康。在决胜全面小康的过程中，最艰巨最繁重的任务在农村、在贫困地区，如果贫困地区还是贫困，还存在几千万农村贫困人口，就不是小康社会的全面建成，全面建成小康社会就是不完整的。

中国扶贫开发进入精准扶贫、脱贫攻坚的战略推进新阶段，在新阶段推进精准扶贫、脱贫攻坚，既面临重要的推进条件和机遇，也面临严峻的挑战。

进入全面建成小康社会新阶段，中国的反贫困、扶贫开发、脱贫攻坚已经具备诸多有利条件和发展机遇。主要包括以下四个方面：一是继续推进扶贫开发、精准扶贫、脱贫攻坚已具备较好基础。原有大量的农村贫困

人口、贫困户已经基本解决温饱问题，贫困地区的生产生活条件也已经得到较大幅度改善，具有了一定的摆脱贫困的发展能力。二是继续推进扶贫开发、精准扶贫、脱贫攻坚具有坚强的政治保障。党中央、国务院制定出台反贫困、精准扶贫的一系列重大政策举措，提供了打赢脱贫攻坚战在战略上、领导上、组织上的重要保障。全社会各地区各部门及社会各界共同参与、共同出力而形成强大社会合力，贫困地区广大干部和人民群众凝神聚气、锐意进取，促进脱贫、谋划发展的内生动力和内在活力不断激发，精准扶贫、脱贫攻坚已经成为全党、全国、全社会的统一意志和共同行动。三是国家综合实力的提升为精准扶贫、脱贫攻坚奠定了极为坚实的物质基础。“十三五”时期的经济中高速增长为精准扶贫、脱贫攻坚提供了较好的宏观经济环境。经济增长和发展是解决贫困问题的关键，“十三五”时期年均经济增长不低于6.5%。这样的中高速增长，有利于贫困地区劳动力扩大就业，从而促进贫困人口收入水平、生活水平的提高；同时，在中高速增长条件下，随着综合国力的进一步增强，国家可以投入更多的力量支持贫困地区推进经济社会发展，为贫困地区现代化建设、贫困农户和贫困人口脱贫致富提供重要支撑。四是区域发展总体战略的进一步推进，“一带一路”发展战略、长江经济带发展战略、京津冀协同发展战略这些国家重大区域发展战略的加快实施，会进一步为贫困地区加快经济社会整体发展、促进区域性整体脱贫创造良好条件，会为彻底改变贫困地区的落后面貌提供多方面动能。

与此同时，进入全面建成小康社会新阶段，中国的反贫困、扶贫开发、脱贫攻坚也面临一系列严峻挑战。主要包括以下五个方面：一是贫困人口数量仍然具有一定规模。根据新的贫困标准，中国在2015年年底还有农村建档立卡贫困人口5630万，在绝对量上相当于一些人口中等规模国家的总人口，多于韩国总人口，接近法国、英国等欧洲国家总人口，在到2020年的精准扶贫、脱贫攻坚进程中，每年需要减贫1100多万人。二是贫困人口聚居分布复杂。贫困人口在东、中、西部都有，统计中涉及的31个省（自治区、直辖市）中有26个的农村贫困人口超过30万，其中8个省（自治区、直辖市）贫困人口超过300万。贫困人口主要分布在革命老区、边疆地区、少数民族地区、集中连片特困地区，分布在832个扶贫开发工作重点县和12.8万个建档立卡的贫困村，西部地区多数省份的贫困发生率超过10%，少数民族8省区的贫困发生率则达到12.1%。这些地区的农村贫困人口数量较多、贫困发生率高，脱贫任务更艰巨。三是相当一部分贫困人口生产生活条件仍然较为恶劣。在5600多万农村贫困人口中，还有1000多万居住在不具备基本生产生活条件的地区，有652万贫困户饮水困难，580万户饮水不安全，有33万个自然村未通硬化路，有3.7%的农户居住在竹草土坯房。四是相当一部分贫困人口人力资源素质较低，自我发展能力低下。现有的农村贫困人口，大多是经过多轮扶贫都没有啃下来的“硬骨头”，有的是缺乏基本生产条件，有的是文化程度太低，有的是因灾、因学等致贫返贫，有的是因患重病、慢性病，还有的是因丧失劳动能力，绝大多数是特殊困难群体，脱贫难度极大。这样的情况说明，新阶段反贫困面对贫困人口贫困程度更深、减贫成本更高、脱贫难度更大的突出困难。五是贫困地区经济社会发展的基础仍然较为薄弱。许多贫困县用于经济社会发展的财力不足，贫困地区城乡基础设施建设滞后，基本公共服务的供给能力薄弱，生态环境和能源资源对于经济社会发展的约束程度趋紧，这些都严重制约了贫困地区的产业发展、资源开发、人口就业。

显然，在全面建成小康社会进程中，贫困地区以及几千万农村人口的贫困是最突出的短板。中国的反贫困、扶贫开发，已经进入啃硬骨头、攻坚拔寨的冲刺期。针对扶贫开发这样的情况，要让农村贫困人口脱贫，补齐全面建成小康社会的短板，就必须实施精准扶贫、脱贫攻坚的重大战略。在全面建成小康社会新阶段，扶贫开发、脱贫攻坚，重在精准、贵在精准、成败之举在于精准。扶贫脱贫的精准，就要求因乡制宜、因村施策、因户施法，扶到点上、扶到根上，做到扶持对象精准、项目安排精准、资金使用精准、措施到户精准、因村派人精准、脱贫成效精准。只有通过实现扶贫脱贫的精准要求，才能加快贫困地区发展步伐，确保党和政府的扶贫脱贫政策的实惠落到贫困群众身上，确保贫困地区、贫困群众尽快实现稳定脱贫的目标，确保贫困地区人民同全国人民一道进入全面小康社会。

（二）精准扶贫、脱贫攻坚是经济发展新常态扶贫开发的战略要求

党的十八大以后，特别是迈入“十三五”时期，我国经济发展进入新

常态，出现了一系列经济发展的新情况、新表现、新趋势。谋划和推动新常态下中国的现代化建设，必须将把握新常态、适应新常态、引领新常态作为贯串经济社会发展全局和现代化建设全过程的大逻辑。继续推进扶贫开发也是如此，精准扶贫、脱贫攻坚，正是经济发展新常态下打赢脱贫攻坚战的战略要求。

进入新常态，经济发展的显著特点之一就是增速换挡，即经济增长速度开始从高速增长转向并保持中高速增长，必然要求扶贫开发转向精准扶贫。改革开放以来的很长一段时期，中国经济保持了10%左右的高速增长。1978年至2011年的33年间，中国年均经济增长9.9%；2002年党的十六大到2012年党的十八大，10年间中国年均经济增长10.4%。整个国家的经济高速增长，尤其是区域经济的快速增长，带动了大规模的扶贫开发，广大农村贫困人口在高速增长中获益，形成了大规模的减贫效应，30多年间减贫7亿多人。但从“十二五”时期开始，中国的经济增长出现下行趋势。“十三五”时期，中国的经济增长会保持以6.5%为底线的中高速增长。在转向并保持中高速增长的过程中，简单地通过经济增长来实现农村贫困人口脱贫的条件已经发生变化，依靠国家的经济增长，尤其是依靠区域经济增长带动贫困人口脱贫的效应逐渐递减。对于尚未脱贫的农村贫困人口而言，只有更加突出地通过精准扶贫的方式，在扶贫开发的对象识别、项目确定、产业选择、资金扶持等各个方面精准施策，健全精准扶贫机制，才能真正有效地扶贫，才能扶持和帮助真正的贫困农户、贫困人口，促进现有的贫困县、贫困户和农村贫困人口真正实现脱贫。

新常态下经济发展的又一个显著特点是结构优化，即经济结构改善开始向着优化升级方向出现重要变化，必然要求扶贫开发转向精准扶贫。我国产业结构向着优化升级不断发展，第一产业增加值在产业结构中占国内生产总值的比重明显下降，第二产业增加值在绝对量不断提高的前提下占国内生产总值的比重适度下降，第三产业增加值占国内生产总值的比重逐步提高，产业发展呈现由工业主导型向服务业主导型转变的新趋势。同时，城乡结构发生重大变化，城镇化率已超过56%，在城镇常住、生活、工作的人口已经占总人口的多数。新常态下经济结构的转型，一方面要求扶贫开发要适应产业结构优化升级的情况，必须精准确定一定的贫困人口并通过相关产业发展来实现脱贫，有的要通过发展种养业，有的要通过发展特色加工业，有的则要通过发展服务业；另一方面要求扶贫开发要适应城乡结构变动、新型城镇化推进的情况，必须精准地把贫困人口脱贫与城乡一体化协调发展结合起来，在转移就业、教育科技、社会保障方面精准施策。只有扶贫精准，扶贫中施策精准，健全精准扶贫机制，才能取得扶贫开发、脱贫攻坚的成效。

新常态下经济发展还有一个显著特点是动能转换，即经济发展动力从要素驱动、投资驱动转向创新驱动，必然要求扶贫开发转向精准扶贫。在经济发展进入新常态以后，传统发展动力不断减弱，创新驱动功能日益提升，创新驱动在打造发展新引擎、培育增长新亮点、塑造领先新优势、开辟发展新空间等方面的作用不断增强。适应这种新情况，扶贫开发也要更加突出地依靠创新，而创新最突出的内容就是扶贫开发的精准，体现在扶贫对象识别的创新、扶贫特色产业发展的创新、扶贫资源使用的创新、扶贫路径选择的创新等方面。只有坚持突出创新的精准扶贫方略，健全突出创新的精准扶贫机制，才能真正实现农村贫困人口脱贫。

（三）精准扶贫、脱贫攻坚是推进国家治理现代化的战略要求

中国全面深化改革的总目标，就是完善和发展中国特色社会主义制度、推进国家治理体系和治理能力现代化。国家治理体系是执政党领导下国家治理的一整套系统完整的制度体制体系，包括经济、政治、文化、社会、生态文明等各个重要领域的法律完善、制度安排、体制健全；国家治理能力则是治国理政、执政施政、管理社会的能力，体现在治党治国治军、内政外交国防、改革发展稳定等各个方面。而国家治理体系和治理能力的一个重要方面，就是社会发展中的反贫困、扶贫开发治理。精准扶贫、脱贫攻坚，建立和完善反贫困、扶贫开发治理体系，提升国家反贫困、扶贫开发治理能力，是推进国家治理现代化的战略要求。

在改革开放以来相当长的时期中，虽然扶贫开发取得了巨大成就，但由于种种原因，扶贫开发工作中的精准程度不足，贫困人口的确认、贫困分布的状态、具体贫困的致因、脱贫标准的衡量等，一定程度上都不太清晰，扶贫开发工作存在着不同程度的“大水漫灌”现象。在新阶段的扶贫

开发、脱贫攻坚中，要求不让一个贫困地区、贫困县、贫困家庭在全面建成小康社会中掉队，就不能再“大水漫灌”，而是要“精准滴灌”，这就是精准扶贫。精准扶贫、脱贫攻坚，健全精准扶贫工作机制，就是要坚持因贫困人口施策、因贫困区域施策、因贫困原因施策、因贫困类型施策、因贫困状况施策，对不同人群、不同地区、不同原因、不同类型、不同状况的贫困，采取不同的脱贫措施，对症下药、精准滴灌、靶向治疗，提高扶贫开发、脱贫攻坚的针对性和有效性，促进贫困地区加快发展，让扶贫脱贫更加有效、更加彻底、更加可持续。精准扶贫、脱贫攻坚要突出扶贫成效、强调坚持创新，要因地制宜，突出问题意识、坚持问题导向、创新扶贫开发路径，由以往扶贫开发的“大水漫灌”向精准扶贫的“精准滴灌”转变；创新扶贫开发模式，由以往扶贫开发偏重“输血”向精准扶贫注重“造血”转变；创新扶贫资源使用方式，由以往扶贫开发中多头管理、分散使用、效率不高向精准扶贫要求的统筹集中、注重效率转变；创新扶贫考评体系，由以往扶贫开发中侧重考核区域生产总值向精准扶贫要求的主要考核脱贫成效转变。通过精准扶贫、脱贫攻坚，必然促进国家反贫困、扶贫开发治理体系的完善，促进反贫困、扶贫开发治理能力的提升，进而推进国家治理体系和治理能力的现代化。

二、精准扶贫、脱贫攻坚的战略引领

在全面建成小康社会新阶段推进精准扶贫、脱贫攻坚，打赢脱贫攻坚战，必须牢固树立、深刻领会、自觉践行和贯彻落实创新、协调、绿色、开放、共享的五大新的发展理念，以五大新的发展理念引领精准扶贫、脱贫攻坚。发展理念是一个国家、一个社会在一定历史时期关于发展动力、发展要求、发展条件、发展途径和发展目的等重大发展问题的总体看法和根本观点。在一个国家、一个社会的发展过程和发展实践中，发展理念具有重要的功能，发展理念要管全局、管根本、管方向、管长远。发展理念还具有三个基本特征：其一具有战略性，其二具有纲领性，其三具有引领性，因而直接关乎发展的成败得失。有什么样的发展理念，就会走出什么样的发展道路、实施什么样的发展战略、形成什么样的发展模式，进而对整个国家、社会的发展产生根本性的全局性的长远性的影响。在党的十八大以后的发展进程中，习近平总书记明确提出、十八届五中全会确定的“创新、协调、绿色、开放、共享”五大发展理念，成为新常态下中国经济社会发展进入新阶段治国理政、引领和指导发展的重要理念、新发展理念。创新、协调、绿色、开放、共享的新发展理念，对中国经济社会发展进入新阶段的重大问题进行了阐明，在总体上创造性地回答了中国在进入新常态新形势下要实现什么样的发展、如何实现发展的重大问题，同时有针对性地具体说明了新常态新阶段下中国的发展动力、发展要求、发展条件、发展途径和发展目的。新发展理念集中体现了中国经济社会发展进入新阶段以后更长时期中国的发展思路、发展方向、发展着力点，是指导、引领中国新常态新阶段新发展的重大发展理念，也必然是指导、引领精准扶贫、脱贫攻坚的重大发展理念、新发展理念。精准扶贫、脱贫攻坚，必须以五大新发展理念为引领，贯彻落实五大新发展理念。

（一）以创新引领精准扶贫、脱贫攻坚

在精准扶贫、脱贫攻坚中以创新引领，就是要在扶贫开发实践中坚持创新是引领发展的第一动力。把创新放在精准扶贫、脱贫攻坚的重要位置，以抓创新来抓脱贫，以谋创新来谋致富，让创新真正引领精准扶贫、脱贫攻坚，通过创新发挥动力作用来打赢脱贫攻坚战。

在精准扶贫、脱贫攻坚中以创新引领，还要把握创新的内容是全面创新。从精准扶贫、脱贫攻坚的总体来看，创新包括精准扶贫、脱贫攻坚的理论创新、制度创新、科技创新、文化创新等。创新涵盖着精准扶贫、脱贫攻坚的全过程、全领域、各方面、各环节，必须在精准扶贫、脱贫攻坚中不断推进全面创新。

在精准扶贫、脱贫攻坚中以创新引领，必须坚持以创新为发展基点。要培育、形成、发挥贫困地区具有自身特色的优势，形成精准扶贫、脱贫攻坚的创新机制，创新、培育精准扶贫、脱贫攻坚的新动力，让创新贯串精准扶贫、脱贫攻坚的一切工作，让创新在精准扶贫、脱贫攻坚中蔚然成风。

（二）以协调引领精准扶贫、脱贫攻坚

在精准扶贫、脱贫攻坚中以协调引领，就是要在精准扶贫、脱贫攻坚中，推动精准扶贫、脱贫攻坚的不同领域、不同地区、不同方面的相互适应、有机配合、优势互补与彼此促进，确确实实体现协调发展的内在要求，形成有利于发挥各方面优势、全社会协同推进的大扶贫开发格局。

在精准扶贫、脱贫攻坚中以协调引领，还要把握协调发展的内容就是要促进现代化建设各方面相互协调。在国民经济和社会发展中，协调发展的重点内容，从经济社会发展空间来看，是促进城乡协调发展；从经济社会发展层次来看，是促进区域协调发展；从人的活动内容来看，是促进经济社会协调发展；从中国特色社会主义现代化的构成方面来看，是促进新型工业化、信息化、城镇化、农业现代化四化同步发展；从提升国家发展实力来看，是要同时提升国家硬实力和软实力。在精准扶贫、脱贫攻坚中，要体现协调发展的这些内容，更要从精准扶贫、脱贫攻坚的自身实际出发，准确把握精准扶贫、脱贫攻坚的各个方面，促进精准扶贫、脱贫攻坚方方面面的相互协调。精准扶贫、脱贫攻坚要与经济社会发展方方面面、各个领域的工作相衔接，与国家的新型工业化、信息化、城镇化、农业现代化相统筹，简要而充分发挥政府主导作用，也要重视发挥市场机制的重要作用，在国家发展过程中，提升贫困户、贫困人口的增收能力和脱贫能力，进而消除区域性整体贫困。

在精准扶贫、脱贫攻坚中以协调引领，必须坚持着力增强发展的整体性与协调性。从整个经济社会发展来看，协调就是要牢牢把握中国特色社会主义事业五位一体的总布局，协调推进经济建设、政治建设、文化建设、社会建设、生态文明建设，协调推进“四个全面”战略布局。在精准扶贫、脱贫攻坚中体现协调发展的要求，就是要牢牢把握精准扶贫、脱贫攻坚的大局，协调推进贫困地区、贫困县、贫困村、贫困人口的脱贫，不断增强精准扶贫、脱贫攻坚的整体性。就各级党委、政府、领导干部做好工作而言，在精准扶贫、脱贫攻坚中体现协调发展的要求，就是要学会运用辩证法，在发展实践中善于“弹钢琴”，处理好精准扶贫的局部和全局、脱贫攻坚的当前和长远、扶贫开发的重点和非重点的关系，着力推动整个

精准扶贫、脱贫攻坚的协调发展。

（三） 以绿色引领精准扶贫、脱贫攻坚

在精准扶贫、脱贫攻坚中以绿色引领，就是要坚持绿色是永续发展和提高人民生活水平的必要条件。绿色就是良好的生态环境，生态环境没有替代品，用之不觉，失之难存。在精准扶贫、脱贫攻坚中推进绿色发展、建设生态文明，是关系人民福祉、关乎民族未来的长远大计。针对一些贫困地区在发展中存在的环境污染较为严重、资源约束有所强化、生态退化较为突出的问题，必须树立绿色发展、生态文明的三大理念，即尊重自然理念、顺应自然理念、保护自然理念，把推进绿色发展、建设生态文明放在精准扶贫、脱贫攻坚的突出地位，融入精准扶贫、脱贫攻坚的各方面和全过程，努力建设美丽中国，推动中华民族永续发展。贫困地区既是扶贫开发的重点区域，又是生态环境的敏感区域、脆弱区域，扶贫开发不能以牺牲生态环境为代价。要坚持既要贫困地区的金山银山，更要脱贫发展的绿水青山，把保护生态环境放在贫困地区发展的优先位置、建设的重要地位，积极探索生态减贫、生态扶贫、生态脱贫的有效途径，推动贫困地区经济社会发展与资源环境相协调、扶贫开发与可持续发展相促进，让贫困农户、贫困人口从环境保护、生态修复、生态建设过程中获得增加收入、提高生活的更多实惠。

在精准扶贫、脱贫攻坚中以绿色引领，还要明确绿色发展就是要形成、完善绿色发展方式和生活方式。要坚持两大基本国策即坚持保护环境和节约资源的基本国策，建设两型社会即加快建设资源节约型、环境友好型社会，推进扶贫脱贫的可持续发展，坚定不移地在经济发展、生活富裕、生态良好的文明发展道路上推进精准扶贫、脱贫攻坚进程，形成人与自然和谐发展的中国扶贫开发、精准扶贫、脱贫攻坚的新格局。

在精准扶贫、脱贫攻坚中以绿色引领，必须坚持从根本上扭转生态环境恶化趋势的基本要求。要着力改善贫困地区生态环境，坚持绿色扶贫、绿色开发、绿色惠民。要树立大局观、长远观、整体观，像对待生命、保护眼睛一样保护与对待贫困地区、贫困乡村的生态环境，推动形成、完善贫困地区、贫困农村的绿色发展方式和绿色生活方式，协同推进贫困人口

脱贫、贫困地区振兴和生态环境建设。在精准扶贫、脱贫攻坚中，要处理好扶贫开发、脱贫发展和保护生态环境的关系，突破局部利益、短期缓解贫困的局限，统筹好反贫困、扶贫开发的局部和全局、短期和长远、经济与环境的关系，保护生态，加快绿色发展，严守生态红线，在贫困地区适度开发、减贫脱贫的过程中，为贫困地区可持续发展、贫困人口的可持续生计保持积累足够的生态资本，引导和鼓励贫困地区人民群众走生活富裕、绿色发展之路，走出一条发展经济、消除贫困、优化环境的新路子。

（四）以开放引领精准扶贫、脱贫攻坚

在精准扶贫、脱贫攻坚中以开放引领，就是要坚持开放是国家繁荣发展的必由之路。新常态下的开放，不是对过去做法的简单重复，而是准确把握当今世界发展局势、准确把握当代中国发展局势，直面中国对外开放中的突出矛盾和问题，主动顺应经济全球化潮流，以新思路、新举措发展更高水平、更高层次的开放型经济，充分运用人类社会创造的先进科学技术成果和有益管理经验，以开放促改革、促发展、促创新，与世界各国互利共赢、共享发展成果。正因为如此，新阶段的精准扶贫、脱贫攻坚，也不能封闭在贫困地区之内，而是要融入开放发展的大趋势、大潮流中，通过开放发展促进、推动打赢脱贫攻坚战。

在精准扶贫、脱贫攻坚中以开放引领，还要把握开放发展的内容是推进全方位高层次的对外开放。新常态新阶段的开放发展、对外开放，是要适应整个人类社会开放发展的大趋势，深度融入世界经济开放发展的大潮流中，奉行互利共赢的开放战略，发展更高层次的开放型经济，坚持内外需协调、进出口平衡、引进来和走出去并重、引资和引技引智并举，积极参与全球经济治理和公共产品供给，参与打造全球发展的利益共同体。精准扶贫、脱贫攻坚要和开放发展的这些内容相结合，突出开放发展促进脱贫攻坚的政策、方法、措施、手段，通过开放发展培育、形成、创新贫困地区与贫困人口脱贫致富的新亮点、新动力、新路径。

在精准扶贫、脱贫攻坚中以开放引领，要着力提高推进对外开放的能力。要进一步探索精准扶贫、脱贫攻坚开放发展的实践，丰富贫困地区开放发展内涵。各级党委、政府、领导干部、公务员要不断提高把握国内国

际两个大局的自觉性和能力，提高贫困地区对外开放质量和水平，开创对外开放新局面，推进形成精准扶贫、脱贫攻坚中全方位高层次的开放发展新格局。

（五）以共享引领精准扶贫、脱贫攻坚

在精准扶贫、脱贫攻坚中以共享引领，就是要坚持共享是中国特色社会主义的本质要求。作为中国特色社会主义本质要求，共享体现的是发展目的，体现的是坚持以人为中心的发展思想，即使全体人民在发展中有更多获得感，坚持发展为了人民、发展依靠人民、发展成果由人民共享，使全体人民稳步迈向共同富裕。在精准扶贫、脱贫攻坚中，要坚持以人为中心，把以人为中心体现到扶贫开发工作的方方面面、各个环节；要通过更有效的制度安排，让贫困地区的人民群众在扶贫开发中有更多的获得感。

在精准扶贫、脱贫攻坚中以共享引领，还要把握共享的内容是全民、全面、共建、渐进的共享。就共享覆盖范围而言，共享是全民共享；就共享包括领域而言，共享是全面共享；就共享实现途径而言，共享是共建共享；就共享实现过程而言，共享是渐进共享。在精准扶贫、脱贫攻坚中，共享就是要让建档立卡的贫困人口实现脱贫，不能有掉队的；就是要让贫困人口，不仅要在经济上摆脱贫困，还要在政治、文化、社会、生态文明等各个领域分享发展成果；就是要推动广大贫困人口积极主动参与到扶贫开发中，激发贫困人口自身脱贫的主动性、积极性、自觉性、创造性。同时也要明确，精准扶贫、脱贫攻坚，实现农村贫困人口脱贫，不可能一蹴而就，不可能一夜之间就实现，而是要经历一个努力奋斗的过程。

在精准扶贫、脱贫攻坚中以共享引领，要坚持人人参与、人人尽力、人人享有，实现全体人民共同迈向全面小康。共享是根据现有条件把能做的事情尽量做起来，实现全体人民共同迈入全面小康社会，不断朝着全体人民共同富裕的目标前进。在精准扶贫、脱贫攻坚中，必须体现共享的要求，推动扶贫开发人人参与、人人尽力、人人享有，坚持群众主体地位，坚持激发广大贫困农户、贫困人口的内生动力和减贫脱贫活力，调动贫困地区广大人民群众减贫脱贫的主动性、积极性、创造性，保障贫困地区广大人民群众减贫脱贫平等参与、平等发展的权利，创新贫困地区广大人民

群众减贫脱贫参与机制，不断提高贫困农户、贫困人口组织化水平，建立健全贫困农户、贫困人口参与减贫脱贫的保障机制，形成完善贫困农户、贫困人口减贫脱贫的利益和需求表达、反应机制，促进贫困农户、贫困人口减贫脱贫的责任意识、法治意识和市场意识的提高，促进贫困农户、贫困人口市场竞争参与意识和能力的提升，增强贫困农户、贫困人口自我发展能力，实现贫困农户、贫困人口共同迈向全面小康。

三、精准扶贫、脱贫攻坚的战略目标

《中共中央国务院关于打赢脱贫攻坚战的决定》《“十三五”脱贫攻坚规划》明确了“十三五”时期精准扶贫、脱贫攻坚的主要目标，即到2020年，稳定实现农村贫困人口不愁吃、不愁穿，义务教育、基本医疗和住房安全有保障。实现贫困地区农民人均可支配收入比2010年翻一番以上，增长幅度高于全国平均水平，基本公共服务主要领域指标接近全国平均水平。确保我国现行标准下农村贫困人口实现脱贫，贫困县全部摘帽，解决区域性整体贫困。精准扶贫、脱贫攻坚的主要目标，可以分为三个层次来认识：一是稳定解决农村贫困人口的温饱问题，就是“两不愁、三保障”；二是缩小贫困地区经济社会发展差距，就是“一高于、一接近”；三是实现贫困人口和贫困县在现有标准下脱贫，就是“两确保”。其中主要脱贫指标见表2－1。

表2－1　“十三五”时期脱贫主要指标

指标	2015年	2020年
建档立卡贫困人口（万人）	5630	实现脱贫
贫困县（个）	832	0
贫困地区农民人均可支配收入增幅（%）	11.7	年均增幅高于全国平均水平
贫困县义务教育巩固率（%）	90	93
建档立卡贫困户因病致（返）贫户数（万户）	838.5	基本解决
建档立卡贫困户存量危房改造率（%）	—	近100

资料来源：根据国家《“十三五”脱贫攻坚规划》整理。

（一）稳定解决农村贫困人口的温饱问题

精准扶贫、脱贫攻坚的首要目标，就是要稳定解决农村贫困人口的温饱问题，即实现“两不愁、三保障”。精准扶贫、脱贫攻坚阶段的扶贫开发目标必然同以前阶段的目标有所区别。贫困可以说是一定历史时期一定政治、经济、社会、文化条件下贫穷落后现象的综合性概括，但基本的、首要的内容是指经济的贫困，即物质生活贫困，表现为一个人或一个家庭的生活水平低于一定时期社会可接受的最低标准。反贫困、扶贫开发的基本目标，就是在一定的时间、空间和社会发展阶段的条件下，让贫困人口、贫困家庭达到拥有维持基本生存和温饱所必需消费物品与服务的基本水平。在改革开放以后相当长历史时期的扶贫开发中，中国反贫困的基本目标是基本解决贫困人口的温饱问题。进入21世纪，尤其是又经过21世纪前10年的努力奋斗，这一目标已经胜利实现，我国农村贫困人口的基本温饱问题已经解决。进入精准扶贫、脱贫攻坚新阶段，农村贫困人口温饱问题的解决不能止于“基本”，而是要让农村贫困人口温饱问题的解决加以“稳定”，反贫困、扶贫开发目标必然也就进一步提高为稳定解决农村贫困人口的温饱问题。

稳定解决农村贫困人口的温饱问题，就是要稳定实现农村贫困人口不愁吃、不愁穿。一方面，要确定现有经济社会发展条件下贫困人口基本的食物需求与适当提高营养需求的种类、构成、水平等，用相应的收入标准予以界定，并能切实保障稳定实现，这就是不愁吃；另一方面，要确定现有经济社会发展条件下贫困人口基本食物需求和适当提高营养需求之外的衣住用行等需求的种类、构成、水平，用相应的收入标准予以界定，并能切实保障稳定实现，把基本食物需求和适当提高营养需求之外的衣住用行需求用穿衣的“穿”来概括，这就是不愁穿。

稳定解决农村贫困人口的温饱问题，实现不愁吃、不愁穿，必须有具体内容和标准，衡量、测度、反映这些标准和内容的一个综合性指标就是农村居民人均收入。中国在很长的时期中，反贫困、扶贫开发使用的是农村居民人均纯收入指标。在精准扶贫、脱贫攻坚中，根据经济社会发展的实际情况，已经调整为农村居民人均可支配收入[①]。如果农村居民人均可支配收入低于现有经济社会发展条件下农村居民稳定维持基本生存、生活所必需消费物品和服务的最低费用时，其生活状况就可以被看作是处于贫困状态。因此，稳定解决农村贫困人口温饱问题，实现不愁吃、不愁穿的综合性标准，就是农村贫困人口的人均可支配收入要达到稳定维持基本生存、生活所必需消费物品和服务的最低费用，这也就是脱贫的标准。中国在扶贫开发中确定脱贫标准时，采用了以恩格尔系数[②]来衡量的方法，以每人每日吃的最低需求即最低营养需求为基准，再考虑其他非最低营养需求的衣食住行需求消费，然后测算并确定满足这些需求的收入标准。

中国 1986 年制定了第一个脱贫目标的标准，以 1978 年的农民人均年纯收入 100 元为基准，1986 年的贫困标准是人均年纯收入 206 元，这个标准表示的基本生活需求中，吃的需求即食物支出比重为 85%，可以保证每人每日 2100 大卡热量的最低营养需求，使人免于饥饿。

2008 年，中国调整了脱贫目标的标准，以 2000 年的农民人均年纯收入 865 元为基准，2008 年的贫困标准是人均年纯收入 1196 元，这个标准表示的基本生活需求中，吃的需求即食物支出比重降低到 60%，在保证每人每日 2100 大卡热量的最低营养需求的基础上，非最低营养需求消费即衣

---

① 农村居民可支配收入，是指农村居民家庭总收入扣除各类相应的费用支出、经过初次分配与再分配后形成的收入，可用于农村居民家庭的最终消费、非义务性支出及储蓄，包括工资性收入、家庭经营纯收入、财产性收入和转移性收入。具体来看，农村居民可支配收入等于农村居民家庭总收入减去家庭经营费用支出，再减去税费支出（包括缴纳生产税、缴纳其他直接税、村提留、乡统筹和其他各项收费），再减去生产性固定资产折旧、调查补贴、财产性支出（包括非生产性贷款利息支出和其他财产性支出）、转移性支出。农村居民人均可支配收入是按照家庭常住人口平均计算的一个指标，指的是家庭所有成员的平均收入。

② 恩格尔系数（Engel's Coefficient）是指在全部消费支出中食品支出所占的比重。由德国统计学家恩格尔提出，故被命名为恩格尔系数。19 世纪德国统计学家和经济学家恩格尔对比利时不同收入家庭的消费情况进行了调查，研究了收入增加对消费需求支出构成的影响，得出了一个规律性的结论：一个家庭或个人收入越低，用于购买生存性的食品支出在家庭或个人收入中所占的比重就越大，而随着收入增加，用于食品支出的比重在总收入或总支出中的比重则会减少。对一个国家或区域而言，国家或区域发展水平越低，国民平均收入或平均支出中用于购买食品的支出所占比重也就越大。随着居民收入水平的提高，随着国家或区域的发展，这个比例即恩格尔系数呈现为下降趋势。因此，恩格尔系数是判断、衡量、分析一个国家、地区或家庭贫困和富裕程度的重要标准之一。一般认为，恩格尔系数在 60% 及以上为贫困，50% ~59% 为温饱，40% ~49% 相当于中国所说的小康，30% ~39% 为富裕，低于 30% 为最富裕。

食住行的支出比重有所增加，不仅使人免于饥饿，而且可以基本保证“有吃、有穿”。

2011年，我国再一次调整脱贫目标的标准，也就是确定了精准扶贫、脱贫攻坚的目标标准。以2010年的农民人均年纯收入（后为农民人均年可支配收入）2300元为基准，2014年的贫困标准是2800元，2015年的贫困标准是2855元，2020年的贫困标准大约是4000元。这个标准表示的基本生活需求中，营养的需求即食物支出比重降低到53.5%，按农村住户农产品出售和购买综合平均价，每天消费1斤白面、1斤蔬菜和1两肉或1个鸡蛋。这个标准，在保证每人每日2100大卡热量的最低营养需求的基础上，非食品消费需求即衣食住行的支出比重进一步增加，不仅使人免于饥饿，满足维持健康生存的需要，达到“吃饱，适当吃好”，而且可以满足衣食住行以及教育、基本医疗等多方面的需求，从而实现不愁吃、不愁穿的“两不愁”的稳定温饱要求。

稳定解决农村贫困人口的温饱问题，在不愁吃、不愁穿的基础上，还要包括义务教育、基本医疗和住房安全有保障，就是“三保障”。这三个方面的保障，是在最基本的公共服务领域为农村贫困人口稳定解决温饱问题提供保障，通过制度体制的规范提高贫困人口的自我发展能力和应对风险能力。保障义务教育，就是要解决教育贫困，一方面直接提高贫困人口在文化教育上表现出来的生活水平与生活质量；另一方面更重要的是从制度上切断贫困代际传递，提高贫困人口的人力资源素质，提升贫困人口的自我发展能力。保障基本医疗，就是要解决医疗贫困，一方面把贫困人口纳入到社会医疗保障的安全网之中，减轻、避免因病、因残致贫、返贫；另一方面促进贫困人口健康素质的提高，提升贫困人口的自我发展能力。保障住房安全，就是要解决住房贫困，一方面可以避免贫困人口因基本住房问题致贫、返贫，如因危房改造、基本住房修建而不得不举债造成影响基本生活消费、降低生活水平和生活质量；另一方面可以促进贫困人口住房质量的改善和提高。因此，“三保障”是稳定解决农村贫困人口温饱问题的另一个极其重要的方面，只有通过“三保障”，才能使农村贫困人口的不愁吃、不愁穿真正稳定下来，也才能为农村贫困人口的不愁吃、不愁穿提供稳定的制度条件。

（二）缩小贫困地区经济社会发展差距

贫困地区经济社会发展程度，不仅与发达地区有差距，而且与全国平均水平都有相当大的差距，缩小这种发展差距，是精准扶贫、脱贫攻坚极其重要的要求。“一高于、一接近”就是要在精准扶贫、脱贫攻坚中，有效提升贫困地区经济社会发展水平，缩小贫困地区经济社会发展水平与全国平均发展水平、发达地区发展水平的差距。

缩小贫困地区经济社会发展差距，必须提高贫困地区农民人均可支配收入的增长幅度，这就是“一高于”，即使贫困地区农民人均可支配收入到2020年比2010年翻一番以上，其间的增长幅度必须高于全国的平均水平。贫困地区的农民收入增长近年来已经保持了超过全国平均水平的态势，但收入、消费水平仍然相当程度低于全国平均水平。2014年，贫困地区农村居民的食品烟酒支出为全国农村居民平均水平的78%，衣着支出为全国农村居民平均水平的73%，居住支出为全国农村居民平均水平的71%，生活用品和服务支出为全国农村居民平均水平的76%，交通通信支出为全国农村居民平均水平的61%，教育文化娱乐支出为全国农村居民平均水平的69%，医疗保健支出为全国农村居民平均水平的68%，其他用品和服务支出为全国农村居民平均水平的61%。2015年，贫困地区农村居民的食品烟酒支出为全国农村居民平均水平的79%，衣着支出为全国农村居民平均水平的74%，居住支出为全国农村居民平均水平的72%，生活用品和服务支出为全国农村居民平均水平的75%，交通通信支出为全国农村居民平均水平的60%，教育文化娱乐支出为全国农村居民平均水平的70%，医疗保健支出为全国农村居民平均水平的67%，其他用品和服务支出为全国农村居民平均水平的66%。因此，在精准扶贫、脱贫攻坚中，必须较大幅度提高贫困地区农民的收入水平，才有可能缩小贫困地区农民收入与全国平均收入水平、发达地区居民收入水平的差距。就贫困地区农民收入增长的数量要求来看，到2020年必须使贫困地区农民人均可支配收入比2010年翻一番以上，不仅是翻一番，翻一番是不够的，而是要达到翻一番以上。同时，就贫困地区农民收入增长的速度要求来看，在“十三五”时期，贫困地区农民人均可支配收入增长幅度要高于全国平均水平，既要高于全国居民人均可支配收入增长水平，也要高于全国农村居民人均可支配收入增长水平。

缩小贫困地区经济社会发展差距，还要提高贫困地区基本公共服务水平，这就是“一接近”，要使贫困地区基本公共服务主要方面的指标接近全国的平均水平。在中国的扶贫开发中，贫困地区的基础设施建设不断加快，公共服务水平也不断提高。但由于种种历史的客观的原因，贫困地区水、电、路、气、网、医、教、文、卫、保等领域的基础设施建设和公共服务水平，仍然在相当程度上落后于全国平均水平、落后于其他地区。因此，在精准扶贫、脱贫攻坚中，在“十三五”时期，必须加大贫困地区相关公共服务的基础设施建设力度，项目上进一步向贫困地区倾斜，进一步提高建设速度，进一步提升贫困地区的公共服务水平，让公共服务均等化也覆盖贫困地区，这就要求贫困地区基本公共服务主要领域指标接近全国平均水平，进而缩小在公共服务方面贫困地区与全国平均水平的差距、与其他地区的差距，真正让贫困地区、贫困乡村及其贫困户、贫困人口共享发展成果。

（三）实现贫困人口和贫困县在现有标准下脱贫

精准扶贫、脱贫攻坚的战略目标，归根结底就是脱贫，就是要实现贫困人口和贫困县在现有标准下脱贫，确保中国现行标准下的农村贫困人口实现脱贫，确保中国现行标准下的贫困县全部摘帽，也就是“两确保”。

“两确保”的一方面是要确保中国现行标准下农村贫困人口实现脱贫。到2020年，要让现行标准下农村建档立卡贫困人口实现脱贫，让贫困户有稳定收入来源，人均可支配收入稳定达到或超过国家的扶贫标准，实现“两不愁、三保障”。

中国现行农村贫困标准是2011年调整确定的。2011年，经国家统计局测算，有关部门共同研究，国务院确定，2011年至2020年的农村贫困标准按2010年的价格水平确定为每人每年2300元。按这个标准，2015年年底，中国有农村贫困人口5575万人。具体不同时期贫困标准下的情况见表2－2。

表2－2　不同时期具体贫困标准和农村贫困人口①

年份	年度具体贫困标准［元／（人·年）］	贫困人口（万人）	贫困发生率（%）
1978	366	77039	97.5
1980	403	76542	96.2
1985	482	66101	78.3
2000	1528	46224	49.8
2010	2300	16567	17.2
2015	2855	5575	5.7
2020	4000	0	0

资料来源：根据《中国农村贫困监测报告2015》（中国统计出版社2016年版）有关内容整理。

在精准扶贫、脱贫攻坚中，从2013年年底开始，中国全面开展贫困识别，实行对贫困人口全部建档立卡。2014年全国建档立卡贫困人口为8962.2万，2015年年底为5630万（与5575万的统计数据略有差异）。以2010年的不变价即每人每年平均收入2300元为基本标准，2015年的贫困标准为2855元，如果“十三五”期间的五年平均每年价格涨幅按3%计算，再考虑到其他多种因素，则2020年的贫困标准为4000元左右。

到全面建成小康社会的2020年，这5630万农村建档立卡贫困人口的人均可支配收入，要达到4000元。这是农村贫困人口脱贫的最基本、最直接的标准。在这个基本标准达到的基础之上，农村贫困人口要实现“两不愁、三保障”，提高生活水平和生活质量。

“两确保”的另一方面是贫困县全部摘帽，解决区域性整体贫困。长期以来，中国农村贫困的一个突出特点是区域性整体贫困，尤为突出的是存在相当数量的贫困县，中国的农村贫困人口主要聚居在贫困地区、贫困县。按照一定政策标准，确定国家帮扶、省级帮扶的贫困县，是我国长期以来扶贫开发的一项重要工作内容。到2015年年底，我国农村建档立卡的贫困人口为5630万，主要聚居在832个国家扶贫开发工作重点县和集中连片特困地区县。到2020年，这832个国家扶贫开发工作重点县和集中连片

① 现行标准：按2010年的价格水平确定的贫困标准为每人每年2300元。

特困地区县要全部摘帽。贫困县县域以内的基础设施明显改善，人民群众的人居环境明显改善，基本公共服务能力和水平进一步提升，基本农田和农业水利等设施水平明显提高，全面解决出行难、上学难、就医难等问题，社会保障实现全覆盖，县域经济发展壮大，特色产业基本形成，集体经济有一定规模，社区管理能力不断增强，生态环境有效改善，可持续发展能力不断增强。实现扶贫开发工作重点县和集中连片特困地区县全部摘帽，就是要从整个区域经济社会发展的方面解决贫困问题，实现区域性整体脱贫，让整个国家的所有地区、所有县一级区域都迈入全面小康社会。

四、精准扶贫、脱贫攻坚的战略内容

在新发展理念引领下，要实现精准扶贫、脱贫攻坚的战略目标，必然要有相应的战略内容。2013 年 11 月，习近平总书记在湖南湘西十八洞村考察时首次明确提出“精准扶贫”的要求。为贯彻落实习近平总书记“精准扶贫”的要求，2013 年 12 月，中共中央办公厅、国务院办公厅印发的《关于创新机制扎实推进农村扶贫开发工作的意见》明确提出建立精准扶贫工作机制。2015 年 11 月，《中共中央国务院关于打赢脱贫攻坚战的决定》提出，要实施精准扶贫方略，健全精准扶贫工作机制。2016 年 11 月，国家《“十三五”脱贫攻坚规划》提出在“十三五”脱贫攻坚中，要坚持精准扶贫、精准脱贫基本方略，要求在减贫脱贫中坚持扶贫对象精准、项目安排精准、资金使用精准、措施到户精准、因村派人精准、脱贫成效精准这“六个精准”。显然，精准扶贫、脱贫攻坚的战略内容，就是围绕着“精准”这个核心，贯串于整个脱贫攻坚的全过程。具体来看，可以概括为四个基本方面，包括精准识别、瞄准扶贫对象，精准帮扶、明确帮扶主体，精准施策、确定脱贫路径，精准退出、健全退出机制，也就是要解决好“扶持谁”“谁来扶”“怎么扶”“如何退”等一系列问题。由于本书此后的部分，都是从一定方面对精准扶贫、脱贫攻坚一系列战略内容进行研究分析，这里仅做简单概括。

（一）精准识别、瞄准扶贫对象

精准扶贫、脱贫攻坚，使农村贫困农户、贫困人口脱贫，首先要确定扶贫对象，明确谁是穷人。没有精确瞄准扶贫对象，是制约扶贫开发取得成效的基础性问题，精准扶贫、脱贫攻坚的首要内容就是精准识别贫困人口、瞄准扶贫对象，解决好“扶持谁”的问题。精准识别，最重要的是识别贫困人口，对贫困人口建档立卡，通过建档立卡，对贫困户进行精准识别，了解贫困状况，分析致贫原因，摸清帮扶需求，明确帮扶主体，落实帮扶措施，开展考核问效，实施动态管理，为整个精准扶贫工作奠定基础。2013 年年底以来，我国组织开展了贫困识别和建档立卡的工作，以 2013 年农民人均纯收入 2736 元（相当于 2010 年 2300 元不变价）的国家农村扶贫标准为识别标准，以农户收入为基本依据，综合考虑住房、教育、健康等情况，在全国识别出 12.8 万个贫困村 3000 万家贫困户 8900 万贫困人口，为瞄准贫困对象精准发力奠定了基础。2015 年年底，全国建档立卡的农村贫困人口为 5630 万。

建档立卡后，要进行定期核查，提高数据质量。要对建档立卡“回头看”“挤水分”，进行动态调整，切实把建档立卡做实做细，确保符合标准的一户不漏，不符合标准的一户不进。充分利用建档立卡数据，真正把贫困人口的底数摸清，把帮扶政策落实到户，做到一户一本台账、一户一个脱贫计划、一户一套帮扶措施。进而以更大的决心、更明确的思路、更精准的举措、超常规的力度，推进精准扶贫、脱贫攻坚，实现脱贫攻坚目标，绝不落下一个贫困地区、一个贫困群众。

精准识别、瞄准扶贫对象的一个重要方面，是要完善精准扶贫的数据管理。要完善精准扶贫大数据管理，建设好精准扶贫的大数据平台。加强扶贫信息化建设，按照数据完善、纵向到人、横向比较、操作便捷、直观展现的思路，坚持全国统一规范的原则，完善贫困户建档立卡工作，精准管理贫困人口信息；加强部门间数据互联互通，实现信息共享，提高精准扶贫大数据平台建设质量。要健全贫困人口精准识别与动态调整机制，通过完善精准扶贫的大数据管理，做到精准扶贫的信息准确、不错不漏、经得起检验，为监管扶贫进程、开展扶贫工作考核、进行扶贫科学决策以及动员各个行业部门、社会各界参与扶贫等提供精准性的基础服务。

（二）精准帮扶、明确帮扶主体

在精准识别、瞄准扶贫对象的基础上，还必须精准帮扶、明确帮扶主体，解决“谁来扶”的问题。就是要举全国之力，发挥国家制度优势，调动社会各方力量，形成、发挥精准扶贫、脱贫攻坚的合力，帮扶贫困人口摆脱贫困。主要方面有以下四点：一是强化脱贫攻坚领导责任制，实行中央统筹、省（自治区、直辖市）负总责、市（地）县抓落实的工作机制。二是明确扶贫开发、减贫脱贫有关各个行业各个部门的责任，充分运用社会各个行业各个部门资源做好扶贫开发工作。三是动员社会的各个方面各界力量参与扶贫，拓展多层次扶贫协作有效途径，实现社会帮扶资源和精准扶贫有效对接。四是实施和健全定点帮扶，党政机关、企事业单位要开展和完善定点帮扶工作，明确定点扶贫目标任务，实化帮扶举措，提升帮扶成效，完善定点扶贫联系机制，组织落实扶贫项目，参与整合涉农资金，积极引导社会资金，促进贫困村、贫困户脱贫致富；帮助选准发展路子，培育农民合作社，增加农村集体收入，增强其“造血”功能。

（三）精准施策、确定脱贫路径

精准扶贫、脱贫攻坚的重点内容，就是要精准施策、确定脱贫路径，解决好“怎么扶”的问题。根据2014年农村贫困人口建档立卡数据，全国农村有贫困人口8962.2万。其中，有劳动能力的有5732.9万，所占比例为63.97%；在有劳动能力的贫困人口中，3689.9万在家务农。在8962.2万贫困人口中，初中及以下文化程度的贫困人口占92%；处于劳动年龄15～64岁的有6454.9万，所占比例为72%；居住在自然条件特别恶劣地区，需要移民搬迁的贫困人口大约有1000万。从这些情况出发，精准扶贫、脱贫攻坚就要坚持因地制宜、因户而异、因人而异、因贫原因和类型施策。其基本途径就是实施“五个一批”，一是发展生产脱贫一批，二是易地搬迁脱贫一批，三是生态补偿脱贫一批，四是发展教育脱贫一批，五是社会保障兜底脱贫一批。

（四）精准退出、健全退出机制

精准扶贫、脱贫攻坚的最后环节，就是精准退出、健全退出机制，解决“如何退”的问题，也就是建立健全和实施贫困人口脱贫和贫困村、贫困县有序退出机制。国家已经确定，贫困村退出以贫困发生率为主要衡量标准，统筹考虑村内基础设施、基本公共服务、产业发展、集体经济收入等综合因素。原则上贫困村贫困发生率降至2%以下（西部地区降至3%以下），在乡镇内公示无异议后，公告退出贫困。贫困县（包括国家扶贫开发工作重点县和集中连片特困地区县）退出以贫困发生率为主要衡量标准。原则上贫困县贫困发生率降至2%以下（西部地区降至3%以下）。

第三章　精准扶贫、脱贫攻坚中的产业脱贫嵌入

改革开放以来，发展产业脱贫一直是我国扶贫开发的主要内容之一。党的十八大以后，我国扶贫开发已进入精准扶贫、脱贫攻坚阶段，要进一步、深层次发挥产业脱贫在促进贫困地区发展、增加贫困人口收入、提升贫困人口自我发展能力等方面的积极作用，必须以新的视角、从新的角度对产业脱贫进行研究，产业脱贫嵌入的分析就是一个重要方面。

一、产业脱贫嵌入的模型

“嵌入”一词是个多学科术语，最早应用于生物学领域，用于描述苯并吡啶等分子插入并结合到 DNA 链中相邻的碱基对之间，使 DNA 发生扭转，进而增强整个分子的黏度的现象。随后，嵌入的概念在应用代数、计算机等学科领域得到应用，用于描述一个主体镶嵌到另一个主体的程度。20 世纪中叶，嵌入概念被引入人文社会科学。1944 年，卡尔·波兰尼在其著作《大转型：我们时代的政治与经济起源》中多次提到“嵌入”，大意是市场主体的经济行为是嵌入在社会关系中的，市场经济是附属在社会体系中的。[①] 自此之后，其他社会科学学者对嵌入理论进行了广泛而深入的研究，嵌入概念在管理学、经济地理学、区域经济学、产业经济学等学科领域得到了快速发展，其中，马克·格兰诺维特对嵌入理论的发展做出了杰出的贡献。社会科学嵌入理论的核心观点是人类的经济行为并非如古典

① ［英］卡尔·波兰尼著，冯钢、刘阳译：《大转型：我们时代的政治与经济起源》，浙江人民出版社 2007 年版，第 50、53、60 页。

经济学所认为的那样完全理性，而是非完全理性的。在人类从事经济活动的过程中，要将经济行为嵌入社会结构、社会关系等社会范畴中。

产业脱贫嵌入是指贫困地区、贫困人口、贫困地区地方政府、发达地区、新型农业经营主体（农民合作社、龙头企业等）等产业脱贫主体在从事产业脱贫的过程中，以它们之间的嵌入关系为基础，形成以经济、社会等各类嵌入方式来促进贫困地区发展和贫困人口脱贫。因此，用嵌入理论来分析与研究精准扶贫、脱贫攻坚中产业脱贫的相关问题，首先要辨析清楚产业脱贫中各个主体的嵌入关系，而这些嵌入关系又建立在产业脱贫的不同形式之上。

（一）产业脱贫的几种基本形式

精准扶贫、脱贫攻坚阶段，发展产业脱贫一般是指贫困人口立足贫困地区自然资源发展具有特殊产品性质、特定消费市场的产业，从而形成具有显著的区域优势的特色产业，进而实现增产增收与脱贫发展。然而，受资源禀赋条件的限制，部分贫困地区的贫困人口要通过转移就业，由乡进城从事产业生产实现脱贫。同时，受近年来经济下行的影响，我国不少城市出现了农民工就业难的问题，这使得大批农民工返乡，其中不少是贫困地区、贫困家庭的劳动力，这部分返乡农民工大多也要靠发展产业来实现脱贫发展。另外，从宏观角度看，为了促进产业结构调整与优化升级，我国东部地区部分劳动密集型产业要往中、西部地区转移，其中，中、西部贫困地区是承接东部地区转移产业的重要区域。由此可以看出，就贫困地区而言，发展产业脱贫包括就地发展产业和接收发达地区转移产业两种形式；就贫困人口而言，发展产业脱贫包括就地发展产业和异地发展产业两种形式，其中异地发展产业脱贫包括贫困人口由乡进城从事产业生产和部分城市的农民工返回农村贫困地区发展产业。

（二）产业脱贫主体的嵌入关系

精准扶贫、脱贫攻坚阶段，不同的贫困地区，不同的贫困人口，对产业脱贫形式的需求也不同，从而使得产业脱贫主体多元化。结合我国产业脱贫的实情，产业脱贫主体主要有贫困地区、贫困人口、发达地区、贫困地区地方政府，以及龙头企业与农民合作社等新型农业经营主体。这些主体原本处于分散的无组织的非关联状态，各个主体之间具有一定的独立性，并不存在显著的线性或网状嵌入关系。

但是，由于贫困地区产业基础薄弱、贫困人口自我从事产业生产能力欠缺等因素制约，在贫困地区发展、贫困人口迫切渴望脱贫的过程中，需要发达地区、贫困地区地方政府、龙头企业与农民合作社等新型农业经营主体以及其他主体给予帮扶。经过进一步分析，发达地区产业向资本密集型、技术密集型方向调整与升级的过程中，需要转移劳动密集型产业，而贫困地区发展缺少产业支撑，供需结合使得二者之间形成了嵌入关系。经济发展、脱贫成效、生态保护已成为考核贫困地区地方政府政绩的三项重要内容。为了政绩考虑，在贫困地区产业基础不强的情况下，地方政府要结合当地实情，积极引入龙头企业，给予适应的政策优惠，以吸纳贫困人口就业、促进贫困地区经济发展；要对帮扶贫困人口脱贫的农民合作社给予支持；要对立足当地资源自行发展特色产业的贫困人口、参与龙头企业与农民合作社等新型农业经营主体的贫困人口给予指导与帮扶，以助他们脱贫发展。同时，贫困人口、龙头企业、农民合作社要对政府的行为进行监督。再加上龙头企业在其发展过程中，也需要一定数量的劳动力，并且有可能与农民合作社进行项目合作，于是产业脱贫的各个主体之间形成了复杂的网状嵌入关系，如图 3－1 所示。

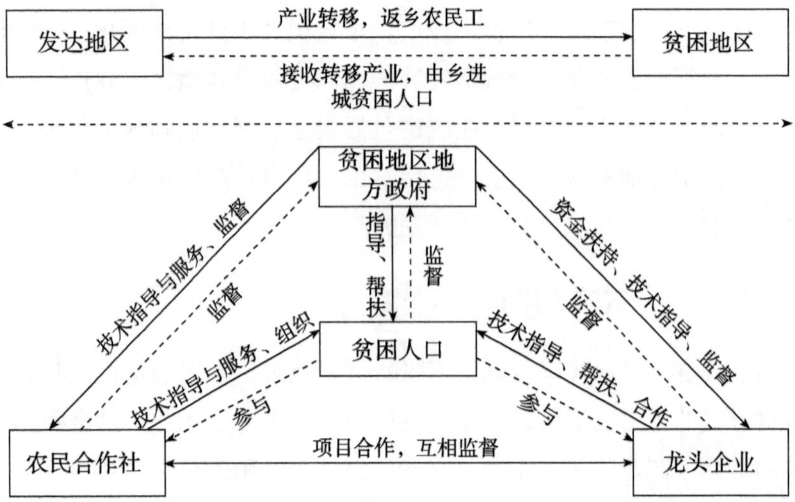

图 3－1　产业脱贫主体的嵌入关系图

以双向箭头的粗虚线为界线，图3-1分为两个子图，上图为贫困地区接收异地产业转移和贫困人口异地发展产业脱贫的嵌入关系图，下图为贫困地区、贫困人口就地发展产业脱贫的嵌入关系图。由图可概括出发达地区、贫困地区、贫困人口、贫困地区地方政府、龙头企业、农民合作社等产业脱贫主体嵌入关系的基本特征：一是各个产业脱贫主体之间的嵌入以贫困地区、贫困人口为核心；二是产业脱贫主体之间的嵌入是双向的，且兼具直接性与间接性，比如贫困地区地方政府既可以与贫困人口形成直接的嵌入，也可以通过农民合作社、龙头企业与贫困人口形成间接的嵌入；三是不管是直接嵌入，还是间接嵌入，互相嵌入的产业脱贫主体之间形成了共赢的关系，比如贫困地区地方政府通过扶持贫困人口发展产业，可以让贫困人口增产增收，实现脱贫发展，反过来贫困人口的脱贫又提升了地方政府的政绩；四是产业脱贫主体形成的嵌入不是静态的嵌入，而是一种动态的、发展的嵌入，其根本目的是要构筑起贫困地区雄厚的产业基础，增强其发展动力，促进贫困人口脱贫，提升他们的自我发展能力与可持续发展能力。

（三）产业脱贫嵌入模型的构建

社会科学学者研究市场经济主体之间的嵌入关系，本质是要分析其背后的经济行为、社会行为、政治行为的嵌入方式。不同的学者对此有不同的看法，有的将嵌入方式划分为环境嵌入、组织嵌入和双边嵌入；有的将嵌入方式划分为结构嵌入和关系嵌入；有的将嵌入方式划分为政治嵌入、文化嵌入和认知嵌入，等等。①

结合图3-1可得出以下结论：产业脱贫以贫困地区经济发展、贫困人口脱贫为目标，其各个主体行为的嵌入至少包括经济嵌入与社会嵌入。精准扶贫、脱贫攻坚阶段发展产业脱贫不仅要注重当前贫困地区的发展与贫困人口脱贫，还要加强生态保护，保障贫困地区与贫困人口的可持续发展，所以，生态嵌入是产业脱贫主体行为嵌入的重要内容。另外，为了使

① 杨玉波、李备友、李守伟：《嵌入性理论研究综述：基于普遍联系的视角》，《山东社会科学》，2014年第3期。

产业脱贫主体的行为产生良好的经济效应、社会效应与生态效应，还要将它们的行为纳入制度框架中，加强制度嵌入。因此，产业脱贫嵌入实质上是要产业脱贫的各个主体通过经济嵌入、社会嵌入、生态嵌入和制度嵌入的四维嵌入方式嵌入一个特定的社会结构或社会关系中（发达地区产业转移、贫困人口自行从事产业生产、新型农业经营主体产业发展、贫困地区地方政府政绩提升等）来实现贫困地区、贫困人口的脱贫与可持续发展。

本文提出一个产业脱贫嵌入的模型，该模型将产业脱贫嵌入分为嵌入风险、嵌入方式两个层次，如图 3－2 所示。从产业脱贫嵌入风险层次看，产业脱贫作为一个复杂的、动态的、发展的活动过程，产业脱贫各个主体从最有利于自己行为的角度出发，它们之间的嵌入方式会产生一系列问题，分析这些问题可能导致的经济风险、社会风险、生态风险是产业脱贫嵌入研究的重要内容之一。从产业脱贫嵌入方式层次看，既然产业脱贫嵌入存在着各类风险，就意味着存在合理的产业脱贫嵌入方式来降低风险，使产业脱贫产生良好的经济、社会与生态效应，所以分析产业脱贫嵌入的合理方式是产业脱贫嵌入研究的另一重要内容。

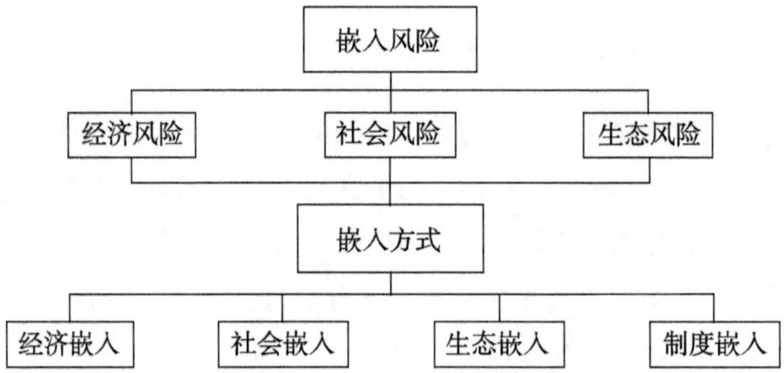

图 3－2　产业脱贫的嵌入模型

二、产业脱贫嵌入的风险

精准扶贫、脱贫攻坚阶段发展产业脱贫就是要把处于弱势地位的贫困地区嵌入发达地区产业转移的过程中去，把作为弱势主体的贫困人口嵌入发达地区产业发展、贫困地区立足地方特色资源发展特色产业、龙头企业等新型农业经营主体发展产业的过程中去，由此来夯实贫困地区产业基础，增加贫困人口收入，进而实现脱贫发展。但是，产业脱贫主体行为的不同选择，使得嵌入过程中面临着较多的现实困境，可能产生一定的风险，这些风险主要包括经济风险、社会风险、生态风险。

（一）产业脱贫嵌入的经济风险

发展产业脱贫，本质上是发展经济以脱贫。从产业角度看，影响贫困地区经济发展的因素主要有自然资源、资本、人力资源、技术、产业规划、产业结构等。产业脱贫嵌入中的经济风险是指贫困地区、贫困人口在从事嵌入式产业生产时，因在影响经济发展的某些方面嵌入过度或嵌入不足而蒙受经济损失的可能性。

产业脱贫嵌入中易出现局部性、区域性产业趋同的经济风险。在一定时期内，贫困地区可以发展的产业有多种。受趋利性影响，其中市场利润更高的产业往往集中地被地方政府列为首要发展的项目，这就造成了局部性产业趋同的现象，比如某个贫困县中不同乡镇发展的产业趋于一致。另外，贫困地区各层级地方政府之间协调不足也是产业趋同的重要成因。地方政府之间存在着一定的利益竞争关系，为了自身政绩，地方政府在发展产业、促进脱贫攻坚的过程中，会有意无意地追逐眼前经济效益或脱贫效应更好的产业，而没有制订具有客观性、可行性、协调性的区域产业发展规划，从而造成区域内产业发展不协调，出现趋同现象。一个典型的案例是：扶贫项目产业化已成为不少扶贫干部的共识，但由于未摸清市场规律，没有突出地域性、特色性，导致一些地方扶贫产业趋同严重。[①] 但是，由于市场发展的不确定性，这一时期具有市场优势的产业可能在下一个时期就失去市场优势。一旦失去市场优势，贫困地区产业脱贫嵌入中的趋同现象极有可能对贫困地区产业发展、贫困人口脱贫造成严重的负面影响。贫困地区地方政府不管是因追求眼前的产业市场利润造成产业趋同，还是因彼此之间协调不足造成产业趋同，其本质是地方政府在发展产业脱贫时，过度地将自身利益嵌入产业发展中，而没有将发展产业脱贫嵌入市场

---

① 新华网：《扶贫谨防产业趋同，切忌瞎指挥》，详见 http：//www. news. xinhuanet. com/gongyi/2016 -05/04/c_ 128955856. htm，2016 -05 -04。

的长远发展中、嵌入区域产业发展整体规划中。

产业脱贫嵌入中易出现“资源诅咒”的经济风险。“资源诅咒”是指区域优势自然资源反而成为拖累该地区经济发展的一种经济现象。贫困地区发展产业脱贫，自然资源是产业嵌入的禀赋基础，也通常是贫困地区经济发展的主要载体。但是，贫困地区过度地嵌入本地优势自然资源发展农、林、牧、渔业等农业经济，不注重以农业为基础，发展农产品加工业和服务业或拓展、延伸农业产业链条，极有可能陷入依附式发展的困境。换言之，产业脱贫嵌入中“资源诅咒”现象的实质是贫困地区产业过度地嵌入产业链的低端，而没有向产业链的中、高端嵌入或是嵌入不够。

产业脱贫嵌入中易出现技术嵌入不足的经济风险。技术嵌入是发展产业脱贫的核心动力，贫困地区产业基础薄弱、贫困人口从事产业生产能力欠缺的一个非常重要的原因在于产业脱贫中技术嵌入不足。虽然在发展产业脱贫中，我国已实施了农业科技人员下乡、农业产业技能培训等系列科技扶贫政策助力产业脱贫，但是技术供给与贫困地区、贫困人口对产业发展技术的需求仍处于较为严重的供不应求的不匹配状态。并且，技术嵌入中存在供需脱节的问题，相关学者调研的结果指出，贫困人口更倾向于接受科技人员手把手、面对面的更具体的农技指导，而不是简单地接受“填鸭式”的培训。[①] 技术嵌入不足的另一个重要表现是“互联网 +”、大数据、云计算等前沿技术在发展产业脱贫中的嵌入程度不够，还有相当大的提升空间。产业脱贫中技术嵌入不足的最直接的结果是贫困地区产业处于“微笑曲线”的低端，不够高端化，难以延长产业链并难以形成高经济附加值的产品，这也是贫困地区易于陷入“资源诅咒”的重要因素之一。

可见，产业脱贫嵌入中的经济风险，既可能是贫困地区过度地嵌入产业链的低端造成的，也可能是贫困地区地方政府将产业脱贫过度地嵌入自身政绩中形成的，还可能是产业技术嵌入不足引发的。当然了，可能还有其他的成因，比如资金、基础设施嵌入不足。不管是何种原因形成的经济风险，都不利于贫困地区产业发展，不利于贫困人口脱贫。

---

① 莫光辉：《精准扶贫视域下的产业扶贫实践与路径优化——精准扶贫绩效提升机制系列研究之三》，《云南大学学报（社会科学版）》，2017 年第 1 期。

（二）产业脱贫嵌入的社会风险

嵌入式理论强调人类从事经济生产活动时，要把经济生产活动嵌入一定的社会关系中，并分析社会关系对其造成的影响。这些社会关系包括政治关系、经济行为主体之间的合作关系、地缘关系等。产业脱贫嵌入中的社会风险是指在贫困地区、贫困人口发展产业脱贫的过程中，因各个主体之间的社会关系嵌入过度或不足而产生的贫困问题进一步加重的可能性。

产业脱贫嵌入中存在政治嵌入过度的社会风险。产业脱贫项目一般按照自下而上项目申请、自上而下项目审批的流程进村入户，以确保产业脱贫的精准性。但是，作为竞争性项目，产业脱贫项目在进村入户的过程中并非完全按照公平、公开、公正的原则进行，未能使得发展条件比较差的贫困村、贫困户得到更多的产业项目或比较好的产业资源。在我国产业脱贫的实践中，现实情况是某些贫困地区在分配产业项目、配置产业资源时，存在一个政府选择的过程。那些离贫困地区地方政府所在地更近的贫困村，地方政府主要领导挂点的贫困村，往往更容易申请到产业脱贫项目或得到更好的产业脱贫资源，因为这更能凸显出地方政府及其主要领导的脱贫政绩。这种发生在产业脱贫中的政治过度嵌入的现象，使得产业脱贫项目没有得到合理配置，政治资源相对较差的贫困村没有得到应有的产业项目，其直接结果是产业脱贫偏离了国家精准扶贫战略的要求，并加剧了贫困村之间的不平等现象。

产业脱贫嵌入中存在利益嵌入不足的社会风险。发展产业脱贫的根本目的是要帮助贫困人口脱贫发展。在市场经济环境下，贫困人口由于受资金、技术、管理经验等多方面因素的制约，独立从事产业生产的难度较大，而龙头企业、农民合作社、种养大户等新型农业经营主体具有打造全产业链、提高效率、降低成本、开拓市场等多种功能，可以将多家小农生产与多变的市场联结起来。贫困人口可通过提供劳动力、转让土地承包经营权等多种方式与新型农业经营主体合作发展产业，“新型农业经营主体+贫困人口”是发展产业脱贫的主要社会嵌入模式。然而，这一模式在实践中遇到了较多的问题，其中最突出的问题是利益嵌入不足。新型农业经营主体作为独立的经济体，其发展产业的首要目标是要追逐自身利益的最大化。但是，在从事脱贫产业生产时，新型农业经营主体还要承担一定的社会责任，让贫困人口嵌入它们的利益中，结成利益共同体，帮扶贫困人口脱贫发展。显而易见，追逐自身利益最大化的经济目标与帮扶贫困人口脱贫的社会目标相悖。新型农业经营主体如果以自身利益最大化为行动准则，这势必会直接牺牲贫困人口的利益；如果以掌握丰富的市场资源、产业生产技术等为条件，在与贫困人口的合作中处于绝对的主导地位，使得原本应该平等的合作成为不对称合作，这就会间接地损害贫困人口的利益。由此可以看出，作为产业脱贫的两大主体，贫困人口、新型农业经营主体之间存在着利益嵌入不足的社会风险，而这种风险可能加大贫困人口脱贫的难度。

产业脱贫嵌入中存在贫困人口异地发展产业嵌入困难的社会风险。贫困人口由乡进城异地发展产业是一个脱离原社会环境，嵌入新社会环境的过程。在这个过程中，他们首先要面临的是城乡文化、邻里关系、社区关系的安居嵌入问题。然而，因语言障碍、民族习惯差异、生活习性差异等原因，贫困人口异地安居嵌入较为困难。更重要的是，语言问题及产业生产技能不足使得贫困人口在就业市场上处于劣势地位，难以找到与自身条件相符合的职位，出现就业嵌入困难。即使部分贫困人口在农产品加工企业、现代农业产业园区、建筑工地等单位找到了工作，也极有可能出现利益嵌入不足的风险。安居嵌入、就业嵌入与利益嵌入的三重困境，使得由乡进城的贫困人口脱贫难度加大，部分人甚至又返回了农村贫困地区。返乡农民工以在城里工作积累的经验、资金等与新型农业经营主体合作发展产业，也非常有可能产生利益嵌入不足的问题。

可见，产业脱贫各主体间存在着政治嵌入过度、利益嵌入不足、安居嵌入困难、就业嵌入难度大等多重社会风险，这些风险既可能加剧不同贫困村的不平等现象，也可能加重贫困人口的贫困程度。总而言之，它们会影响贫困地区、贫困人口的脱贫进程。

（三） 产业脱贫嵌入的生态风险

产业脱贫嵌入中不仅可能产生经济风险与社会风险，还可能引起生态风险。产业脱贫嵌入中的生态风险是指产业脱贫各个主体在发展产业时，过多地关注经济效益与脱贫社会效应，使得产业的生态嵌入不足而导致生态环境遭受破坏的可能性。

贫困地区地方政府是产业脱贫的重要主体之一，地方产业发展、贫困人口脱贫成效、生态效应是衡量它们政绩的主要指标。然而，部分贫困地区的实情是地方政府更加关注经济效应与脱贫成效，于是增产增收更快的产业便成为地方政府的首要选择，而这些产业的可能特征是高耗、高污、高排。接收转移产业是贫困地区发展产业脱贫的重要内容之一，可是发达地区转移给贫困地区的产业基本都是劳动密集型产业，这些产业因资本与技术嵌入不足极易对生态环境造成破坏。另外，新型农业经营主体在自身经济利益、帮扶贫困人口脱贫发展、保护生态的三重选择中，其逐利本性使得它们更倾向于顾及自身经济利益。即使有少部分贫困人口利用当地自然资源自行从事产业生产，也会因技术嵌入不足、生态意识薄弱等因素而忽视对生态的保护。相关研究已指出，滇西边境片区、滇桂黔石漠化片区、乌蒙山片区等几个连片特困地区的单位地区生产总值能耗、单位地区生产总值二氧化硫排放量都较高，致使这些地区的产业发展绿色度较低。[①] 可见，产业脱贫各个主体在从事产业生产时，其经济行为都可能产生生态嵌入不足的问题，进而引发生态风险。

综上分析，贫困地区、贫困人口在发展产业脱贫和发达地区、贫困地区地方政府、新型农业经营主体等产业脱贫主体在帮扶他们的过程中，由于嵌入过度或嵌入不足，产生了系列的经济风险、社会风险与生态风险。这些风险极有可能降低贫困地区经济发展的速度，减缓贫困人口脱贫的进度，甚至破坏贫困地区、贫困人口可持续发展的生态基础，致使产业脱贫嵌入没有产生良好的经济效应、社会效应与生态效应。

三、产业脱贫嵌入的方式

从理论上分析，产业脱贫嵌入效应与嵌入强度呈倒 U 形关系，如图 3-3所示。理想的嵌入状态为图中 P 点，在该状态下，产业脱贫嵌入强

① 北京师范大学中国扶贫研究中心：《中国绿色减贫指数报告（2016）》，经济日报出版社 2016 年版。

度适中，且产生了最佳的经济效应、社会效应与生态效应，而嵌入性较强或较弱都难以达到如此效果。不过，在实践中要寻求产业脱贫嵌入最佳的点是比较困难的，更为可行的方案是将产业脱贫嵌入强度控制在合理区间内（如图 3 – 3 中弧 *AB* 所示），保持适度强度，这样既能避免嵌入过度导致的产业低端发展、产业资源配置不合理等现象出现，也能避免嵌入不足引发的贫困人口增收缓慢、贫困地区生态遭受破坏等现象出现，从而增强贫困地区产业基础、增加贫困人口收入，促使他们脱贫发展，并走上可持续发展的道路。

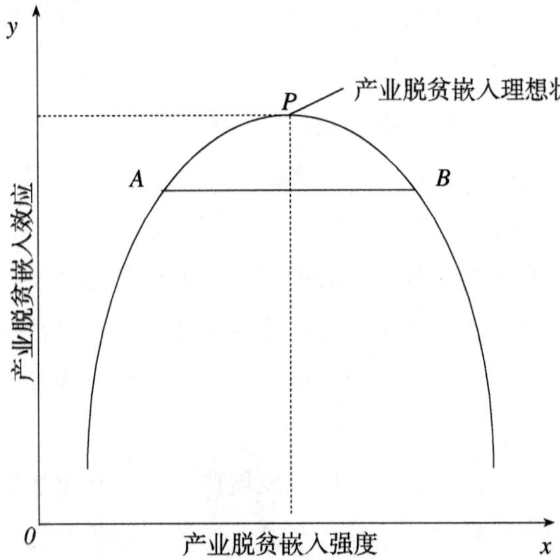

图 3 – 3　产业脱贫嵌入效应与嵌入强度关系图

（一）产业脱贫的经济嵌入方式

产业脱贫中适度的经济嵌入就是要贫困地区、贫困人口在发展产业脱贫时，一方面要防止因嵌入过度而出现产业趋同、“资源诅咒”等问题，另一方面也要防止区域产业规划嵌入、市场嵌入、技术嵌入等不足现象的出现。

产业脱贫要嵌入区域产业发展规划中。精准的产业规划，是发展产业脱贫的基础。贫困地区地方政府要在精准把握本地贫困人口的区域分布、致贫原因的基础上，结合本地资源禀赋状况，对本地的产业分布及结构进行有效调整，促使其合理化。要与相邻地区地方政府协调好地区与地区之间的产业分布及产业结构关系，避免地区之间产业过于集中，这在接收发达地区转移产业时显得尤为重要。同时，产业发展规划要突出长短结合，分阶段、有目标、有计划、精准地对产业短期及长期发展进行规划，使其既能满足贫困人口短期脱贫的需求，又能满足他们长期致富的需要。

产业脱贫要加大市场嵌入。脱贫产业只有充分嵌入市场中，才能获得足额的利润、较高的产业收益和增加贫困人口收入。在产业发展过程中，各类产业脱贫主体要树立市场引领理念，遵循市场规律，以成本-收益分析作为产业进入或退出市场的根本准则，着重发展具有市场需求的产业。如某项产业的预期收益大于投入成本，则发展该产业有利可图，该产业可进入市场；反之，则应退出市场。另外，贫困地区、贫困人口还要时刻关注市场的变化，因时而异地选准并发展具有市场需求的产业。

产业脱贫要向产业链的中、高端嵌入。贫困地区遵循“宜农则农、宜林则林、宜牧则牧”的思路，因地制宜地选准并发展产业是精准扶贫、脱贫攻坚阶段发展产业脱贫的重要方式，但是也极有可能因过度地嵌入本地自然资源而发生“资源诅咒”的风险。所以，要促进贫困地区产业向产业链的中高端嵌入。一是促进贫困地区第一产业内部各子产业间的嵌入。以第一产业的子产业农、林、牧、渔业为基础，以产业需求为依托，以市场为导向，因地制宜、因时而异地打造第一产业内部嵌入体系，包括农林业嵌入、农牧业嵌入、农渔业嵌入等，从而促进第一产业内部结构不断优化升级，拓展农业增值空间。二是促进贫困地区农业与工业的嵌入。以新型农业经营主体为主，在贫困地区重点发展农产品加工业，按顺向方式促进农业与工业的嵌入；以农产品加工业为依托，在贫困地区建设、发展高产、优质、生态的特色农产品原料基地，按逆向方式促进农业与工业的嵌入。同时，让贫困人口参与工农业嵌入延伸的农业产业链条的生产过程，并分享产业链延伸所带来的收益。三是通过大力发展直供直销、连锁经营、“互联网+农业”等多种现代服务业，促进贫困地区农业、农产品加工业嵌入现代服务业中，从而拓宽其产业的市场范围，提升农产品的市场需求。

产业脱贫要强化技术嵌入。龙头企业、农民合作社、现代农业产业园等各类新型农业经营主体在带动、帮扶贫困人口脱贫发展的过程中，要立足贫困地区资源、劳动力状况，以贫困人口可接受为前提，加强适用技术的推广。各类技术研发单位、各级技术推广机构要以贫困地区产业发展为平台，推进科研成果转化应用。此外，还要通过信息技术进村、宽带技术入户等各类技术服务和完善产业专业技术精准到户、精确到人的培训机制，使贫困人口切实掌握产业生产的技术。

（二） 产业脱贫的社会嵌入方式

产业脱贫中适度的社会嵌入是指发达地区、新型农业经营主体等产业脱贫主体在帮扶贫困地区、贫困人口发展产业脱贫时，要杜绝可能导致贫困程度进一步加重的社会关系嵌入过度或嵌入不足问题出现。

产业脱贫要深化贫困人口的利益嵌入。发展产业脱贫的根本出发点与落脚点是贫困人口分享产业发展带来的红利。新型农业经营主体带动贫困人口脱贫发展是精准扶贫、脱贫攻坚阶段产业脱贫的主要模式，要坚持聚力到户、受益精准的原则，形成科学合理的利益嵌入机制。一方面，鼓励、支持贫困人口和返乡农民工利用土地承包经营权、设备资产等以折价入股的方式与新型农业经营主体构建互惠关系，进行股份合作，形成利益共同体，从而实现股份到户，利益到人。另一方面，要发挥政府在深化利益嵌入中的重要作用。通过制订利益嵌入实施方案、成立利益嵌入工作小组等方式，鼓励与引导新型农业经营主体与贫困人口、返乡农民工形成利益共同体。同时，对帮扶贫困人口、返乡农民工脱贫发展的新型农业经营主体，可通过税收减免、财政补贴、贷款贴息等方式给予鼓励与支持，让他们获得更大的动力。

产业脱贫要加强由乡进城发展产业的贫困人口的社会嵌入。贫困人口能否在城镇稳定安居下来是衡量其社会嵌入能力的一个重要标志。主要的社会关系嵌入维度有联系强度、信任、互惠性等。联系强度又称关系紧密度，可以增进联系双方的亲密度与情感。贫困人口要与安居地居民加强交流，建立紧密联系，帮助他们重构社会关系网络，增加他们的情感支持。而且，这种紧密联系还可以使得贫困人口与安居地居民彼此之间更加深入了解，建立信任关系。因为信任是现代社会减少风险的一种重要机制，贫困人口在安居地获得的信任，有助于他们快速融入城镇生活。互惠性是指“当他人对你友善时，你也要对他人友善”，社会关系中良好的互惠性会显著地促进有价值的信息流通、资源互补和共享。贫困人口要在信任的基础上，加强与安居地居民的互惠活动，这不仅能促使他们更好地嵌入城镇社会，而且便于他们获得较多的有意义的就业信息，为在城镇从事产业生产打下基础。

（三）产业脱贫的生态嵌入方式

产业脱贫的生态嵌入要求在发展产业脱贫中加强生态保护，在生态保护中发展产业脱贫，进而实现产业脱贫的经济效益、社会效益和生态效益的共赢。

精准扶贫、脱贫攻坚阶段，中国小部分贫困地区分布在生态资源富足区，大部分贫困地区位于生态脆弱区和生态功能区。对位于生态资源富足区的贫困地区，要依托其自然资源、乡土文化等资源禀赋优势，大力发展集乡村旅游、森林旅游、休闲农业等于一体的生态旅游业，促进其经济、生态相互嵌入，协同发展。对位于生态脆弱区的贫困地区，要通过实施水土保持、沙地治理等生态工程，增加生态脆弱区土地数量，提升土地质量，进而着力发展低污、低排、高资源利用的环境友好的生态产业，实现生态嵌入与脱贫发展的协调推进。对位于重点生态功能区的贫困地区，因其承担着保护国家生态屏障的重要责任，要通过实施重点生态功能区修复与保护工程、生态建设工程，就地发展生态旅游业来促进生态嵌入，实现脱贫发展。另外，现阶段中国农村贫困的一个明显特征是贫困地区连片化。为了凝聚合力，产生更好的生态嵌入效应，还要促进连片贫困地区之间互相嵌入，形成一个紧密联系、有机合作的整体，具体就是要实现片区内交通、电信、网络等基础设施互相嵌入，人力、资本、技术等生产要素互相嵌入，治污减排的先进做法和经验互相嵌入。

（四）产业脱贫的制度嵌入方式

产业脱贫嵌入中发生的经济风险、社会风险、生态风险，一定程度上是由于没有把控好制度嵌入的度导致的，比如具有政治资源的贫困村容易获得更好的产业脱贫项目所形成的社会风险，可归因于制度嵌入不足，是缺乏对政治权力的有效约束造成的。产业脱贫中的制度嵌入，就是要把产业脱贫各个主体的行为嵌入特定的制度框架中，降低经济风险、社会风险、生态风险发生的概率，包含非正式制度嵌入与正式制度嵌入。

产业脱贫中的非正式制度主要涉及贫困人口的民族习惯、价值观、道德规范，新型农业经营主体、城镇企业的经营文化、商业惯例等。这些非正式制度虽不以强制的形式出现，却规范和影响着产业脱贫各个主体的行为。产业脱贫中的非正式制度嵌入要求作为产业脱贫的对象，贫困人口及由乡进城的贫困人口要主动、积极地嵌入新型农业经营主体、安居地所在社区、城镇企业的非正式制度体系中，这有利于与他们建立信任，形成互惠，从而更好地结成利益共同体。

产业脱贫中的正式制度是指以强制形式出现的，把产业脱贫主体行为约束在合理范围内的政治规则、经济规则与法律制度。为有效解决产业脱贫嵌入中可能出现的各种风险，产业脱贫中的正式制度嵌入要完善生态补偿制度，以激励贫困地区、贫困人口在发展产业中保护生态；要促使新型农业经营主体、城镇农产品加工业等用人单位与贫困人口签订具有法律效应的就业合同，并在合同中明确用人单位应尽的责任和应履行的义务，保障贫困人口享受产业发展带来的工资收入、利润分成等利益；要规范贫困地区地方政府的行为，减少甚至消除其行为中出现越位、错位、失位的概率，防止政治嵌入过度。此外，各贫困地区要结合当地实情，建立适宜的政绩考核制度，适当减少经济考核的权重，适度增加脱贫成效、生态建设与保护的考核权重。

第四章　精准扶贫、脱贫攻坚中的旅游扶贫

在精准扶贫、脱贫攻坚中，产业扶贫的重要内容之一是旅游扶贫。旅游扶贫具有参与面广、扶贫效果快、返贫率低等优势特点，在短期内可以促进贫困人口实现脱贫致富，从长期来看，则可以实现扶贫开发持续发展，即通过把提升贫困人口自我发展能力和维护自然生态环境相结合来实现长久脱贫和可持续发展。因此，推进精准扶贫、脱贫攻坚，有必要对旅游扶贫进行研究，分析旅游扶贫的减贫效应、机制框架与重要举措。

一、旅游扶贫的减贫效应

旅游扶贫作为一种可持续的扶贫方式，通过合理开发自然和人文资源，充分利用贫困地区本地和外地各类要素资源，拓展贫困人口生存和发展空间，打破贫困的恶性循环，增强贫困地区自我“造血”功能，成为贫困地区经济社会发展的突破口。旅游扶贫开发对提高贫困人口收入水平，改善贫困人口生活环境，更新贫困人口思想观念，促进贫困地区经济发展具有巨大推动作用。

（一）提高贫困人口收入水平

旅游业作为劳动密集型产业能够创造更多的就业岗位，吸纳贫困地区剩余劳动力，改变贫困人口就业结构，拓展贫困人口收入渠道，提高贫困人口收入水平。

贫困地区发展旅游业可以有效拓展就业渠道和就业空间，促进贫困地区富余劳动力以较低成本实现就地转移。贫困的主要原因是贫困人口缺乏

必要的劳动技能和就业机会。农村贫困地区人均占有耕地少、产业结构单一，存在着大量剩余劳动力。旅游业作为第三产业的重要支柱能够有效提供就业机会和解决就业问题，是贫困人口离土不离乡，实现剩余劳动力就业就地转移的重要途径。数据显示，每一个旅游就业岗位，将关联产生4～5个相关就业岗位,[①] 因此，在贫困地区发展旅游业并进一步带动就业就具备了极大的现实可能性。旅游业就业门槛相对较低，为贫困人口提供的大多是与旅游开发相关的基础性工作，入职较为容易，增收效益较为明显。贫困地区发展旅游业可以带动经济增长，促进教育和科技事业发展，增加对人力资本的投资，促使贫困人口掌握必要发展技能，提升贫困地区劳动者素质，使贫困人口享有更加良好的就业机会，促使贫困人口的收入水平得到提高，加快脱贫致富步伐。

旅游扶贫实现了由“输血型”扶贫模式向“造血型”扶贫模式的转变，能够形成增加农民收入的长效机制。首先，贫困人口通过种植、加工、销售当地土特产品，提供餐饮、住宿等服务，制作、销售旅游纪念品等为旅游者提供服务，解决农闲时期闲置劳动力问题，拓宽贫困人口致富门路，使贫困人口从中获得可观的经济收入，实现脱贫致富目标。其次，贫困地区旅游开发促使贫困人口参与到旅游开发当中去，成为旅游从业者，通过开办旅馆餐馆、摆摊零售、参加旅游业经营等来增加收入，促进农副产品就地消费，降低农副产品运输成本，提高农副产品市场价格，进而促进贫困人口增收。最后，充分利用乡村自然资源、人文资源等特色资源，提高资源综合利用效率，促进资源价值增值。此外，贫困人口通过在乡村旅游项目中投资、入股、分红等途径增加收入。因此，贫困地区进行旅游扶贫开发，增加了贫困人口就业机会，改变了贫困人口原本单一的收入结构，提高了贫困人口收入水平。

（二）改善贫困人口生活环境

贫困地区进行旅游扶贫开发需要完善旅游基础设施，改善环境卫生条

① 夏学英、刘兴双：《新农村建设视阈下乡村旅游研究》，中国社会科学出版社2014年版，第133页。

件，进而提高贫困人口生活质量。贫困地区的旅游资源一般分布在偏远山区，旅游人才缺乏，基础设施较为薄弱。而通过旅游开发可以改善贫困地区整体生产生活环境，实现村容整洁。通过旅游项目的开发和规划布局，促使交通状况、教育设施、通信设施、医疗卫生设施等基础设施进一步完善，提高当地生活环境质量，为贫困人口脱贫致富奠定基础。同时，旅游业作为服务业，可以改变参与者的职业性质，使他们从自由散漫的农业生产者转变为遵守行业规范和职业道德的服务人员，使得原有传统生产生活方式大有改观。此外，贫困地区发展旅游业，自力更生，有能力集资兴办教育和医疗，有利于提高适龄儿童入学率和贫困人口参加合作医疗率，提升贫困人口生活质量。

贫困地区旅游是一种旅游者回归自然、贴近自然的生态旅游，良好的生态环境是进行旅游开发的前提和基础，因此，必须保护自然资源和生态环境，改善贫困地区环境卫生条件，为旅游者创造一个优美的生态环境。传统开发式扶贫通过增产增收来提高贫困人口收入，伴随而来的开垦山地、伐木毁林、过度放牧等行为，使得脆弱的生态环境不断遭到破坏，而贫困地区发展旅游业，协调旅游设施建设与贫困地区生态环境以及历史文化的关系，拓宽了贫困人口就业渠道，避免了他们向环境索取来获得经济收入行为的发生，减少了对自然资源的过度依赖。在实现环境保护与贫困居民收入相关联之后，贫困人口的经济活动就由被动行为变成主动行为，增强了贫困人口的环境保护意识，提高了贫困地区的生态环境质量，推动了环境治理和卫生条件的改善，为贫困人口提供了更好的生活环境，进而促进贫困地区经济社会持续发展。

（三）更新贫困人口思想观念

扶贫先扶志，治穷先治愚。贫困地区农民文化素质低，思想观念落后，不思改革进取。贫困地区进行旅游扶贫开发为当地贫困人口提供了与外界交流的机会，增进了贫困地区与发达地区物资、人才和文化等方面的交流，逐渐完善了信息资源的广度和深度，将贫困地区原本封闭的低水平循环变为开放式的高水平的循环。

旅游开发为贫困地区所带来的交流互通给贫困人口思想文化带来新的

冲击，促进了贫困人口思想观念、行为方式和精神面貌改观，提升贫困地区人口的素质和能力，同时也可增强贫困人口的市场经济意识和开放意识，提高贫困地区文明程度，促进贫困地区经济社会的发展。一方面，在贫困地区旅游的游客大多来自经济发达区域，他们带来的文明气息给予当地贫困人口以积极的影响，有助于改变贫困人口落后的生产生活方式；另一方面，贫困地区进行旅游扶贫开发能够增强贫困人口的参与意识。贫困人口是贫困地区进行旅游扶贫开发的主要力量，贫困人口在自身利益驱动下也积极参与旅游开发。从初期在按照政府文件要求参与的被动状态到后期要求政府做出决策时应考虑其利益诉求的主动意识，并最终真正成为旅游开发的参与主体。

贫困地区进行旅游扶贫开发对提升贫困人口文化素质和文明程度作用重大。旅游开发需要从业人员具有良好的服务意识、技能和知识水平，贫困人口参与旅游开发使其意识到提高自身素质的必要性，因此旅游开发促使贫困人口不断努力学习，接受相关技能知识培训，提高未来生存能力，改变原来传统的落后的思想观念，提高文化素质和文明程度。通过旅游开发，外来旅游者将现代先进的政治、经济、文化、意识等信息带到贫困地区，促使贫困人口接受现代意识观念和生活方式。随着观念的更新和文化水平的提高，贫困地区文化娱乐活动日益丰富，新的文明乡风逐渐形成，贫困人口精神生活得到明显改善。

（四）促进贫困地区经济发展

贫困地区旅游扶贫带来的联动发展效应较为显著。旅游业是关联度高、带动性强、产业链长的劳动密集型产业。在具备旅游开发条件的贫困地区发展旅游扶贫，可以充分发挥旅游业的关联效应和乘数效应以刺激各相关行业的发展。旅游业的综合能力较强，涉及行、游、住、食、购、娱六大要素，与交通、住宿、餐饮、景区、商业、农业、制造业、建筑、环保等行业或产业直接相关。发展旅游业为贫困地区带来先进的发展理念与技术，推动产业链横向、纵向以及环向发展，有效带动服务业、交通、通信、建筑、加工业等相关行业或产业的发展。以旅游业为核心，与旅游业相关的配套行业产业迅速发展，形成了有效集中、横向拓展的产业生态系统。因此，鉴于旅游业产业链长、行业关联度高的特征，贫困地区旅游开发可极大促进其他行业的发展。

贫困地区旅游开发能够促进农村第一、第二、第三产业深度融合。首先，贫困地区发展旅游业促进农产品种植业、畜牧业、农副产品加工等多种行业的产业化和规模化发展，开拓农副土特产消费市场，而交通基础设施的改善，降低了农副产品售卖的成本，促使农副产品实现多次增值。其次，促进贫困人口改变传统种养产业的思维定式，将旅游业与传统农业相结合，带动贫困地区商业服务、文化娱乐、交通运输、地方工艺品制作等相关配套行业的发展，实现以第一产业为主的产业结构向第一、第二、第三产业共同发展的产业结构转变。最后，促进观赏农业的发展，提高经济作物种植比例，优化农业结构，形成区域农业特色产品，有利于形成整个农产品生产、加工、储藏、运输、销售系统，从而带动产业结构调整。因此，旅游开发可以促进农村第一、第二、第三产业深度融合，优化农村产业结构调整，转变贫困地区传统生产方式，推动传统农业转向现代化农业，改变传统单一的农业生产结构，为贫困地区的经济发展注入强大活力。

旅游扶贫以全新的经济形势介入贫困地区传统生产活动，对贫困地区经济发展方式的转变产生了显著的影响。旅游开发的起点弹性大，门槛可高可低，自然资源和人文资源可以直接投入运营等特点使得贫困地区以此为新起点进入未来发展的积累期。旅游产业是需求收入弹性较高的产业，随着经济发展，收入增加，人们生活水平提高，消费观念不断提升，人们对旅游的需求也不断增加，为贫困地区旅游开发的持续发展带来了较大的市场需求。因此，消费者这种较大的边际消费倾向带来了更大的投资效应，促使旅游扶贫经济成效更为显著。同时，旅游产品的生产、交换、消费在贫困地区同时实现，促使发达地区向贫困地区转移经济发展要素，带动贫困地区经济社会发展。

二、旅游扶贫的机制框架

由于旅游扶贫制度设计存在缺陷，许多旅游扶贫开发变成贫困地区的旅游开发，造成旅游扶贫目标偏离，贫困人口并没有或者极少从中获益。构建良好旅游扶贫机制框架对优化资源配置，提升旅游扶贫效率，实现贫困人口脱贫致富具有重大意义。

（一）旅游扶贫机制框架的内在逻辑

旅游扶贫是一个开放的动态的系统，各组成部分之间相互影响、相互联系。旅游扶贫开发支撑因素、相关利益参与主体、精准识别、有效帮扶以及动态管理共同构成旅游扶贫的有机系统，这一系统的运行是动态、开放和反馈的过程。相关参与主体运用合规有效的方法对旅游扶贫目标对象和旅游发展条件进行精准识别，在此基础上选择合理帮扶方式，制定有效帮扶措施，同时对整个旅游扶贫过程实施动态管理，根据环境条件变化适时做出调整，推动旅游业及相关产业发展，提升贫困人口自我发展能力，促使贫困人口脱贫致富。

旅游扶贫机制是建立在贫困人口、贫困地区以及当地旅游业三者基础上的良性互动机制。在旅游资源、区位条件、资金支持、基础设施建设、人才支撑等外部环境因素支撑的基础上，相关参与主体根据旅游扶贫的目标要求，对发展方向、所采取策略和方针以及实施步骤做出决策。政府部门发挥主导作用引导相关参与主体实施合法合规的旅游扶贫开发行动，针对贫困人口的贫困状况、参与能力以及其他相关参与主体角色定位，并通过相关参与主体之间的有效联动帮扶，保证贫困人口能够参与旅游开发。在整个旅游扶贫开发过程中，通过对贫困人口贫困状况、旅游扶贫项目开发进程、旅游扶贫资金使用绩效等方面进行管理、监督与评估，确保各环节按照预定目标发展，提高旅游扶贫开发效率，并确保贫困人口能够从旅游开发中持续获得合理利益，促使旅游与扶贫之间形成良性互动和相互促进的循环机制，如图 4 -1 所示。

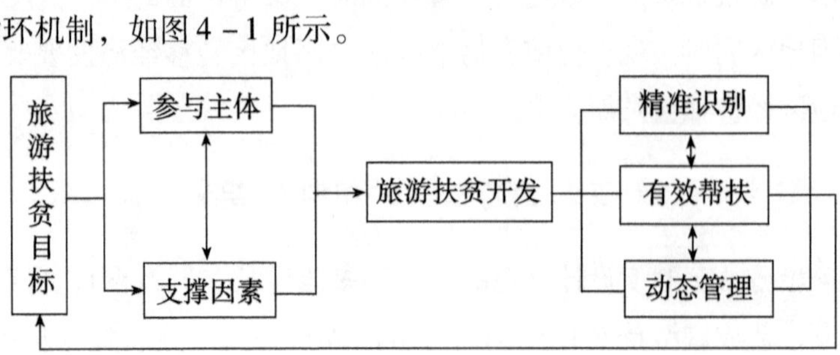

图 4 -1　旅游扶贫运行机制框架

（二）旅游扶贫机制框架的参与主体

旅游扶贫的实施过程是多元主体共同参与协作的过程。不同相关利益参与者所代表的利益群体、所处的位置、发挥的作用、带来的影响各不相同，他们之间相互作用构成旅游扶贫的需求与供给系统。旅游扶贫的参与主体主要有政府部门、旅游企业、贫困人口和旅游者等。理顺相关利益参与者之间的关系，明确相关主体的参与程度、内容和承担的责任是顺利推进旅游扶贫的必要保证。

第一，政府在旅游扶贫中发挥着主导作用，协调各方面工作，是旅游扶贫帮扶最重要的主体。旅游开发是手段，扶贫脱贫才是最终目的。政府的主要职责在于制定旅游扶贫开发政策，改善贫困地区旅游开发的环境，对旅游开发进行融资支持，提高贫困人口参与旅游开发的能力，引导规范旅游扶贫参与主体的行为，加强对旅游市场监管和扶贫过程监督，进行旅游扶贫绩效考核，等。政府发挥主导作用，推进旅游扶贫，在实现维护社会稳定、保护生态环境、消除贫困和增进人民福祉的目标过程中发挥着重大作用。

第二，旅游企业是贫困地区旅游资源的开发主体，负责旅游开发的运营管理，提供旅游产品和服务，实现资源价值转化。旅游企业在利益和社会责任双重驱动下参与贫困地区旅游开发，一方面旅游企业按照市场逻辑参与旅游扶贫，提高旅游资源配置效率，实现利益最大化目标；另一方面，旅游企业参与贫困地区旅游扶贫开发为贫困地区提供了资金、技术和先进管理经验，帮助贫困人口提升自我发展能力，促进贫困地区经济发展。

第三，贫困人口是旅游扶贫帮扶最终作用对象。贫困人口参与旅游扶贫的能力、程度、方式以及获益水平直接决定着旅游扶贫的成败。但是由于受贫困地区发展基础落后、贫困人口发展能力不足等因素限制，使得其参与程度有待提高。因此，需要通过各种形式开展教育培训，使贫困人口积极参与旅游开发，为旅游发展提供必要支撑，并让贫困人口从旅游开发中收益。

第四，旅游者作为旅游市场需求者，消费旅游产品和服务。旅游者通过购买和消费旅游产品服务的形式参与旅游扶贫，因此，旅游产品开发的方向取决于旅游者的需求，进而贫困地区旅游发展状况取决于旅游者对旅游产品和服务的满意程度。旅游者通过在旅游地购买、消费旅游产品和服务，为贫困人口增加旅游收入和就业机会。同时，旅游者对旅游活动体验过程的积极评价及其良好的口碑宣传可以有效提升贫困地区旅游地品牌价值，推动贫困地区旅游进一步发展。

（三）旅游扶贫机制框架的支撑因素

支撑旅游扶贫机制顺利运行的因素主要包括旅游资源、区位条件、基础设施、旅游资金以及人力资源。这些因素是贫困地区进行旅游开发的基础和前提，也是精准扶贫、脱贫攻坚中贫困地区旅游扶贫开发，发挥反贫困作用的基础和前提。若是贫困地区缺乏这些外部支持因素，旅游开发与旅游扶贫就无从谈起。

一是旅游资源。发展旅游业的基础条件是旅游资源，但是并非具备资源就可以发展旅游业，也并非具备资源就可以转化为经济效益。旅游开发需要旅游资源在数量和质量上达到一定要求，这样旅游开发才具有特色优势。旅游资源是吸引旅游者前来观光旅行的根本因素，贫困地区只有具备丰富特色的旅游资源，才可能有较大的旅游市场，才能通过旅游开发促进贫困人口脱贫致富。

二是区位条件。贫困地区的旅游区位条件主要是指贫困地区旅游资源能否较便捷地依托发达经济区域，或者在地理空间上是否与发达经济区域接近，从而依托发达经济区域所带来的巨大旅游市场。贫困地区进行旅游扶贫开发需要较大的旅游市场，而发达经济区域正是旅游开发所依托的市场资源。此外，旅游者出行决策行为受到收入水平和闲暇时间的严格约束，总是倾向于在一定旅游支出和有限的时间里用在路上的时间少些，用在游玩的时间多些。因此，便捷地依托或在地理空间上靠近发达经济区域是旅游扶贫开发的重要保障。

三是基础设施。良好的基础设施条件是促进旅游业繁荣发展的必要条件。旅游扶贫开发所需基础设施主要包括交通路网、水、电、气、环卫、通信等公共设施以及商业、公寓、娱乐等服务配套设施。良好的基础设施可以保证旅游者的可达性、便捷性和舒适度，提高旅游者满意度。

四是旅游资金。旅游扶贫资金不足与旅游开发资金需求量大之间的矛盾严重制约着旅游开发反贫困作用的发挥。充足的旅游资金投入可以提高贫困地区旅游开发的层次和水平，促进贫困地区旅游开发实现转型，进而提升旅游扶贫的效果。

五是人力资源。发展旅游业需要完整的旅游人才体系支撑，即包括旅游规划、市场营销、景区管理等方面人才。专业化人才具备专业旅游管理知识，组织管理和服务水平较高，品牌营销意识较强，可以有效挖掘特色旅游资源，提高旅游产品的市场竞争力，从而促进贫困地区旅游业的发展，进而提高旅游开发扶贫减贫力度。

（四）旅游扶贫机制的运行过程

旅游扶贫主要是通过在旅游资源较为丰富的贫困地区对旅游资源进行保护性开发利用，对扶贫对象、项目和条件进行精准识别，选择运用适宜有效的帮扶方式，保证贫困人口能够参与旅游开发，进而实现旅游扶贫的目标。

第一，旅游扶贫的精准识别是实现旅游精准扶贫效果的基础，若是识别不精准，导致目标偏离，就达不到精准扶贫的效果。旅游扶贫精准识别可有效提高旅游扶贫的针对性和旅游扶贫资源配置效率。精准扶贫、脱贫攻坚中旅游扶贫精准识别主要包括对象、条件和项目的识别。首先，旅游扶贫对象识别。通过入户调查、民主评议等方式识别贫困人口与非贫困人口，之后再从贫困人口中识别出那些愿意并且有能力参与旅游开发的人。其次，旅游扶贫条件识别。旅游扶贫的基础条件是拥有独具特色的自然资源或丰富的文化特色，旅游扶贫开发的目的在于实现资源优势转化为贫困人口经济效益。在开展旅游扶贫之前应进行严格的考察，并论证通过旅游开发来实现扶贫减贫的可行性。最后，旅游扶贫项目识别。旅游扶贫项目的识别需要考虑两方面因素。一是根据不同发展条件，因地制宜选择旅游扶贫项目。二是项目选择需要研究市场需求，避免同质化竞争，提高旅游产品的市场竞争力。

第二，旅游扶贫有效帮扶主要涉及旅游精准扶贫过程中的帮扶主体、帮扶内容以及帮扶措施等问题。旅游扶贫有效帮扶在精准识别旅游扶贫条件、对象以及项目的基础上，针对贫困人口参与旅游开发存在的障碍和旅游扶贫开发的制约因素，确定适宜科学的帮扶方式，制定合理有效的帮扶措施，提高贫困人口旅游扶贫的参与能力，保证贫困人口能够有效参与旅游开发，促使贫困人口实现脱贫减贫目标。此外，贫困地区发展旅游在依靠外部技术资金等外部援助的同时，还应注重构建激励机制，提升贫困人口自我发展能力，只有这样才能实现持续长久发展，否则这种脱贫也只是暂时的，不可持续的。

第三，动态管理与考核是旅游扶贫的保障。旅游扶贫管理对象包括精准扶贫目标人群、旅游发展项目、旅游扶贫资金使用以及旅游扶贫效果等。同时，应该明确旅游扶贫动态管理与考核的目的、内容、主体和机制等。动态管理与考核基本标准是对扶贫效果以及可持续发展的效果进行考核评价。首先，考察经济、社会、环境等领域；其次，考核实施效果，分析出现的问题，评价进展状况；最后，观察现状和发展趋向，控制旅游扶贫发展。旅游扶贫动态管理与考核贯串于旅游扶贫的全过程，目的在于确保做到“真扶贫”和“扶真贫”。对贫困户信息进行高效管理，对贫困户基本情况做详细了解，识别认定精准扶贫的目标人群，建档立卡，确保帮扶到真正需要帮扶的贫困户。对旅游扶贫资金的管理，确保旅游扶贫全过程在阳光下运行，治理旅游扶贫资金“跑冒滴漏”、应付未付等问题。对精准扶贫主体进行精准考核，建立奖惩机制，做到赏罚分明。对精准扶贫效果进行考核，建立有进有出考核机制，优化扶贫资源配置，加快减贫脱贫步伐。对经济效益进行考核，根据参与旅游发展的贫困人口从中获得收益来判定，此外还应考核贫困人口满意度以及游客满意度、环境保护程度和文化保护程度等。

三、旅游扶贫的重要举措

旅游扶贫是一项具有全局性、综合性、战略性的复杂系统工程，是一个动态演进的过程。旅游扶贫以贫困地区特有旅游资源为基础，以市场为导向，以贫困人口脱贫为目标，在政府和社会力量扶持下发展旅游业，促使贫困地区经济、社会、生态可持续发展，实现贫困人口脱贫致富。为持续提高贫困人口收入水平，帮助贫困人口摆脱贫困，强化相关扶贫工作成果，形成长效扶贫脱贫机制，需要从协调旅游开发与保护环境、完善旅游基础设施、拓宽旅游融资渠道、培育和引进专业化旅游人才等方面完善旅游扶贫机制，促进旅游扶贫开发持续发展。

（一）注重旅游开发与生态环境保护协调

良好生态环境是发展旅游业的重要支撑。传统旅游开发往往侧重于经济效益而忽视环境效益和社会效益，带来资源枯竭、环境破坏、生态失衡等问题，在当前旅游扶贫开发中应摆脱这一困境，坚持可持续发展观，在快速实现贫困人口及地区脱贫致富目标的同时，不断降低资源能耗成本和减少对环境的负面影响。在旅游扶贫开发中，应注重保护生态环境与旅游经济效益协调发展，注重资源独特性与生态性的保护。在保护环境的前提下对特色旅游资源进行有序开发和利用，实现贫困地区旅游的可持续发展。

第一，科学制订旅游规划，进行合理有序开发。针对贫困地区旅游资源丰富、文化景观脆弱、自然生态敏感等特性，贫困地区发展旅游业应坚持开发与保护相结合原则，注重对旅游目的地旅游资源、生态环境的保护，处理好开发、利用与保护的关系。旅游规划建设的主要内容包括景区内各景点的设计、布局和建设。制订旅游规划应根据贫困地区经济发展状况、旅游资源特点、旅游发展方向进行合理布局、规划设计，对旅游线路、旅游空间布局、景点设计、社会服务等应做到因地制宜、突出特性、方便游览、避免重复建设与同质竞争，以满足旅游市场需要。科学制订旅游规划，进行合理有序开发，保障旅游扶贫开发能够可持续发展，有效防止不合理的旅游资源开发与建设活动对生态环境造成负面影响。

第二，加大环保宣传教育力度，增强生态环境保护意识。政府部门应加大宣传力度，展示环境保护重要性，普及资源环境保护知识，树立良好环境道德形象，加强旅游参与者环境保护意识。首先，应对贫困地区旅游开发者和管理者进行思想引导和专业素质培训，增强开发主体的社会责任感和环保意识。要求开发主体在履行经济责任、法律责任等责任的同时，避免不负责任开发行为所带来的对旅游资源的过度开发、生态环境恶化等问题。在旅游开发过程中引入新理念、新方法、新技术，有效降低对能源和资源的消耗。其次，对旅游者加以规范和引导，降低旅游行为给环境带来的危害。最后，增强贫困人口的环境保护意识，明确贫困人口保护环境的职责和义务。一方面，充分利用各种新闻媒体宣传报道，增强贫困人口环保意识，促使其积极主动支持和参与旅游目的地的资源与环境保护活动；另一方面，通过多种途径和手段促使贫困人口学习旅游服务知识技能，进一步提高自身素质，成为生态保护的推动者。

第三，完善环境保护机制，规范旅游参与者行为。一方面，政府部门要完善旅游开发的相关法律、法规和条例，健全旅游开发的监督管理体系，加强执法监督检查，强化对旅游开发的动态监管，对旅游开发中造成生态环境破坏的违法违规行为进行严格处罚，将旅游开发的外部负效应降到最低。另一方面，建立健全科学合理的生态补偿机制。贫困地区往往生产生活方式落后，存在着过度开垦、乱砍滥伐、过度放牧等问题，使得本来脆弱的生态环境不断遭到破坏，造成贫困地区不可持续发展。因此，必须完善生态补偿机制并严格实施，从根本上改变贫困地区落后生产生活方式给生态环境带来负面影响的现状，实现生态环境资源的可持续利用。

（二）充分挖掘和提升本土文化内涵价值

文化内涵是贫困地区旅游发展的基础因素之一，是贫困地区旅游发展吸引旅游者的关键点。因此，需要继承和保护当地民族民俗文化，强化人文旅游资源开发，充分挖掘和提升本土文化内涵价值，将文化特色融入旅游当中去，促进贫困地区旅游发展，进而提高贫困人口收入水平。

一是要充分认识文化在旅游开发中的重要作用。独特的社会文化是贫困地区吸引外地旅游者前来的重要因素。加强对文化旅游资源的保护既是政府部门的责任，也需要当地贫困人口参与。一方面，强化当地贫困人口保护本土文化的教育，提高其文化自豪感，培养其保护文化的责任感和使命感，使贫困人口成为自我文化的主动传承者和保护者。另一方面，相关部门也应完善相关法律法规，运用强制手段约束和规范旅游参与者行为，有效防止旅游开发、经营、管理过程中对文化资源造成的破坏。

二是要协调好文化旅游资源开发利用和保护之间的关系。贫困地区本土文化与外部文化存在的明显差异吸引着旅游者前来旅行和游览，在贫困地区旅游深入开发的过程中，加强对这种差异性的保护是贫困地区旅游可持续发展的必要前提。贫困地区旅游开发给当地文化带来多方面的冲击，如贫困地区乡村民俗庸俗化、乡村文化商品化等，导致贫困地区乡村文化消失、退化乃至消失。在历史人文景观旅游资源的开发中应努力保持民族民俗文化固有特色，以多种形式保护并传承民族民俗传统文化，避免本地固有民族民俗传统文化遭到破坏，增进贫困地区旅游的文化内涵，促进贫困地区旅游发展。

三是要整合乡村文化资源，打造特色品牌优势。充分整合利用贫困地区浓郁的乡村文化、独特的民风民俗、鲜明的乡村风貌、特色的乡村产品和精彩的乡村故事，塑造品牌，增强竞争优势，实现旅游精准扶贫的可持续发展。既要充分利用乡野农村风光、田园景观、特色居民建筑来展示景观，又要借助民俗风情、农耕文化来提升内涵，凸显特色。同时，利用当地特色文化，深入挖掘本地特色活动、节日等，将之开发成旅游特色产品，打造文化体验产品，传承传统工艺生产活动，通过歌舞、音乐、工艺品、节庆活动等形式展现当地文化，使外来游客实现感知、了解和体察当地文化。

（三）加强旅游基础设施和服务设施建设

基础设施和服务设施是为社会生产和居民生活提供公共服务的设施和设备，是旅游扶贫开发的重要条件。加强贫困地区旅游基础设施和服务设施建设，提升贫困地区综合服务水平和旅游服务能力，以促进贫困地区旅游业发展，实现旅游扶贫目标。

第一，加强旅游基础设施建设，增强综合服务水平。贫困地区旅游基础设施主要包括交通道路、车辆停泊、电力通信、环卫设施等。政府及相关部门应加大对贫困地区农村基础设施建设的投入，为旅游扶贫创造良好的投资条件，提供政策支持和保障措施，加强和完善旅游基础设施建设。国家重大旅游建设项目向贫困地区倾斜，在基础设施和资源开发项目上，优先投向旅游资源丰富的贫困地区，解决贫困地区基础设施薄弱的问题。通过以上措施，完善旅游基础设施，提高旅游目的地的可达性，提升旅游者的便捷性和舒适度。

第二，加强旅游服务设施建设，提升旅游服务能力。旅游服务设施是旅游目的地旅游行业人员向旅游者提供旅游服务时所依托的各项物质设施和设备，主要包括景观、餐饮、住宿、购物、安全、娱乐服务以及商业服务设施等。提升贫困地区旅游服务能力可以使旅游者在游览美景之余享受到舒适便捷的服务，有助于提升旅游地品牌知名度。因此，要进一步完善硬件服务设施，提升旅游服务能力，为旅游者提供方便和高质量的服务。

第三，完善旅游公共信息服务体系。旅游者进行旅游活动的前提是确定旅游目的地，所以要把旅游目的地信息通过多种方式呈现给旅游者。因此，贫困地区发展旅游业应加快旅游公共信息服务平台建设，完善旅游信息咨询中心服务，使得贫困地区旅游信息通过这一平台广泛传播，为旅游者获取相关旅游信息提供便利，同时，也促使其成为旅游企业发布信息以及政府识别意见反馈的有效平台，促进贫困地区旅游发展进一步完善。

（四）拓展旅游扶贫开发融资渠道

资金来源保障是旅游精准扶贫工作顺利开展的关键。旅游精准扶贫单纯依靠政府财政支持难以满足需求，需要多方合作、广泛参与、合力推进。积极拓展全方位融资渠道，吸引国内外社会资本参与到旅游扶贫中来，提升旅游扶贫能力。

一方面，政府部门出台一系列优惠政策和措施，通过政策性金融机构对发展前景较好的贫困地区旅游开发企业直接给予支持，提供政策性优惠贴息贷款，鼓励金融机构发放利率周期长的优惠贷款给这些企业。同时，吸引本地优势企业投资旅游扶贫项目，建立以本地优势企业投资为主体的企业投融资渠道。此外，通过政府财政出资建立旅游扶贫开发基金、信贷担保基金等专项资金用于旅游开发项目的贷款担保、贷款利息补助等，提高金融机构以及旅游企业参与旅游开发的积极性。

另一方面，加快投融资体制改革，提高旅游投资的市场化程度。开发个性化、高品位的旅游产品，防止将有限的资金过多投入低水平的重复建设中去。还应发挥政策性金融作用，制定相应的信贷政策。积极引导私募股权基金、创业投资基金，支持旅游企业利用债券和债务融资工具，开发旅游资产证券化产品。申请国际金融机构的援助，用于支持政府投资及政府担保、私人投资的利于环境改善的基础设施项目当中。

（五）培育和引进旅游专业化人才

高质量旅游从业人员是高质量旅游产品生产和高品质旅游发展的必要条件。旅游扶贫开发在很大程度上取决于旅游人才队伍的质量。因此，贫困地区要通过发展旅游业来加快贫困人口脱贫致富步伐，就需要建立和完善以旅游教育培训为核心的旅游智力扶贫体系，提高贫困人口旅游参与能力。

一是要建立和完善高效旅游扶贫开发人才培养和培训机制，提高贫困人口旅游从业能力和综合素质。对旅游开发全过程涉及住宿、餐饮、交通、游览、导游服务等各个环节进行针对性专业技能培训，使得每一具有劳动能力的贫困人口都掌握至少一门专业技能，以便在旅游业发展中实现脱贫致富。加强对外交流合作，邀请专家学者到旅游扶贫区办讲座授课，派遣优秀管理和服务人员到知名旅游企业进行专业深造，积极倡导各旅游企业加强对本企业员工业务培训，建立健全内部培训体系和机制，不断优化现有人才体系，提高旅游服务和管理水平。

二是要大力引进高素质的经营管理和技术人才。建立和完善引进、激励、管理和使用旅游人才的机制，不断优化旅游人才发展环境，搭建多层次校企合作平台，加大地方院校对旅游人才的培养力度，根据旅游产业发展的需要调整专业结构及课程设置，强化文化课与专业素质的培养，尽可能以高素质专业旅游人才来充实现有的旅游队伍，提高旅游从业人员的综合素质，使旅游人才在数量、素质和结构等方面满足旅游发展的需要。同时，应培养储备年轻能干的旅游管理人才队伍。

三是要充分利用外部科研资源，提高贫困地区旅游发展质量。本地或周边高等院校和科研院所对当地自然资源和地方文化的研究有着独特的优势，往往能够做到对症下药。因此，应充分利用贫困地区本地与周边科研资源，通过与大专院校和科研院所展开深度定向合作，聘请相关专家对贫困地区旅游建设管理、项目开发进行统筹规划设计等方法，确保贫困地区旅游开发方向不会走偏，不断提升贫困地区旅游品质。

（六）完善旅游扶贫的运行机制

旅游扶贫机制存在的缺陷制约了旅游扶贫效应的发挥及其目标的实

现。只有构建科学合理、系统全面、实用有效的旅游扶贫机制，才能充分发挥各利益主体在扶贫中的积极协调作用，使旅游扶贫成果惠及每一贫困家庭。

一是要发挥政府主导作用，促使旅游扶贫统筹发展。根据旅游扶贫的目标要求，对发展方向、所采取策略和方针以及实施步骤做出决策并确保实施，为贫困地区旅游发展提供相应的法律保障、政策保障、制度保障、资金保障等。明确各政府部门相应责任和角色定位，制定旅游精准扶贫发展规划和相关政策，确定旅游扶贫定位、方式和范围，提高工作的针对性和准确性，确保扶贫工作的精准实施。

二是要创新整合协调机制，提高旅游扶贫效率。围绕政府部门主导作用、旅游企业的开发活动、旅游者的旅行活动、贫困人口的参与活动，创新整合协调机制，整合协调相关部门的政策措施、各参与主体以及各类扶贫资源，促使相关参与主体在扶贫开发过程中相互合作，精准识别帮扶目标、帮扶方式、存在问题、制约因素，并制定对策，实施措施，进行动态管理，减少重复建设，优化资源配置，提高旅游扶贫开发效率，促使旅游与扶贫之间形成良性互动和相互促进的循环机制。

三是要完善贫困人口参与机制，增强贫困人口参与能力。根据贫困人口的参与意愿、参与能力以及旅游开发状况，其他相关参与主体应对贫困人口进行科学有效的联动帮扶，提高贫困人口旅游扶贫参与能力，增加贫困人口旅游扶贫参与机会，确保贫困人口能够参与旅游扶贫开发。一方面赋予贫困人口知情权、参与权、监督权等；另一方面，向贫困人口提供获得旅游参与基本能力的机会，对其进行各种层次教育培训以提高贫困人口参与旅游开发的从业技能，使其能够公平地分享旅游业发展所带来的经济利益。

四是要健全动态监测监督评价机制，确保旅游扶贫效果。加强旅游扶贫监督管理是旅游扶贫取得成功的保障。通过对贫困人口贫困状况的管理与监督，对项目开发过程的管理与监督，对旅游扶贫资金使用绩效的评估与监督，对旅游扶贫效果的监督，等，建立科学合理的动态监督评价机制以及严格责任追究机制。严格按照政府要求组织扶贫统计监测，及时掌握贫困地区和贫困人口状况及旅游扶贫开发工作状况，政府或主管部门应根据监督评价结果，对微观主体的运行进行宏观调控，保证各环节按照预定目标发展，确保旅游扶贫效果。

五是要构建完善科学的利益分配机制，确保各主体的基本利益诉求能够得到满足。科学合理的利益分配制度是贫困人口参与旅游开发不可或缺的激励机制。根据旅游扶贫开发的目标要求，在旅游要素经营、具体政策制定、市场营销等方面，基于贫困人口的个体情况，给予贫困人口更多的机会和利益分配政策倾斜，确保贫困人口的利益诉求能够得到持续不断的满足。

第五章 精准扶贫、脱贫攻坚中的电商扶贫

在我国反贫困、扶贫开发进入精准扶贫、脱贫攻坚新阶段以后，随着信息化的发展，电商扶贫成为全面建成小康社会过程中精准扶贫的一个重要的新形式、新内容。电商扶贫具有较大的信息化优势，利于促进贫困地区农产品的销售，激活当地经济发展活力，具有其他脱贫手段难以比拟的优势，发展潜力极大。因此，对电商扶贫进行研究分析，提出推进电商扶贫的对策建议，有助于营造电商扶贫的氛围，促进电商扶贫顺利开展，推动电商扶贫有效助力贫困地区精准扶贫、脱贫攻坚。

一、电商扶贫的基本功能

电商扶贫是指以电子商务为主要载体，实现贫困地区特色农产品网上销售，进一步促进贫困地区经济和相关产业发展，增加贫困地区人口收入进而摆脱贫困。电商扶贫以信息化手段激发了贫困地区经济发展活力，帮助贫困地区贫困群众脱贫致富，实现了从“授人以鱼”到“授人以渔”、从“输血”到“造血”的转变。电商扶贫让实体店与电商有机结合，使实体经济与互联网产生了巨大叠加效应。电商扶贫的作用日益凸显，受到了全社会的广泛关注。

（一）完善贫困地区基础设施建设

大部分贫困地区的交通、电力、通信等基础设施都较为落后，在很大程度上制约了贫困人口脱贫致富的进程。开展电商扶贫对贫困地区基础设施的要求是较高的。国家支持贫困地区开展电商扶贫，将会逐步带动交

通、电力、网络和物流等配套基础设施建设。只有贫困地区具备了电商扶贫顺利开展的基础条件，电商扶贫才能在精准扶贫、脱贫攻坚进程中发挥应有的作用。

一是促进交通基础设施建设。电商扶贫对于农产品，尤其是鲜活易腐农产品的运输有很高的要求，而贫困地区道路状况直接影响到农产品运输的数量、质量和速度。因此电商扶贫的顺利开展，客观上就要求不断完善贫困地区交通设施；二是促进电力和网络基础设施的建设。电商扶贫作为一项与信息化关联度较大的扶贫手段，通电通网是电商扶贫顺利开展的前提条件，而且还要保证电力充足供应，网速也要能够满足开展电商业务的需要，这就对贫困地区电力和网络设施提出了较高的要求。三是促进物流基础设施建设。电商扶贫顺利开展除了对以上交通、电力和网络基础设施有要求以外，对起重、搬运以及储存等物流环节的要求也是比较高的。能否按照消费者要求把产品保质保量并按时运达目的地，与物流基础设施是否完善有很大关系。因此，促进电商扶贫，可以在很大程度上有效带动交通、电力、网络、物流等基础设施建设。

（二）促进贫困地区三次产业发展

贫困地区产业结构不合理是导致落后的一个重要原因，传统农业往往在贫困地区产业中所占比重较大，其特点是商品化程度低，竞争能力弱，资本形成能力严重不足。贫困地区改变落后面貌的一个很重要的方面就是要逐步扩大第二、第三产业比重，通过发展工业和服务业来激发经济发展活力。促进农村第一、第二、第三产业协调发展，有利于加快转变农业发展模式，也是中国特色农业现代化道路的必然要求。

电商扶贫顺应了这一趋势，在促进第一产业发展的同时，也带动了第二、第三产业的发展。一方面，电商扶贫有利于第一产业发展。电商扶贫由于运用了先进的互联网技术，减少了农民进行农业生产的盲目性和随意性，降低了农业种植风险，稳定了农民收益，增强了农民从事农业生产的信心。在此过程中，还可以使用大数据、农业物联网等技术，提高农业生产的标准化和品牌化，大力发展智慧农业，可实现农产品质量追溯，满足了消费者对农产品质量与安全的要求。另一方面，有利于促进第二、第三产业发展。在促进第一产业发展的过程中，电商扶贫必然涉及农产品加工、物流运输、电商公共服务体系和平台建设等环节，提高了农产品的附加值，延伸了农业产业链条，不同程度地促进了第二、第三产业发展。

（三）利用信息平台优势助力脱贫

现代社会已经全面进入了信息化时代，信息产业异军突起，在国民经济中占有较大比重。信息化与农业联系日益紧密，信息化程度的高低直接影响到农业的生产效率和效益。贫困地区大多位置偏僻，信息化发展较为缓慢和滞后，这使得贫困地区成了信息孤岛，与外界存在较大的数字鸿沟。贫困地区农民难以及时获得外界市场上对农产品的需求信息，以致农业生产具有很大的盲目性，生产出来的农产品往往不易找到销路。而且由于交通不便，生产出来的农产品运输成本较高，贫困地区农民面临投入高而回报低的不利境况。

与之形成鲜明对比的是，电商扶贫为贫困人口提供了信息共享的平台，农民可以根据市场上的供求信息来选择农产品的生产种类和规模，做到农产品有效供需对接，并且为农产品销售提供了便利条件，减少中间流通环节，增加农民收入。电商扶贫也有利于工业品下乡，使农民以较优惠的价格购买到所需的农业生产资料和各种生活必需品，降低了生产生活成本。此外，电商扶贫作为一种较为有效的扶贫手段，还可以为当地贫困群众提供更多就业机会，拓展致富渠道。同时有利于形成“大众创业、万众创新”的良好氛围，增强贫困地区人民群众内生发展动力和能力，提高贫困地区人民群众的积极性、主动性和创造性，促进精准扶贫、脱贫攻坚如期实现。

二、电商扶贫的多维分析

电子商务凭借其自身的快捷性和便利性，受到了消费者普遍的青睐，呈现出迅猛发展之势。电子商务对经济发展的带动作用，已经得到了国家和社会各界的普遍认可，国务院印发的《“十三五”脱贫攻坚规划》更是把农村电子商务作为了精准扶贫的重要载体，将其纳入了扶贫开发工作体系。贫困地区涌现出越来越多的“电商村”“淘宝村”等，正是电商扶贫旺盛生命力的充分体现。

（一）电商扶贫的基本内容

开展电商扶贫目的在于通过在贫困地区开展电子商务，促进贫困人口脱贫致富。贫困人口整体上可分为生产者和消费者两个类型，因此，电商扶贫的基本内容主要表现为对于生产者的“卖”和对于消费者的“买”。此外，基本内容还表现为电商扶贫开展过程中衍生出来的其他方面。

第一，生产者的“卖”表现为土特农产品网上销售。以往农产品传统的交易方式多是集市或偶尔面对面的钱货交易，规模较小，极易受到时间、地点的限制，交易效率低，极大制约了贫困地区的市场繁荣和经济活力。电商扶贫避免了上述不利因素，为贫困地区的农产品销售提供了极为便利的条件，使交易不再受时空限制，并实现了网上宣传、网上销售。

第二，消费者的“买”表现为购买生产生活资料。贫困人口足不出户，就可以通过自行购买，或通过代购方式从网上商城挑选并购买物美价廉的日常生活用品。此外，贫困人口还可从网上购买农业生产所需的种子、化肥等农资农具，方便了农业生产，贫困人口也可享受到方便、快捷、优质的送货上门服务。

第三，电商扶贫基本内容还表现为贫困人口自助就业创业。贫困人口接受电商相关知识培训之后，可以通过开办网店等方式进行创业，并通过创业给贫困地区其他无业人口带来大量就业机会，真正做到了以创业带动就业，形成了“大众创新、万众创业”的良好局面。由于网络信息资源具有高度共享性，贫困地区可以把当地独具特色的旅游资源、农家乐等信息通过网络及时发布，使游客及时了解相关的餐饮、住宿、娱乐等信息，既满足了游客的旅游需求，又为当地贫困人口带来了增收致富的机会。

（二）电商扶贫的有利条件

电商扶贫在短短几年时间里，发展如此迅速，起到了良好的精准扶贫、脱贫攻坚效果，已经帮助部分贫困人口实现了脱贫致富。原因就在于电商扶贫具有其他扶贫难以比拟的优势，满足了贫困地区脱贫的实际需求。

一是信息传播优势。电商交易平台做到了较大程度的信息共享，而且信息传播速度快，效率高，受众面广。贫困地区即使位于偏远地区，贫困地区群众也可以及时把当地土特农产品信息及时发布出去，也能够通过信息网络平台及时了解外界市场实际需求信息，针对消费者的喜爱和偏好，及时调整生产规模和生产方向，集中力量生产适销对路的农产品，从而避免生产的盲目性和随意性，实现需求与供给的有效对接，减少供需双方信息不对称的情况，提高资源利用效率，有利于农业生产资源的优化配置。

二是低成本投入。通过电商进行创业，无须巨大资金投入，而只需一台计算机、一根网线，懂得基本的上网知识，经过申请店铺、上传农产品资料信息、联系物流并对店铺进行推广等环节以后，则基本可以营业，完成从生产到销售一系列经济活动。而现实生活中实体店从选址、装修，到各项审批手续的办理等，都需要付出较大的人力、物力和财力。如果经营不善，还会导致入不敷出，面临停业等种种风险。因此，电商低成本、高便捷的优势是现实生活中的实体店无法比拟的。

三是国家大力支持。鉴于电商扶贫效果日益明显，国家对电商扶贫高度重视，制定了有助于电商扶贫开展的措施，颁布了一系列有利于电商扶贫开展的文件，并提出了电商扶贫的目标和要求。2014 年年底，电商扶贫首次被纳入国家主流扶贫理论、政策和工作体系；2015 年年初，国务院扶贫办把电商扶贫列为精准扶贫十大工程之一；2016 年，出台了《网络扶贫行动计划》，在《关于促进电商精准扶贫的指导意见》中明确提出：加快实施电商精准扶贫工程，目标是到 2020 年在贫困村建设电商扶贫站点 6 万个以上，扶持电商扶贫示范网店 4 万家以上，贫困县农村电商年销售额比 2016 年翻两番以上。国家的大力支持，为电商扶贫扫清了障碍，铺平了道路，指明了方向。

四是诸多电商企业加入电商扶贫行列。电商企业，尤其是电商巨头的加入，为贫困地区电商扶贫开展带来了更多的机会，也给贫困地区脱贫带来了更大的信心。阿里巴巴集团、京东、苏宁等电商企业积极响应国家号召，加入电商扶贫中来，制订实施了一系列有关电商扶贫的方案，且都已起到了重要作用，帮助部分贫困人口实现了脱贫致富。

（三）电商扶贫的制约因素

电商扶贫是贫困地区精准扶贫、脱贫攻坚的重要途径，但电商扶贫的开展却无捷径可走。一方面，电商扶贫已经取得一定成绩，使得某些贫困地区贫困人口实现了脱贫致富；另一方面，在推广电商扶贫和开展电商扶贫过程中，一些问题也随之出现，阻碍了电商的顺利发展。

一是观念因素。贫困地区农民文化程度偏低，接受新事物能力有所欠缺。长期以来形成的传统农业生产和购销模式，在部分贫困地区依然占有一席之地，当地部分农民、种养殖大户、专业合作社等农业经营主体受陈旧思维观念的影响，仍旧愿意选择面对面，即一手交钱一手交货的交易方式，而把近些年来异军突起的电子商务拒之门外，对支付宝等电子化支付方式认可度较低。电商扶贫本身是一个新事物，尚处于不断摸索和创新阶段。相关部门没有充分意识到电商扶贫的重要性，宣传、推广力度不够，还没有真正被广大贫困地区贫困家庭熟知和认可，在一定程度上制约了电商扶贫的顺利开展。

二是产品因素。由于贫困地区生产条件和生产观念的影响和制约，农产品生产缺乏统一的生产标准和加工流程，在产品包装、物流运输、冷藏保鲜等环节，问题层出不穷，质量参差不齐，难以进行有效监管；而且生产规模小，分布过于分散，难以发挥规模经济效益，导致农产品生产产业化水平低。在电商扶贫开展日益深入的大背景下，部分贫困群众还存在严重的小农意识，眼光狭窄，市场竞争意识不强，对于农产品的生产等相关环节缺乏创新观念。虽然电商规模不断扩大，但生产出来的农产品越来越同质化，没有独特的卖点，呈现随波逐流之势；而且售前、售中、售后服务水平差强人意，难以使消费者满意。这不仅难以树立独有品牌，而且对当地极其宝贵的生产资源也是一种浪费。

三是电商人才因素。不少人认为“会上网、能开网店就可以进行电商创业”，这是一种较为偏颇的看法。会上网、能开网店当然是电商创业必备的要求；但除此之外，还需要更专业的网页设计、营销推广等高级技术人才来解决经营过程中遇到的问题。贫困地区群众接受教育程度低，对电商知识一知半解，也没有意愿去接受电商知识培训，缺乏主动性和积极性，甚至产生了对上级推行电商的依赖性。贫困地区较为普遍的一种现象是贫困人口懂农业生产但不懂电商，电商专业人才懂电商但不懂农业生产，既懂农业生产又懂电商的复合型人才太少。贫困地区电商人才的缺乏成为开展电商扶贫的重大瓶颈，很大程度上制约了电商扶贫的顺利开展。

四是电商交易行为因素。贫困地区开展电商扶贫尚处于摸着石头过河阶段，相关法律法规、具体政策条例没有出台或不完善，没有形成一套完整的电商扶贫标准化服务体系和评价体系，难以对电商行为进行有效约束，导致电商行为存在不规范之处。随着电商扶贫日益深入人心，电商产品种类不断增多，受到了消费者普遍欢迎。但各种仿冒、山寨产品甚嚣尘上，鱼目混珠。与电商相伴而生的刷信誉等网络乱象，更是混淆了消费者的视听，影响了消费者对产品质量的正常判断，降低了产品的可信度。电商交易过程一旦出现质量、物流等纠纷，就难以界定责任方，消费者正当利益就难免会受到不同程度侵害，从长期来看，必然影响到电商的可持续发展。

三、电商扶贫的典型模式

在电商扶贫具体实践中，出现了一些通过开展电商扶贫而成功使当地贫困群众脱贫的先进典型，并逐渐总结形成电商扶贫模式。这些地区或有丰富的物质资源，或有明显的区位优势，或有政府部门的大力支持，最终使全体贫困群众走上了致富之路；同时，也给全国其他贫困地区带来了可供借鉴的成功经验。

（一）电商扶贫的若干实践模式

一是甘肃陇南模式。2015 年被国务院扶贫办列为全国首个电商扶贫试点市的陇南，属于秦巴山连片特困地区，是甘肃贫困面最大、贫困人口最多、贫困程度最深的地区之一。陇南干部群众把电子商务作为精准扶贫、脱贫攻坚的突破口，探索出“陇南模式”，即政府推动、市场运作、大众创业、协会规范、微媒营销的“五位一体”发展模式。陇南成功地把当地丰富的物产资源通过电商扶贫转化为明显的经济效益，成功走出“果贱伤农”的困局。

二是吉林通榆模式。通榆县是国家扶贫开发工作重点县，虽然有产业特色和种植优势，但由于受区位、物流、信息等因素制约，当地农民增收致富难度较大。通榆县在开展电商扶贫过程中，采用“原产地直供”的方式，严格遵循“统一品牌、统一标准、统一质量、统一包装”的理念，通榆模式主要特征是“政府背书+基地化种植+科技支撑+营销创新”。

三是黑龙江明水模式。明水作为大兴安岭南麓特困片区扶贫连片开发重点县，也是黑龙江“互联网+精准扶贫”第一个试点县。明水积极顺应“互联网+”发展趋势，创新“互联网+”精准扶贫、“互联网+农业”活动载体，大力实施电商扶贫，打造电商扶贫新模式，明水模式的特征主要是通过构建平台、降低成本、鼓励创业等途径，助力精准扶贫、脱贫攻坚。

除了以上几种电商扶贫典型模式，全国贫困地区还有其他较为成功的典型模式，已经帮助当地贫困人口摆脱了贫困，实现了增收致富。

（二） 电商扶贫典型模式的启示

总结以上电商扶贫模式可以发现，每个电商扶贫模式都有其自身特点、独到之处；但同时上述电商扶贫模式也存在某些共性之处，这些共性的地方，或多或少可以给全国仍处于电商扶贫摸索阶段的其他贫困地区带来重要启示和成功的经验。

第一，电商扶贫要从本地实际出发。开展电商扶贫，如果盲目照搬、照抄其他地区电商扶贫模式，形成千篇一律的同质化竞争局面，即同样产品、同样品牌，甚至同样的营销手段，没有任何特色，注定被激烈的市场竞争所淘汰。20 世纪 50 年代，美国罗瑟·瑞夫斯对广告运作进行了深入研究，并提出了 USP（unique selling proposition）理论，即产品独特卖点。之后，该理论经过发展，已经上升到产品品牌的高度，提出要不断树立良好品牌形象，不断提升品牌价值。因此电商扶贫开展过程中，应因地制宜充分利用本地特色资源，生产具有区域特色的农产品，并注重产品异质化营销，形成独特卖点，创立品牌，不断提升本地农产品竞争力，获得较好农业效益。

第二，使市场和政府共同发挥作用。亚当·斯密在其著作《国富论》中，把市场机制对经济发展的自发作用看作“看不见的手”。每个人在追求自身利益过程中，在“看不见的手”的指引下，实现公共利益，并认为政府是“社会的守夜人”。但由于存在“市场失效”，特别是西方资本主义国家20世纪二三十年代经济大危机的爆发，更使资本主义自由放任模式弊端充分暴露。英国著名经济学家凯恩斯在其著作《就业、利息和货币通论》中把政府的作用看作是“看得见的手”，并认为政府在维护市场均衡、促进经济稳定发展等方面可以发挥重要作用。具体到中国的经济发展，由于市场本身的自发性、盲目性和滞后性，难以实现资源优化配置，需要政府的宏观调控来克服和弥补市场的局限性。同样开展电商扶贫，要按照市场经济规律的要求，发挥市场在资源配置中的决定性作用，使生产要素有序自由流动；同时需要政府行使经济稳定发展职能，大力推动电商扶贫，从财税、金融等各个方面对电商扶贫给予政策支持，提供全方位的指导与帮助，不断强化监管。

第三，电商扶贫是一项系统工程，需要整合社会力量参与其中。电商扶贫不仅涉及第一产业，还涉及第二、第三产业；不仅涉及生产者、消费者，还包括政府、农业专业合作社，以及电信企业、各级电商协会等社会力量。各支力量构成了一个密不可分的整体，相互影响，相互制约。任何一个环节出现疏漏，就可能带来较大问题。因此，电商扶贫顺利开展就要广泛动员这些社会力量参与其中，相互配合，形成电商扶贫合力，实现多方共赢。

第四，充分利用日益发达的微媒体进行宣传。中国互联网络信息中心（CNNIC）公布的第39次《中国互联网络发展状况统计报告》显示，截至2016年12月，中国的互联网普及率为53.2%，网民规模达7.31亿，手机网民规模达6.95亿，占比95.1%。因此，通过微媒体宣传，不仅受众面广，而且费用低，具有较大的宣传优势。例如，陇南成县坚持“微媒体营销”，借助多个微博和微信群的力量，广泛宣传当地特色资源和优质农产品，获得了巨大成功。利用微媒体营销手段，可复制性强，在全国其他贫困地区应加大推广力度。

（三）电商扶贫模式运用的要求

实践证明，电商扶贫顺应了历史潮流，是一种较为有效的扶贫手段，在贫困人口脱贫过程中，发挥了重要作用。接下来，电商扶贫势必会在更多贫困地区得到进一步推广，也会有更多的资源投入电商扶贫中。但电商扶贫发展时间还不长，发展模式还不成熟，对电商扶贫过程中有可能出现的问题，要提前加以防范。

一是在各地电商扶贫开展实践中，切忌盲目跟风。电商扶贫并不具有普遍适用性。贫困地区要从本地实际出发，认真规划和研究，判断本地适不适合开展电商扶贫。

二是杜绝个别电商企业恶意占用电商扶贫资金。电商企业加入电商扶贫，体现了企业的社会责任感，要加以鼓励。但要谨防个别电商企业唯利是图，利用政策空子，打着扶贫旗号，想方设法牟取巨额利润，背弃电商扶贫的初衷。

三是注重激发贫困人口内生发展动力。电商扶贫开展过程中，从人员培训到财政资金投入，政府都会加大支持力度。在此过程中，一定要避免个别贫困人口产生“等、靠、要”的消极心理，注意要从根本上激发贫困人口脱贫致富的积极性。

四是注重电商扶贫和其他扶贫手段相结合，避免单打独斗。不能过分夸大电商扶贫的作用，而应该统筹电商扶贫和其他扶贫手段，取长补短，发挥综合扶贫效应，真正做到线上线下资源融合。

四、电商扶贫的重要举措

电商扶贫具有较大的发展潜力和空间，必将为2020年全面建成小康社会做出巨大历史贡献。针对目前电商扶贫出现的新情况、新问题，贫困地区要及时采取有效的、针对性较强的解决措施，克服种种不利因素，不断纠正电商扶贫过程中出现的偏差，使电商扶贫尽快为贫困地区人民群众脱贫做出应有的贡献。

（一）进一步加大电商扶贫支持力度

电商扶贫开展过程中，在尊重市场对资源配置起决定性作用的前提下，政府这只“看得见的手”应该充分发挥主导作用，加大扶贫支持力度，运用合理的宏观调控手段对电商扶贫领域进行有效干预，进一步整合电商扶贫资源，使得农村电子商务与精准扶贫、脱贫攻坚进一步融合。

一是政策支持。为了扎实推进电商扶贫，各级政府要充分考虑到电商扶贫过程中可能出现的问题，经过深入调查研究，反复论证，进一步完善电商扶贫的相关政策及其实施方案，从政策层面来规范和约束电商扶贫行为，保护电商和消费者正当、合法权益，以政策的有效供给推动电商有序、稳步发展。加大政策宣传和落实力度，按照由县到乡、由乡到村的顺序，自上而下逐级传达电商扶贫政策规定，使贫困地区广大人民群众真正了解政策内涵，在电商交易过程中，严格遵守相关规定。除此之外，对于发展潜力较大的电商企业，政府部门应给予税收、信贷等政策倾斜，使之不断开创有影响力的电商品牌，使电商扶贫效果最大化，从政策层面发力，不断促进电商扶贫健康、可持续地发展。

二是资金支持。电商扶贫是一项涉及交通、电力、物流等多个方面和环节的系统工程，顺利开展电商扶贫需要投入巨大资金。加大政府转移支付力度，设立电商扶贫专项发展基金，用于鼓励和扶持贫困地区电商扶贫开展。搭建多种平台，促进金融机构和电商之间深度沟通与交流，促使金融机构为电商扶贫提供更加优惠的贷款条件和完善的贷款服务。此外，合理引导和支持社会资本和风险投资进入电商扶贫事业，形成财政投入、公益支持、社会资本等多元化的筹资模式，以解决电商扶贫资金短缺问题。

三是营造良好氛围。针对部分贫困地区贫困人口落后的观念，以及对于电商扶贫认识的不到位，政府部门应加大电商扶贫宣传力度，通过报纸、电视、微博、微信等多种媒体，营造浓厚的电商扶贫社会氛围。在此过程中，应使贫困人口切实感受到开展电商扶贫对于增收致富的重要意义和作用，认识到电商扶贫在精准扶贫、脱贫攻坚过程中的重要地位。召开多种形式的电商扶贫论坛，对全国各地涌现出的成功的电商扶贫模式进行积极推广，对先进个人进行隆重表彰等。

（二）完善农村贫困地区物流体系建设

物流运输是电子商务交易的重要环节和组成部分，建立健全完善的物流体系对电商扶贫顺利开展具有极为重要的意义。但是中国贫困地区物流运输总体水平低，在资金、技术、装备等方面与物流发展较好的地区存在较大的差距。贫困地区物流表现较为突出的问题，主要包括农产品仓储保管水平落后、鲜活农产品冷藏运输设备缺乏、货运汽车返空现象严重等，导致物流运输效率低。因此，电商扶贫迫切要求完善中国农村贫困地区物流体系建设。

一是形成城乡物流之间良好互动局面。相关部门应结合中国贫困地区物流业发展现状和发展趋势，突出城镇物流对农村贫困地区物流的辐射和带动作用。根据贫困地区区位、人口密度和物流量大小等因素，合理布局贫困地区物流服务中心，支持流通和货运服务供给企业延伸运输业务至农村地区，支持电商平台、物流企业在贫困村设立服务网点，着重推进县、乡、村三级物流配送体系建设，逐步形成农产品进城、工业品下乡的双向流通服务网络。

二是注重贫困地区物流设施建设。除对贫困地区道路升级改造以外，还应逐步改善农产品仓储设备条件，减少储存过程中的损失。重视农产品包装环节，不断完善农产品加工设备，加强冷链运输设施建设，以满足电商扶贫对于鲜活农产品运输的需求。加强贫困地区物流信息化建设，使贫困人口共享物流信息，减少货运汽车返程空运现象，实现物流供应链的最大效益。

三是积极培育贫困地区物流运营主体。物流运营主体是影响物流运送效率的重要因素，因此，培育健全的物流主体至关重要。为有效满足农产品运输多元化需求，应形成国有、私营、外商独资等多元化的物流运营主体。贫困地区还要积极开展第三方物流，提高物流专业化和规范化水平，降低物流成本，提高物流资源的使用效率。在此过程中，要积极引导多个物流运营主体间形成有序、公平竞争，以竞争带动物流服务水平的不断提高。

（三）加大贫困地区电商人才培训力度

贫困地区电商人才的缺乏，很大程度上制约了电商扶贫的顺利开展，降低了电商的扶贫效果。“到2020年完成1000万人次以上电商知识和技能培训，培养100万名以上农村青年电商高端人才，实现每个贫困村至少有

1 名电商扶贫高级人才，形成一支懂信息技术、会电商经营、能带动脱贫的本土电商扶贫队伍。”① 因此，应加大贫困地区电商人才培训力度，培养更多合格的、掌握扎实电商知识的专业人才，促进电商扶贫取得良好的效果。

一是做好电商人才培养规划。贫困地区应从地区实际出发，结合本地电商发展程度和水平，以及本地对电商管理型、技术型、创业型等不同人才类型的实际需求，分类培训，提高培训的针对性。制定科学合理的培训目标和具体的实施办法，明确培训重点，注重电商人才培养规划的动态调整。

二是对有意愿从事电商行业的贫困地区人员进行电商知识及技能培训，普及电子商务知识，鼓励有意愿的贫困家庭或个人通过电商创业，对其开设网店等项目给予适当资金支持和技术指导，并评选经营规范、业绩好的品牌网店，发挥其模范带头作用。对于贫困残疾人，应因地制宜发展、积极推广适合残疾人从事的电商扶贫增收项目。并建立贫困学员档案，跟踪贫困学员，掌握其通过电商就业创业情况，提供良好的后续服务。

三是注重与相关职业院校等联合培养电商人才。职业院校具有良好的教学条件和优秀的师资队伍，通过制定更加完善的电商人才培养方案，不断提高电商培训课程的质量。因地制宜建立电商实训基地，注重电商业务实践锻炼，做到电商理论和实际相结合，以提高电商人才的综合素质，培养出能够满足贫困地区实际需要的电商人才。

（四）大力培育贫困地区特色产业

电商扶贫中农产品缺乏创新，易导致严重的同质化现象，出现大打价格战等不良市场竞争态势，会极大阻滞贫困人口脱贫致富的步伐，违背电商扶贫的发展规律。因此，电商扶贫开展过程中，一定要充分挖掘贫困地区特色资源禀赋，突出特色优势，发展特色产业，这不仅有利于电商扶贫顺利开展，更有利于提高贫困地区自我发展能力，提高贫困人口脱贫的积

① 国务院扶贫办等十六部门：《关于促进电商精准扶贫的指导意见》（国开办发〔2016〕40 号），2016 年 11 月。

极性和主动性。

在开展电商扶贫过程中，要把贫困地区的资源优势转为产业优势和经济优势。始终坚持“人无我有、人有我优、人优我转”的理念，形成当地的特色产业和特色农产品。结合贫困地区实际，做好特色产业发展规划，不断推动“名特优新”“三品一标（无公害农产品、绿色食品、有机农产品和农产品地理标志）”“一村一品”等农产品生产。重视创新在电商扶贫中的重要地位，采取农产品异质化营销，不断满足消费者多样化、个性化的需求。注重推进品牌战略，逐步推进扶贫产业规模化和标准化，明确产品质量等级及标准，严格产品包装、标识使用规范，抓好农产品质量安全检验检测、产地认证、质量追溯等环节，保证消费者的合法权益不受侵犯，最终带动贫困群众脱贫致富。

现代社会是一个信息产业飞速发展的社会，互联网在中国经济社会发展中的作用日益凸显。在全面建成小康社会的决胜阶段，要注重把互联网与精准扶贫、脱贫攻坚紧密结合起来，发挥电商扶贫在农村转变经济发展方式，促进农业现代化和农业供给侧结构性改革中的重要作用，有效带动当地经济活力，逐步提升贫困地区和贫困家庭运用电子商务创业增收的能力，使更多的贫困地区和贫困人口共享互联网发展成果，充分打通脱贫“最后一公里”，早日使贫困地区和贫困人口实现脱贫致富。

第六章　精准扶贫、脱贫攻坚中的易地搬迁脱贫

易地搬迁是实施精准扶贫、脱贫攻坚的重点内容之一。2017 年的政府工作报告中安排的年度的农村减贫任务是1000 万人以上，其中易地扶贫搬迁要完成 340 万人[①]，占比超过 30%，这说明易地搬迁在精准扶贫、脱贫攻坚阶段具有举足轻重的作用。

一、易地搬迁脱贫的理论模型

易地搬迁脱贫，一定意义上而言，是一个贫困人口流动与迁移的过程。从古典经济学起，经济学者就对人口易地迁移的现象进行了广泛而深入的研究，形成了诸多有代表性的理论。17 世纪的英国古典经济学家威廉·配第在其著作《政治算术》中指出，从事制造业、商业活动比从事农业活动能获得更多的收入，产业间收入的相对差异将促使人口向更高收入的部门转移。托马斯·罗伯特·马尔萨斯在分析游牧民族的迁徙历史中强调，人口增殖速度快于生活资料增长速度形成的人口压力是人口迁移的主要原因。西蒙·史密斯·库兹涅茨在他的研究中说明了不同地区之间的人口迁移是地区间经济发展不平衡导致就业机会不均等而产生的。此外，还有学者从资本流动、劳动生产率、成本－收益等角度对人口迁移进行了理论阐述。然而，用这些理论中的任何一个来分析、研究贫困人口的易地搬

① 精准扶贫、脱贫攻坚阶段，易地扶贫搬迁人口包括建档立卡搬迁贫困人口和同步搬迁人口两个部分，其中，建档立卡搬迁贫困人口是易地搬迁脱贫的重点，此处即指建档立卡搬迁贫困人口。另外，如无特别说明，本章所出现的贫困人口即指建档立卡搬迁贫困人口。

迁脱贫可能都具有一定的局限性，因为这是一项复杂的系统工程，贫困人口顺利实现易地搬迁脱贫不是某一个因素单向线性作用的结果，而是多重因素共同促成的。

本研究提出一个易地搬迁脱贫的系统理论模型，如图6－1所示。横轴 x 轴为生存及发展水平，由左向右表示生存及发展水平越来越高；左侧纵轴 y_1 轴为系统有序度，从下到上表示系统有序度逐渐优化；右侧纵轴 y_2 轴为制约因素，自下而上表示制约因素越来越复杂。

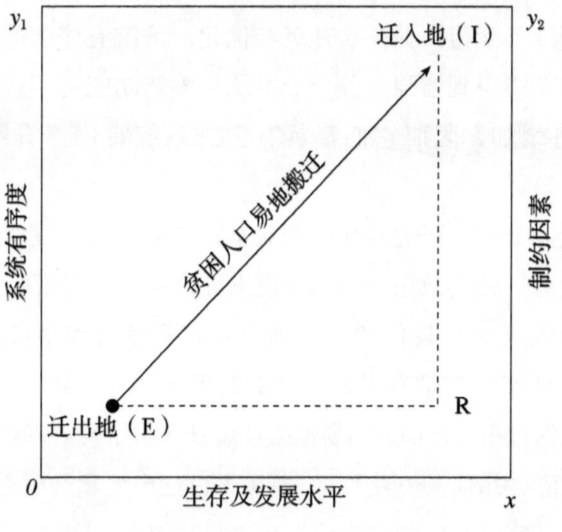

图6－1 易地搬迁脱贫的系统理论模型

由图6－1可概括出易地搬迁脱贫系统理论模型研究的主要内容包括如下：

一是易地搬迁脱贫系统的构成。系统是由若干关联的事物依据某种方案，有计划、有目的、有秩序地组成的复杂统一体，这些若干关联的事物又称为子系统。易地搬迁脱贫系统由贫困人口、贫困人口迁出地和贫困人口迁入地三个子系统构成，其中，贫困人口迁出地为资源承载力严重不足、公共基础设施和服务严重滞后且建设成本高、地质灾害频发高发、国家禁止及限制开发等“一方水土养不起一方人”的地区，贫困人口迁入地为生活生产条件良好、公共基础设施与服务比较齐备的地区。

精准扶贫、脱贫攻坚阶段，易地搬迁脱贫的目标是700万左右[①]的建档立卡搬迁贫困人口能从迁出地顺利搬出，并能在迁入地实现脱贫发展。贫困人口、贫困人口迁出地和贫困人口迁入地围绕着这个目标，有序、有方向性地组成了易地搬迁脱贫系统。

二是易地搬迁脱贫系统有序运转的动力。系统论研究的重要内容之一是系统从无序向有序，从低级次序向高级次序转化的规律[②]，这就说明了构成系统的各个子系统不是处于杂乱无章的无序或低级次序状态，而是围绕着系统的目标，在相应的组织形式下进行有序运转。在这个运转的过程中，系统有序度不断得到提高、升级与优化。系统有序度的升级与优化表明系统的整体功能得到增强，各个子系统从整体功能得到强化的系统中获得的效益也将增加，因而它们都具有促进系统有序度升级优化的相应动力。

用系统论来分析、研究易地搬迁脱贫，其系统有序度主要用易地搬迁脱贫的经济效应、社会效应与生态效应来综合衡量。如图6－1所示，贫困人口从生存及发展水平较低的迁出地向生存及发展水平较高的迁入地搬迁，并在迁入地实现脱贫发展是一个由低级次序向高级次序转化，系统有序度不断优化的过程。这即表明易地搬迁脱贫产生了良好的经济效应、社会效应与生态效应，并且，贫困人口、贫困人口迁出地和贫困人口迁入地都具有促进这些良好效应产生的相应动力，比如贫困人口实现了异地脱贫发展，贫困人口迁出地保护了生态环境，贫困人口迁入地投资需求增加，等等。

三是制约易地搬迁脱贫系统有序运转的因素。系统论研究的另一项重要内容是如何保持系统的稳定性。如果存在着影响系统稳定性的因素，可能致使系统难以有序运转。或者，即使系统能够有序运转，因不稳定因素的影响，也可能导致这种运转偏离其正常轨道，难以长久保持。

贫困人口从迁出地到迁入地的易地搬迁脱贫，既不是一个生存及发展

① 2016年11月发布的《“十三五”脱贫攻坚规划》中指出“十三五”时期有981万贫困人口要通过易地搬迁实现脱贫，而2017年政府工作报告中公布的数据显示，2016年易地扶贫搬迁人口超过240万，因此，还有约700万的贫困人口需要通过易地搬迁实现脱贫。

② 沈小峰：《混沌初开：自组织理论的哲学探索》，北京师范大学出版社2008年版，第57页。

水平得到提升而没有制约因素的过程，也不是一个制约因素无限复杂而生存及发展水平没有得到提升的过程，而是一个生存及发展水平得到提升，同时具有一定制约因素的过程，如图6－1中所示，从E地迁往I地即是如此。但是，制约因素的增加会加大易地搬迁脱贫的难度，进而影响系统的稳定性，而这又不利于贫困人口的易地搬迁脱贫。

因此，用系统论研究易地搬迁脱贫，不仅要让贫困人口、贫困人口迁出地和贫困人口迁入地释放它们各自的动力，促使易地搬迁脱贫系统有序度不断优化，还要让它们克服一些制约因素，降低易地搬迁脱贫的难度，保持系统稳定性，使其持久有序运转。

二、易地搬迁脱贫的主要动力

贫困人口、贫困人口迁出地和贫困人口迁入地三者实施易地搬迁脱贫，是一个系统有序度不断升级优化的过程，是一个经济效应、社会效应与生态效应不断得到优化的过程。它们都具有促进易地搬迁脱贫系统有序度优化的作用，具有使其产生良好的经济、社会与生态效应的动力激励机制。

（一）基于贫困人口角度的动力

实施易地搬迁脱贫的根本出发点与落脚点是让贫困人口从生存及发展水平较差的“一方水土养不起一方人”的地区搬至生存及发展水平较好的“一方水土养得起一方人”的地区，进而实现脱贫发展。作为易地搬迁脱贫的重要子系统之一，贫困人口具有最直接、最充足的动力来促进整个系统有序运转与系统有序度升级优化。

一方面是生存动力。实施易地搬迁脱贫的贫困人口，要么生活在荒漠化、边远高寒、深山石山、水土与光热条件难以满足日常基本生活生产需要的地区，要么生活在地质灾害频发、地方病高发、国家禁止或限制开发的地区。这些地区的突出特点是生态环境较为恶劣，公共基础设施与公共服务供给水平低下。实施易地搬迁脱贫，将贫困人口从这类地区搬至迁入地，通过建设移民新村集中安置、行政村就近安置、结合新型城镇化建设安置，不仅使得他们获得了更安全的生活环境，还让他们享受到了更好的公共基础设施条件、更高层次的基本公共服务与社会保障水平，进而获得了比搬迁前要优越得多的生存环境。可以说，搬迁前后生存环境会发生质的改变是贫困人口进行易地搬迁的重要动力之一。

另一方面是脱贫发展动力。贫困人口之所以贫困的一条重要原因在于迁出地没有足够的自然资源供他们从事生产，没有必要的教育资源、技术培训提升他们发展生产的能力，没有较为完善的就业市场给他们提供就业机会。所以，迁入地优质的生存条件只是激励贫困人口易地搬迁的前提，能否获取良好的脱贫发展条件是贫困人口实施易地搬迁的关键动力，因为这直接关系着他们能否实现脱贫与发展。在易地搬迁脱贫的实践中，实际情况是集中安置的贫困人口，既可以利用迁入地的资源禀赋优势，自行从事种植养殖业、农产品加工与服务业、休闲农业等产业活动，也可以参与农民合作社、农业产业化龙头企业等新型农业经营主体的产业生产活动；城镇附近安置的贫困人口，利用新型城镇化建设契机，除可以到劳动密集型行业就业外，还可以从事入行相对较易的餐饮、物流等现代消费服务业，等等。相比之下，迁出地这些从事产业生产的资源与机会就要稀缺得多。这表明实施易地搬迁使贫困人口获得了良好的脱贫发展条件，他们具有脱贫发展的动力激励。

可见，贫困人口从迁出地向迁入地搬迁，既改善了生存条件，又获得了更好的增产增收条件，可以实现脱贫发展，产生了良好的经济效应与社会效应。他们具有促进易地搬迁脱贫系统有序运转，并不断提高其有序度的动力。

（二） 基于贫困人口迁出地角度的动力

精准扶贫、脱贫攻坚阶段的一项基本要求是要在脱贫发展中保护生态，在生态保护中实现脱贫发展，从而达到脱贫发展与生态保护的共赢。作为易地搬迁脱贫系统的重要组成部分，贫困人口迁出地具有保护生态和在保护生态中提高土地利用率、发展产业的双重动力来促进系统有序运转。

一方面是保护生态的动力。需要通过易地搬迁来实现脱贫发展的贫困人口基本生活在自然灾害频发、土地贫瘠等生态脆弱区和国家禁止或限制开发的重点生态功能区。将贫困人口从这些区域中迁出，本身就有助于缓解迁出地的生态压力，遏制原本就已较为脆弱的生态环境进一步恶化。另外，生态资源是有限的，当代人不能只顾满足自己的需要，而不顾后代人满足需要的权利。为了让后代人拥有同等的机会享有生态资源，生态脆弱区、重点生态功能区等迁出地具有将居于这些地区的贫困人口迁出的激励机制。

另一方面是在保护生态中提高土地利用率、发展产业的动力。在我国易地搬迁脱贫实践中，有相当一部分的贫困人口是在同一乡镇内就近搬迁。安置贫困人口与贫困人口从事产业生产，都需要一定数量的土地，这将造成当地土地资源供应紧张。在贫困人口搬至迁入地后，迁出地对废弃宅基地、废弃耕地、弃用牧场等不合理利用、低效利用的土地实施水土保持、牧区治理等生态工程建设，将盘活土地存量、增加土地数量、提高土地质量。进一步地，在迁出地生态系统可承载范围之内，利用这些整治过的土地从事农、林、牧业等农业生产，在一定程度上能缓解易地搬迁贫困人口从事生产的用地需求的压力。另外，可以利用这些土地发展休闲农业、生态观光等生态旅游业，既加强了迁出地的生态保护，又吸纳了易地搬迁贫困人口就业。所以，贫困人口迁出地具有在保护生态中提高土地利用率、发展产业的动力。

（三）基于贫困人口迁入地角度的动力

不仅贫困人口、贫困人口迁出地具有促进易地搬迁脱贫系统有序运转的动力，贫困人口迁入地也具有相应的动力促进易地搬迁脱贫系统有序运转，其动力主要体现在迁入地经济增长方面。

从需求方面看，迁入地安置贫困人口，住房建设，电力、通信等基础设施建设和卫生机构、中小学学校等基本公共服务设施建设将从投资需求方面拉动迁入地经济增长。同时，易地搬迁贫困人口的日常生活与生产也会增加迁入地的消费需求。

从供给方面看，贫困人口搬至迁入地后，将为迁入地劳动密集型服务业、消费型服务业等产业提供丰富的劳动力资源。为妥善安置贫困人口和供应他们从事生产的用地需求，国土资源部在用地政策上会向迁入地适当倾斜，这将增加迁入地的土地供给。另外，为提高易地搬迁贫困人口的就业数量与质量，迁入地将会同相关企业、培训机构合作对他们进行技能、知识培训，这必将提高迁入地的人力资本存量。可见，贫困人口迁入地为促进自身经济增长，具有促进易地搬迁脱贫系统有序运转的动力。

综上分析，贫困人口、贫困人口迁出地、贫困人口迁入地都具有让易地搬迁脱贫系统有序运转的足够动力。在系统有序运转的过程中，贫困人口改善了生存条件，获得了更充裕的脱贫发展条件，同时迁出地生态得到了保护，迁入地经济实现了增长，形成了经济、社会、生态共同发展的良好局面。

三、易地搬迁脱贫的制约因素

尽管贫困人口、贫困人口迁出地和贫困人口迁入地都具有一定的动力促使易地搬迁脱贫系统有序运转，但在实践中，他们也各自都存在着一些制约因素影响系统有序、稳定、持久地运转。这些不利因素的存在，使得贫困人口易地搬迁脱贫难度增大，难以产生预期的良好的经济、社会与生态效应，或者即使产生了一定的经济效应或社会效应，也可能会因为贫困人口的返贫，使得这种效应难以持久保持。

（一）基于贫困人口角度的制约因素

易地搬迁不但使贫困人口的生活、生产场所在空间位置上发生了变化，还让他们的生活、生产方式及与此相关的社会结构、民族文化等发生了变化，并且，这种变化在所难免，因此需要贫困人口适应易地搬迁后的生活与生产方式、社会与文化结构。但是，在中国易地搬迁的实践中，贫困人口异地生活适应、生产适应、社会适应、文化适应都可能对易地搬迁脱贫形成一定的制约。

一是生活适应制约易地搬迁脱贫。贫困人口实施易地搬迁，虽然搬迁后生活条件要远好于搬迁前，但之前稳定的生活方式也发生了较大变化。在定居方式上，部分年纪较大的贫困人口长年生活在山区、牧区，习惯了大空间的散开型定居方式，难以适应搬迁后的集中型定居方式。在饮食结构上，从搬迁前的较为单一的饮食结构向搬迁后的多元化饮食结构转变，部分贫困人口还是有些难以接受。在生活成本上，由于从自给自足转向市场交换，搬迁后贫困人口的日常生活消费支出大幅提升；对于集中安置的贫困人口，他们还要承担相应的物业管理费用；有些贫困人口为了尽早、尽快融入迁入地新的生活环境，不可避免地增加了社会应酬支出，这些都将加重贫困人口搬迁后的生活负担。

二是生产适应制约易地搬迁脱贫。贫困人口易地搬迁的根本宗旨是要实现脱贫发展，而这取决于他们搬迁后的生产状况，包括生产经验、生产能力及依靠生产取得的收入等。易地搬迁后，贫困人口的生产方式由自给种植、圈养的小农生产转为规模化、产业化、绿色化的现代农业生产，大部分贫困人口因缺乏现代农业生产的经验，难以习惯这种生产方式的巨大转变。另外，从事现代农业生产还需要一定的技术能力，贫困人口因受教育机会与程度的限制，普遍缺乏生产技能，并且，掌握生产技能不是一朝一夕的事，他们也较难在短期内就掌握足够的产业生产技能。即使少部分贫困人口在搬至迁入地后掌握了一定的生产技能，但是他们从事的生产大多位于产业链的底端，这就意味着他们从生产中获得的收入并不高。

三是社会适应制约易地搬迁脱贫。人最显著的特征体现在人具有社会性。人们在一固定区域内长期生产生活，在他们的社会交往中会自觉或不自觉地形成该区域特有的、居民共同遵守的交流语言、生活习惯、价值取向等。易地搬迁脱贫，同时也是一个贫困人口脱离迁出地原社会结构，融入迁入地新社会结构的过程。在这种社会结构的转化中，贫困人口可能会出现社会适应障碍，突出表现为社会交际能力匮乏。部分贫困人口在搬迁前，从未离开过山区、牧区，与外界社会交往较少，搬迁后，受汉语水平和地区方言的制约，他们与迁入地居民交往较少。更重要的是，迁出地人口密度小，限制了贫困人口的交际机会与能力，而迁入地人口密度大，在易地搬迁后，因交际能力的欠缺使得大部分贫困人口不善于与人交往。贫困人口交际能力的缺乏产生了“多米诺骨牌效应”，致使他们在生活习惯、价值取向等其他方面未能较好地实现对迁入地的社会适应。其结果是，尽管搬迁后贫困人口与迁入地居民生活在同一区域，但相互之间形成了界限明显的社会隔离。

四是文化适应制约易地搬迁脱贫。贫困人口在迁入地的适应，不仅包括基本生活与生产的物质适应，还涉及精神文化适应。一般而言，先行进行物质层面的适应，而后才是文化层面的适应，并且，相对而言，物质层面的适应要更加容易。精准扶贫、脱贫攻坚阶段，实施易地搬迁脱贫的贫困人口中有相当一部分人是少数民族。对少数民族贫困人口来说，他们更愿意、更渴望与同民族的居民共同生活，一起从事生产，因为他们的宗教信仰、民族传统、文化习俗一致。此外，易地搬迁中的中老年贫困人口，他们内心深处更向往山村的静谧，较难习惯城镇的喧闹与浮华，由此产生了乡村文化与城市文化的冲突。

（二）基于贫困人口迁出地角度的制约因素

贫困人口迁出地是易地搬迁脱贫系统的三个组成子系统之一，只有当这个子系统启动且有序、良好运转时，才能促进整个系统顺利运转。但是，贫困人口迁出地也有可能产生一些制约易地搬迁脱贫系统稳定、有序运转的消极因素，进而影响贫困人口易地脱贫。

一方面是易地搬迁政策宣传不到位。精准扶贫、脱贫攻坚阶段，易地搬迁的贫困人口大致可以分为自愿搬迁和非自愿搬迁两类。自愿搬迁贫困人口，他们渴望改变贫穷落后的状况，能够积极主动地了解与学习易地扶贫搬迁规划、生态补偿方案等国家与地方政府的易地搬迁相关政策，从而对搬迁后的生活、就业、子女教育等有了一个较为清晰的认识，这使得他们搬迁后能与迁入地社会进行较好的融合。非自愿搬迁贫困人口，有的是“金窝银窝不如自家狗窝”的观念较为浓重，有的是不愿改变传统民族习惯，有的是担心难以适应迁入地的生活，等等。他们不愿搬离故土，因而缺少对易地搬迁政策、迁入地基本信息的了解。但是，有些迁出地未能与非自愿搬迁贫困人口进行良好的沟通，对易地搬迁政策的宣传与解释也较为粗糙，造成信息不对称，使得部分非自愿搬迁贫困人口难以对搬至迁入地后的安置方式、就业方式等做出合适的选择，导致他们搬迁后存在各种适应性问题。

另一方面是易地搬迁政策制定、执行、落实等方面存在着一系列制约因素。迁出地实施易地搬迁的动力之一是保护生态，因而生态补偿政策在易地搬迁脱贫中具有重要作用。但是，部分迁出地的生态补偿政策的内容只涉及贫困人口搬迁后的安置与日常生活，没有把他们发展生产、提升技能的资金需求纳入具体政策补偿范围内。相关研究中也已指出，生态移民中忽视了促进贫困人口生计可持续发展的政策提供①。由于缺乏这方面的政策供给，使得部分贫困人口在搬出草地、林地等国家重点生态功能区后，到了季节又返回去“靠草吃饭”“靠山吃饭”。除政策制定不完善外，迁出地在易地搬迁政策的执行与落实方面也存在一些制约因素，比如贫困人口搬离迁出地程序复杂；部分迁出地各职能部门在执行易地搬迁政策时步调不协调，甚至出现互相推诿的现象；有些迁出地在落实相关政策时，发生了虚报冒领、截留、挪用、贪污易地扶贫搬迁资金的违法违纪行为。

（三）基于贫困人口迁入地角度的制约因素

精准扶贫、脱贫攻坚阶段，易地搬迁脱贫不仅要让贫困人口从迁出地搬得出来，还要保证他们能在迁入地稳得住、能脱贫致富，由此可以看出，迁入地在促进易地搬迁脱贫系统稳定运转中具有重要地位。然而，迁入地在安置贫困人口和帮扶贫困人口脱贫发展两个方面都有做得不到位之处。

迁入地存在着安置贫困人口的不恰当方式。在中国易地扶贫搬迁实践中，迁入地主要采取的安置方式有行政村内就近安置、建设移民新村集中安置、依托小城镇或工业园区安置、乡村旅游区安置、插花安置。多样化的安置方式应当可以满足贫困人口搬迁后的多样化需求，但是，事实却并非如此。相关学者通过对三江源地区生态移民进行研究后得出的结论是，该地区移民对异地安置不满意（差或者很差）的程度高达64.8%②。导致贫困人口对迁入地安置方式不满意的主要原因有：贫困人口安置地住房及配套基础设施的建设，教育、娱乐、社会保障等公共服务供给未能充分顾及贫困人口的需求；有些贫困人口安置地离迁入地行政中心较远，管理成本太高，迁入地政府疏于管理；贫困人口在安置地没有获得相应的土地资源、资金、技能从事生产，增产增收困难。

迁入地在帮扶贫困人口脱贫发展的过程中，有做得不到位之处。易地搬迁的根本目的是要让贫困人口在迁入地实现脱贫发展，其中从事产业生

① 张瑜：《宁夏生态移民政策供给缺陷与原因分析》，《北方民族大学学报（哲学社会科学版）》，2016年第5期。

② 祁进玉：《三江源地区生态移民的社会适应与社区文化重建研究》，《中央民族大学学报（哲学社会科学版）》，2015年第3期。

产是贫困人口脱贫发展最主要的途径。一方面，贫困人口可以利用迁入地资源禀赋优势自行从事种植业、养殖业等产业生产，不过，这种生产方式可能受到土地资源不足的制约。因为在新型城镇化建设的大背景下，迁入地更愿意将有限的土地资源投入城镇化建设中，投入经济效益更好的产业中。另外，迁入地原住民为了自身利益，也不愿将有限的土地分一部分给易地搬迁贫困人口。另一方面，贫困人口可以与农业产业化龙头企业、种植养殖大户等新型农业经营主体合作，或到现代农业园区、农产品加工业等企业中就业的方式从事产业生产。然而，贫困人口在迁入地从事这种类型的产业生产除了面临技能不足、市场信息不对称等问题外，更突出的问题是，难以与新型农业经营主体、现代农业园区等相关单位形成具有法律保障的利益共同体。

综上所述，贫困人口、贫困人口迁出地、贫困人口迁入地三个子系统在易地搬迁脱贫中都存在着制约系统有序、稳定运转的不利因素。这些因素的存在，既可能导致部分贫困人口迁回原居住地，也可能致使部分贫困人口易地搬迁后陷入“贫困陷阱”，还可能让部分贫困人口进入“城市贫困”群体行列。不管出现何种现象，都说明了在这些不利因素的作用下，易地搬迁脱贫系统已偏离了其正常运转的轨道。这种不正常、不稳定的运转，将降低易地搬迁脱贫系统的有序度，进一步增加易地搬迁脱贫的难度。

四、易地搬迁脱贫的实施方略

精准扶贫、脱贫攻坚阶段，贫困人口、贫困人口迁出地、贫困人口迁入地具有促进易地搬迁脱贫系统有序、稳定运转的相应动力，但也各自都存在着一些不利因素制约着系统有序、稳定运转，使贫困人口易地搬迁脱贫难度增大。因此，从系统论角度研究易地搬迁脱贫，就是要保持三个子系统实施易地搬迁脱贫的动力，并克服其不利因素，降低易地搬迁脱贫的难度，进而产生良好的经济效应、社会效应与生态效应。

（一）构建易地搬迁脱贫的合理机制

贫困人口、贫困人口迁出地、贫困人口迁入地三个子系统之间形成合理的易地搬迁脱贫机制，可以明确各自的分工，促使三者相互配合、互相协作、有条不紊地实施贫困人口的易地搬迁和脱贫发展。

一是保障贫困人口顺利迁出。贫困人口迁出地要加大国家易地扶贫搬迁政策的宣传力度，主动、耐心地与贫困人口（尤其是非自愿搬迁贫困人口）进行沟通交流，通过易地搬迁脱贫的典型示范来引导他们积极搬迁、主动搬迁。安居才能乐业，住房保障是根本。贫困人口迁入地要按照保障基本、安全适用的要求建造贫困人口住房，并合理确定住房建设面积，以确保他们不因住房建设而负债及影响脱贫。同时，在迁入地为贫困人口配备水电、网络、垃圾处理站等基础设施，改善他们的生活条件，提升他们的生活质量。进一步地，保证贫困人口享有与迁入地居民一致的教育、文化体育、卫生等基本公共服务和养老保险、医疗保险等社会保障。此外，迁入地相关教育机构、社会公益组织要在充分尊重贫困人口宗教信仰、民族文化的前提下，帮助他们解决社会适应、文化适应的问题，以使他们更好地融入迁入地社会。

二是妥善合理安置贫困人口。贫困人口的安置方式对于他们在迁入地的生活、生产等具有重要影响，不同的安置方式会产生不一样的减贫效果，相关学者的研究已证实了这一点[①]。不同的贫困人口，致贫因素、贫困程度、自我发展能力各不相同，这使得他们对安置方式的需求也不同。迁入地要充分尊重贫困人口的意愿，根据他们对住房及其配套基础设施、基本公共服务、就业、产业发展的需求，尽可能地匹配适合的安置方式，妥善合理地安置他们。除此之外，迁入地还要充分利用其有限的地域空间、资源、产业等不断创新安置方式，丰富安置方式供给，以匹配贫困人口的多样性需求。

三是促进贫困人口脱贫发展。贫困人口可立足迁入地资源特色，坚持“宜农则农、宜林则林、宜牧则牧、宜生态旅游则生态旅游”的产业精准选择思路和市场导向原则，着重发展具有市场需求的产业。迁入地要因地制宜地发展商贸物流、乡村旅游、休闲农业等贫困人口参与度高、入行

---

① 郃秀军、畅冬妮、郭颖：《宁夏生态移民居住安置方式的减贫效果分析》，《干旱区资源与环境》，2017 年第 4 期。

快、受益面广且生态效益良好的现代服务业，并引导它们优先雇用贫困人口。另外，迁入地要以就业为根本目标，以就业市场需求为导向，以愿意输出劳务的贫困人口为对象，积极对接劳务输入地，引导贫困人口进行劳务输出，同时，对于愿意在城镇落户发展的贫困人口，劳务输入地要尽责帮扶，推动他们有序市民化。另外，在贫困人口搬出后，迁出地要积极进行土地整治和生态修复，在生态系统允许的范围内，发展适宜的生态产业，在发展生产中保护好生态。

（二）加大易地搬迁脱贫的支撑力度

通过对三个子系统的分析，制约易地搬迁脱贫系统有序、稳定运转的因素较多，其中突出表现为资金、土地及技术对易地搬迁脱贫的支撑力度不够。

加大易地搬迁脱贫的资金支撑力度。精准扶贫、脱贫攻坚阶段，易地搬迁脱贫的资源主要来源于中央预算内投资、地方政府债务资金、专项建设资金、低成本长期信贷资金、搬迁贫困户自筹资金和地方自筹及整合其他资金[①]，其中搬迁贫苦户自筹资金不具有强制性，且不可因自筹资金过多而加大脱贫难度[②]。这些资金主要用于贫困人口搬迁后的住房及配套基础设施建设、基本公共服务设施建设、迁出地的后续生态修复，注重保障他们的基本生活，而对他们搬迁后从事生产的支撑力度明显不够。这是造成部分贫困人口返迁的一个重要原因。因此，加大易地搬迁脱贫的资金支撑力度，关键在于合理分配有限的资金，加大对贫困人口搬迁后发展生产的资金支撑力度。

加大易地搬迁脱贫的用地支撑力度。易地搬迁脱贫，除了需要大量的资金支撑外，迁入地还要有足量且适宜的土地来安置贫困人口和让他们从事生产。第一，新增建设用地计划指标优先保障迁入地的住房及配套基础设施建设和基本公共服务设施建设的用地需求。第二，迁入地加强土地整

---

① 国家发展改革委：《全国“十三五”易地扶贫搬迁规划》，详见 http：//www. ndrc. gov. cn/zcfb/zcfbghwb/201610/W020161031520838587005. pdf，2016－09－20。

② 国家发展改革委地区经济司：《“十三五”易地扶贫搬迁工作政策指引（第1、2、3期）》，详见 http：//www. sxsfpb. gov. cn/shsy/jykj/20160314/15255834a2dc. html，2016－03－14。

治，对未利用、低效利用和不合理利用的土地进行开发利用，补充土地数量，提高土地质量，以满足贫困人口的建设用地和从事生产的土地需求。第三，利用城乡建设用地增减挂钩政策支持易地搬迁，具体为：国土资源部在分派全国增减挂钩指标时，向易地搬迁任务重、难度大的省份倾斜；省级国土资源部门在分配增减挂钩指标时，重点支持实施易地搬迁脱贫工程的市、县；市、县级国土资源部门在安排增减挂钩指标时，优先考虑易地搬迁脱贫工程。

加大易地搬迁脱贫的技术支撑力度。对立足迁入地资源自行从事生产的贫困人口，迁入地要加强对他们面对面、手把手的生产技能培训，确保生产技术精准到户、精确到人。对在迁入地范围内就业或与新型农业经营主体合作发展产业的贫困人口，相关用人单位要适时地对他们进行岗前培训、岗中培训，使他们切实掌握相应的产业生产技能。对愿意输出劳务的贫困人口，迁入地要统筹安排各类培训资源，因人而异地进行定向式、订单式培训，确保他们至少掌握一项就业技能。

（三）多部门协同推进易地搬迁脱贫

易地搬迁脱贫是一项复杂、艰巨且紧迫的系统性工程，涉及政治、经济、社会、生态、文化等多个方面，且每个方面都要注重，不可偏废。如某一方面处理欠妥当，则可能影响整个易地搬迁脱贫系统的有序运转。而协同强调系统性，要求全面而不是片面、系统而不是零散、普遍联系而不是单一地认识事物。因此，要加强易地搬迁脱贫的协同力度，全面、系统地处理好易地搬迁脱贫涉及的方方面面的事项，而不是只见树木不见森林，只顾局部不顾整体。

易地搬迁脱贫的复杂性、艰巨性与紧迫性，决定了这项系统性工程单靠某个部门或三五个部门根本难以完成。所以，要多部门协同，互相配合、相互促进地推动易地搬迁脱贫。加强易地搬迁脱贫的协同力度，核心在于加强贫困人口迁出地与迁入地内的与易地搬迁脱贫相关的各部门的协同力度。第一，国土资源部门为易地搬迁提供基本的用地支撑，住建、水电、卫生、教育等部门安排好住房、配套的生活基础设施及基本公共服务，保障贫困人口顺利从迁出地搬出。第二，扶贫、教育、农业、旅游等部门安排好贫困人口迁出后的脱贫发展相关事宜，保证他们换穷业、拔穷根，司法部门保障贫困人口在产业发展中的相关利益。第三，林业、国土资源、环保等部门做好迁出地的后续土地治理、生态修复与保护工作。由此，贫困人口迁出地与迁入地的多个部门分工协作、凝聚合力、协同推进易地搬迁脱贫。

第七章　精准扶贫、脱贫攻坚中的生态减贫

在人类社会21世纪的发展中，反贫困与生态环境保护已成为全世界关注的焦点和人类可持续发展的重要内容。在实践中，两者时常表现为紧密关联、不可分离，这在学界和政府层面已形成了广泛共识。党的十八大以来，绿色发展和走生态文明之路已是中国经济社会发展的基本取向，同时，这一时期中国超过90%的贫困人口和大多数贫困地区分布在生态环境脆弱、敏感和重点保护的地区，这就要求在精准扶贫、脱贫攻坚阶段走生态减贫的道路，在生态保护中实现脱贫发展，在脱贫发展中保护好生态。

一、生态减贫的模型阐释

自精准扶贫战略实施以来，相关学者从不同研究视角提出了生态减贫的概念，并分析了其内涵。李广义认为，生态扶贫是从改变贫困地区的生态环境入手，加强基础设施建设，从而改变贫困地区的生产生活环境，使贫困地区实现可持续发展的一种新的扶贫方式①。刘慧等学者在对中国西部地区生态扶贫进行研究后得出，生态扶贫要坚持生态建设与扶贫开发同步进行，生态恢复与脱贫致富相互协调②。莫光辉和张菁的研究则指出，绿色减贫包括实现绿色发展、适应生态发展需求、促进人与自然和谐发展三层含义③。

① 李广义：《桂西石漠化地区生态扶贫的应对之策研究》，《广西社会科学》，2012年第9期。

② 刘慧、叶尔肯·吾扎提：《中国西部地区生态扶贫策略研究》，《中国人口·资源与环境》，2013年第10期。

③ 莫光辉、张菁：《绿色减贫：脱贫攻坚战的生态精准扶贫策略——精准扶贫绩效提升机制系列研究之六》，《广西社会科学》，2017年第1期。

尽管各类研究文献在不断发展着生态减贫的概念，丰富和充实着生态减贫的内涵，但其根本要义并未发生实质性的改变。结合相关学者的研究成果，本研究提出一个生态减贫的“隧道效应”模型，如图 7－1 所示，用以阐述生态减贫的基本内涵。图 7－1 中横轴 x 轴为经济社会发展水平，由左向右表示贫困地区经济社会发展水平越来越高；纵轴 y 轴为生态环境破坏程度，自下而上表示贫困地区生态环境破坏程度越来越严重。

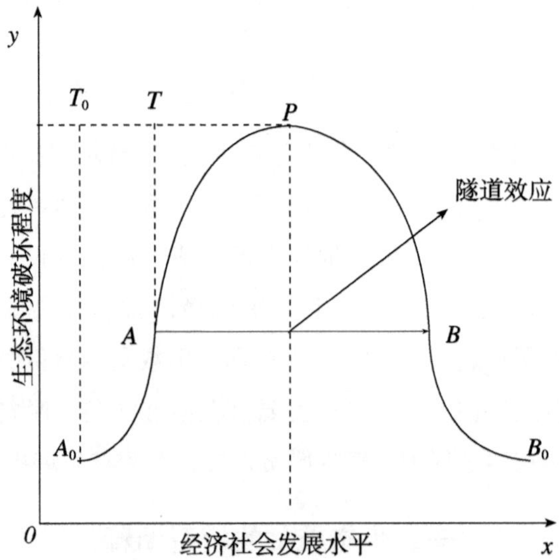

图 7－1　生态减贫的“隧道效应”模型

曲线 A_0ATT_0 所包纳的区域为贫困与生态环境互为因果的“诅咒式”贫困陷阱。一方面，经济较为落后的地区，生产力水平较低，生产方式较为落后，导致他们对自然资源的开发非常粗放，直接结果是造成了极为恶劣的生态环境问题，使得生态环境越来越脆弱；另一方面，生态环境脆弱地区的突出特征是自然灾害（如地震、泥石流、干旱等）频发、水土流失严重、可利用土地及水资源匮乏，再加上糟糕的生产条件、生产技术含量低和粗放的生产方式，使得这些地区经济不发达，当地居民产出水平不高，表明脆弱的生态环境致使贫困问题更加恶化。

曲线 A_0PB_0 为环境库兹涅茨曲线，强调经济发展水平与生态环境破坏程度呈倒 U 形关系。一个地区经济社会发展水平较低时，生态环境破坏程度较轻，随着经济发展水平的不断提高，破坏程度也会不断加重；当经济社会发展达到一定水平后，也就是说达到一个临界点后（如图7－1中P点所示），随着发展水平的进一步提升，生态环境的破坏程度会趋于下降。

生态减贫的“隧道效应”是指在贫困地区经济社会发展的前期，随着经济发展水平的逐渐提高，生态环境破坏程度也会逐渐增加，直至达到生态环境可承载能力的临界点（如图7－1中A点所示）。在这个状态点，如果继续以往的发展方式，贫困地区既可能陷入贫困陷阱，也可能落入环境库兹涅茨曲线所示的发展轨迹。所以，合理的发展方式是，在生态环境破坏程度达到其可承载能力的临界点之时或之前，要通过技术创新、设计合理的制度等来转变发展方式，使之不突破临界点，这不仅可以保证经济社会发展水平继续提升，还能把发展所造成的破坏控制在生态环境的可承载能力之内。这种发展方式就相当于把环境库兹涅茨曲线A_0PB_0比作一座“山峰”，为了避免贫困地区陷入贫困陷阱或走上代价过重的先污染后治理的发展道路，以生态环境可承载能力为界限，在这座“山峰”中开辟出一条“隧道”（如图7－1中AB所示），使贫困地区沿着A_0ABB_0曲线轨迹（如图7－1中实线所示）或在它所包纳的范围内发展，产生“隧道效应”。其实质是既不能让贫困地区与贫困人口陷入贫困陷阱不能自拔而难以脱贫，也不能让贫困地区以牺牲生态环境为代价，走先污染后治理的代价过重的发展道路，而是要在贫困地区生态环境可承载能力范围内，使得贫困地区经济社会发展水平不断提高，同时贫困人口收入持续增加，实现脱贫致富，进而产生良好的经济效应、社会效应与生态效应。

二、生态减贫的主要内容

生态减贫“隧道效应”体现了贫困地区发展过程中经济效应、社会效应和生态效应三者的共赢。为了达成这种共赢，贫困地区首先要立足生态资源，以生态工程项目为载体，维护生态健康，进而在此基础上，持续开发利用生态资源，发展生态产业，推行生态消费，推动贫困地区持续发展和贫困人口脱贫致富。

（一）维护生态健康减贫

从生态减贫“隧道效应”的内涵看，维护生态健康减贫是指贫困地区要把生态环境破坏程度控制在可承载能力范围之内，这除了可以保护生物多样性，维持生态系统良性运转，维护国家生态屏障安全外，还可以给贫困人口提供一定的增产增收机会，便于他们脱贫发展。

维护生态健康减贫的一个重要方面是要维护贫困地区生态健康。精准扶贫、脱贫攻坚阶段，中国贫困地区与重点生态功能区、生态脆弱区高度重叠，其中，有相当一部分地区的生态环境破坏程度已越过了可承载能力的界限。维护贫困地区生态健康的着力点在于实施生态工程。一方面，在重点生态功能区实施修复与保护工程。对贫困地区禁止开发的重点生态功能区，如国家级自然保护区、国家级风景名胜区、国家森林公园、国家地质公园、国家湿地公园、世界文化自然遗产等进行生态修复与保护；对贫困地区限制开发的重点生态功能区，坚持保护优先、适度开发的原则，通过实施水土保持、牧地复垦等工程，对其进行生态修复和保护，并依据生态环境可承受能力，因地制宜地发展生态产业。另一方面，在生态脆弱区实施生态建设工程。在贫困地区实施天然林资源保护工程建设，优先安排贫困地区三北（西北、华北、东北）、长江、珠江、太行山等防护林体系建设，加大森林修复与经营力度，不断提升森林覆盖率和草原综合植被覆盖度；在燕山—太行山区、吕梁山区等贫困地区实施风沙治理，不断改善居于此地的贫困农牧民的生产生活条件，构建起京津及周边地区的绿色生态屏障；在武陵山区、滇西边境山区、滇桂黔石漠化区、乌蒙山区等贫困地区实施石漠化治理，恢复林地、草地等多种植被，改善农牧业生产条件；扩大三江源地区生态工程建设面积，加强草原、森林、湿地和湖泊生态系统保护与建设，遏制生态退化趋势。此外，在陕甘宁、云贵、川藏、内蒙古、青海等地的贫困地区实施退牧还草工程，在六盘山区、吕梁山区、滇西边境山区、乌蒙山区等贫困地区实施水土资源保持工程等，也是贫困地区维护生态健康的重要内容。

维护生态健康减贫的另一个重要方面是要通过维护贫困地区生态健康来提升贫困人口收入水平，让他们实现脱贫。环保部门、扶贫部门等相关单位在安排生态保护与建设工程资金时向贫困地区倾斜，贫困地区再结合实情利用这部分资金使当地有劳动能力的部分贫困人口转为生态建设人员或生态保护人员，从而增加他们的收入。另外，随着重点生态功能区转移支付补助制度及重点生态工程补偿制度的不断健全、以资金补偿为主要内容的横向生态保护补偿试点范围的不断拓展和生态服务消费市场补偿制度的不断完善，贫困人口作为保护生态的重要主体，可借此增加收入水平。

（二）发展生态产业减贫

维护生态健康是贫困地区生态减贫的前提，可以保障生态效应的实现，而要让贫困地区实现生态减贫的“隧道效应”，促进贫困地区经济社会发展和贫困人口脱贫致富，还要积极发展生态产业，因为这是增加贫困地区经济总量、增强贫困人口发展能力、提升贫困人口收入水平的主要渠道。

生态产业是指以生态系统承载能力为前提，以环境友好为基础，以三大产业为支撑，按生态经济原理和规律组织起来的具有良好生态功能的产业，强调资源的高效利用，谋求废水、废气、固体废弃物向生态系统的零排放或者将废物排放控制在生态系统的自我修复能力之内。

一是贫困地区积极发展生态农业减贫。生态农业包括生态种植业、生态林业、生态牧业、生态渔业等，具有入行简便、资源利用率高、废物排放少、产出率高等特点，是一种具有良好经济、生态效益的产业，非常适合贫困地区发展。在贫困地区发展生态农业的过程中，要注重从源头上控制农药、化肥的使用，从而有效保护农田、林地、牧地、渔场的生态环境。进一步地，以贫困地区生态农业的农、林、牧、渔业各子产业为基础，积极打造农林业、农渔业、林牧业融合体系，提高资源利用效率，降低废物、废气排放，形成“低耗、低污、低排”的融合型生态农业。鉴于贫困农户农业生产的分散化，生产经营规模小且生产过程中资源利用率低，要发挥农民合作社、农业产业化龙头企业等新型农业经营主体的带动作用，利用他们集约化、规模化经营的优势，发展资源循环利用，污染物排放少的生态农业，由此带动贫困人口增产增收。

二是贫困地区积极发展生态工业减贫。一方面，立足生态农业，在农产品加工企业、农业产业园等单位的带动下，在贫困地区重点发展“低耗、低污、低排”且对贫困人口带动能力强的生态农产品加工业，延长产业链，提高生态农产品的经济附加值，进而提升贫困人口的收入水平。另一方面，贫困地区及其周边地区在采矿业、建筑业、制造业等工业发展过程中，以“增效、降耗、节能、减污”为目标，从源头上控制资源消耗量大、环境污染重的工艺、技术、设备的使用，坚决淘汰落后产能和无效产能，并将清洁工艺作为工业生产的中心环节在生产中推行，提高资源利用率，保证生产过程中的污染物达标排放。同时，加强对废水、废气、废物的处理与循环利用，使之变废为宝。此外，鼓励、支持与引导这些行业广泛吸纳贫困人口就业。

三是贫困地区积极发展生态服务业减贫。以生态农业、生态农产品加工业为依托，重点发展集绿色采购、绿色运输、绿色营销等于一体的贫困人口参与度高的生态服务业。另外，注重生态农产品正向供应链的运输、包装、流通等过程的绿色化和逆向回收链资源的回收、再利用和废物无害化处理，使之形成“资源—产品—再生资源”的闭合、绿色物流模式，提高资源利用率，降低对生态环境的污染。

四是贫困地区积极发展生态旅游业减贫。生态旅游是指以良好的生态环境、独特的人文生态系统为主要景观的旅游。贫困地区发展生态旅游，不仅可以有效解决贫困人口就业问题，促进他们增收，还有利于加强对自然、人文生态的保护，使贫困地区走上经济与生态可持续发展的道路，是发展生态产业减贫的重要形态。具体而言，贫困地区要立足当地生态资源禀赋优势，因地制宜地推出贫困人口参与率高，且具有比较优势的生态旅游产品和服务（如森林旅游、特色民族文化旅游、红色文化旅游、休闲农业等）以吸引市场需求，增加贫困人口收入。

除此之外，对于生活在生态脆弱区、国家禁止或限制开发区的部分贫困人口，可通过易地搬迁至生存条件良好、产业生产资源较为丰富的迁入地，从事农业、工业与服务业等生产来增加收入。甚至，有些有能力的贫困人口在迁入地政府、企业等社会主体的帮扶下，可自行创业增加收入，快速实现脱贫。

（三）推行生态消费减贫

从生态农业、生态工业、生态服务业中直接获取的生态实物产品和洁净的空气、天然的氧环境、充裕的碳储存等生态服务构成了贫困地区生态消费市场。生态消费是生态减贫的重要组成部分，因为只有通过消费，贫困地区生态产品与服务的价值才能反映出来，生态减贫的“隧道效应”才能最终实现。它体现了生态减贫从维护生态健康减贫、发展生态产业减贫到消费生态产品与服务的逐次升级转变，是生态减贫的高级形态。

贫困地区推行生态消费包括生态实物产品消费和生态服务消费两个部分。生态实物产品消费又可细分为两类：一类是贫困人口在生态环境可承载能力范围之内，直接消费从自然资源中获取的薪柴、木材等实物产品和从生态产业中获取的自给自足的生态产品；另一类是贫困人口在从事生态产业的过程中，向消费市场提供的富余的生态产品，借此增加收入，这也是贫困地区发展生态产业的根本出发点。

生态服务消费是指人们对生态环境提供的服务的消费、使用和占用，体现了生态环境的服务价值。在一定的地域空间内，人们总是与一定的生态环境和其所提供的服务紧密相连。但是，不同的地域空间所拥有的生态环境不一样，而不同的生态环境提供不同的生态服务，意味着人们对生态服务的获取与消费存在差异，正是这种差异促使生态服务消费市场产生与发展。贫困地区推行生态服务消费来实现减贫，一方面要利用洁净的水资源、充足的空气负离子资源、宁静的环境等优势生态资源，推行生态旅游服务消费；另一方面要积极在碳交易、水权交易、排污权交易等交易市场上让相应消费地区或单位为所拥有的多余的碳排放权指标、水权指标、排污权指标支付费用。

三、生态减贫的主要模式

中国大部分贫困地区位于生态脆弱区和重点生态功能区，小部分贫困地区分布在生态资源富足区。不同区域拥有的生态资源不一致，贫困人口致贫因素和贫困程度也不一致，为了让他们都实现生态减贫的“隧道效应”，要选择合适的生态减贫模式。

（一）易地搬迁生态减贫模式

中国生态脆弱区一部分位于干旱、地震、泥石流等自然灾害频发地带，恶劣的自然环境严重地限制了多种农作物的生长，使得农业产出率低，且频发易发的自然灾害对农民的农业生产活动、农业基础设施，甚至生命财产安全造成了极大的破坏性影响，使得贫困人口脱贫难度加大。中国还有部分生态脆弱区位于高山、丘陵等地带，耕地数量少，水资源匮乏，资源承载力严重不足，不适宜规模化、集约化经营，且公共基础设施和基本公共服务建设成本高，致使贫困人口生活、生产极为困难。中国重点生态功能区的典型特征是：承担着保护国家生态屏障的重要责任，丧失了一定的发展机会；耕地、牧地等被限制开发，制约着农牧民增产增收；受污水、废气、固体废弃物等排污指标的限制，工业、农产品加工业未能得到充分发展。因此，对位于生态脆弱区和重点生态功能区的贫困人口，为从根本上解决他们的贫困问题且不对生态环境造成破坏，较为合理的方式是通过易地搬迁实施生态减贫。其基本原则是群众自愿，应搬尽搬；基本思路是贫困人口迁出地做好易地搬迁的前期宣传与引导工作，并在贫困人口迁出后，及时对迁出地进行土地整治与生态修复，贫困人口迁入地统筹安排好贫困人口迁出后的住房、生活基础设施、基本公共服务、后续脱贫产业发展等各类事宜，由此实现贫困人口挪穷窝、换穷业、拔穷根，产生生态减贫的“隧道效应”。

（二）就地发展生态减贫模式

就地发展践行生态减贫是指贫困地区立足生态资源发展生态产业，或依托生态工程发展生态产业实现脱贫发展。这种模式较适合于居于生态资源富足区的贫困人口和因民族文化、语言障碍等原因而不愿易地搬迁的居于生态脆弱区、重点生态功能区的少部分贫困人口。

对位于生态资源富足区的贫困人口，要结合地区生态资源特点，遵循“宜生态农业则生态农业、宜生态林业则生态林业、宜生态牧业则生态牧业、宜生态旅游业则生态旅游业”的生态产业精准选择思路，发展适合自身需求的生态产业。坚持市场导向原则，以成本－收益分析作为生态产业进入或退出市场的根本准则，着重发展具有市场需求的生态产业。进一步地，积极拓展生态产业链，发展生态农产品加工业和服务业，提升产品经济附加值。另外，还要积极打造特色生态产品品牌，特别是原产地认证、生态产品认证、生态产品质量安全体系，在消费市场形成品牌效应，拓展生态产品的市场范围，促进贫困人口收入持续增长。

对位于生态脆弱区、重点生态功能区的少部分不愿易地搬迁的贫困人口，可通过生态工程与生态产业耦合的方式实施生态减贫。耦合是一个物理词汇，是指两个或两个以上的孤立物体通过各种相互作用而彼此影响的现象。生态工程和生态产业正是这样两个相互独立又互相影响的概念，促进二者耦合，既能充分发挥生态工程的生态效益，又能有效发挥生态产业的经济效益和社会效益，进而实现生态减贫的“隧道效应”。结合国家森林公园、国家湿地公园、世界文化自然遗产等重点生态功能区修复与保护工程，着重发展森林旅游、特色文化旅游、公园旅游等生态旅游业。结合退耕还林工程，发展兼具生态效益和经济效益的林产业，包括特色林果、木本油料、花卉种植等，同时依托这些生态林产品，打造一批生态林业基地。在此基础上，依据生态系统可承载能力，有序发展林果产品加工、油料加工、竹藤编织等加工业，延长产业链，提升生态林产品的经济价值。结合退人还湖工程，加强池塘、湖泊标准化改造，积极推进种植业、养殖业融合，大力发展废物排放少、经济效益好的生态型养殖业。另外，可以结合退牧还草工程、撂荒土地治理工程等其他生态工程发展相应的生态产业。除此之外，贫困人口还可参与重点生态功能区的生态修复与保护工程、生态脆弱区的生态建设工程，借此就业。

（三）区域联动生态减贫模式

联动是指相互关联的两种或多种事物，一方变化或运动时要求其他方也随着变化或运动，强调多方参与，凝聚互动合力，增进利益共赢。精准扶贫、脱贫攻坚阶段，中国 14 个集中连片特困地区中多达 11 个是跨省份的，具体为六盘山片区、秦巴山片区、武陵山片区、乌蒙山片区、滇桂黔石漠化片区、大兴安岭南麓片区、燕山—太行山片区、吕梁山片区、大别山片区、罗霄山片区和滇西边境片区。以六盘山片区为例，它跨越陕西、甘肃、宁夏、青海4个省级行政区。所以，为了产生生态减贫的“隧道效应”，需要构建片区内的跨省联动模式，使各相关省份以片区为核心，形成一个有机联系、紧密协作的整体。第一，各相关省份以片区生态保护、脱贫发展为核心，实现交通、电信、网络等基础设施互联互通，促进与生态减贫相关的人力资本、技术、信息等生产要素自由流动。第二，构建生态产业的跨省分工协作体系，让片区内各相关省份的贫困人口都能融入生态产业的发展过程中，并从中受益。第三，鼓励、支持与引导片区内易地搬迁贫困人口跨省流动与输出劳务。第四，充分借鉴、学习片区内各相关省份生态减贫的先进制度与经验，如治理污水废气、处理固体废弃物、发展生态产业等。

四、生态减贫的保障措施

精准扶贫、脱贫攻坚阶段，中国贫困地区既不能沿着环境库兹涅茨曲线所示的轨迹发展，也不能陷入贫困陷阱，而是要在保护好生态环境的同时夯实贫困地区经济基础，促使贫困人口脱贫发展，让他们走上可持续发展的道路，产生生态减贫的“隧道效应”。这除了要因地制宜、因人而异地选择合适的生态减贫模式外，还要依据贫困地区、贫困人口的实情和生态减贫的特点，提供相应的资金、技术及制度支撑。

（一）强化生态减贫的资金支持

贫困地区实施生态减贫，不管是就地发展生态产业模式，还是易地搬迁模式，都需要大量的资金投入。强化生态减贫的资金支持，关键在于强化财政、金融对生态减贫的支持。

强化财政对生态减贫的支持。每年单独安排相应的生态减贫资金支出，列入经常性项目预算，并依据财政收入增长幅度保持一定的增长比例。加大财政专项扶贫资金用于贫困地区发展生态农业、林业经济、生态旅游业等生态产业的比重，会同农业部、林业部、旅游局等相关部门，科学规划，合理布局，提高用于发展生态产业的财政专项扶贫资金的投入产出比。

强化金融对生态减贫的支持。贫困地区就地发展生态产业除了需要购买较为先进的生产设备外，还要加强交通、电信等基础设施建设，拓展生态产品的销售渠道和为广大消费者来贫困地区进行生态服务消费提供便利，这些都需要大量的资金投入。但是，与发达地区相比，贫困地区金融市场发展还非常不健全。资金需求与供给的严重不匹配，直接限制了贫困地区生态产业的发展。金融机构要积极对接贫困地区贫困人口、新型农业经营主体等从事生态产业的经济体的金融需求，并不断创新符合他们需求的金融产品与服务。加大对在贫困地区发展生态产业、吸纳贫困人口就业的生态农产品加工业、农村电商等经济体的金融支持力度，如利率优惠、贷款贴息等。鉴于从事生态产业具有投资周期长、见效慢等经营风险，要支持与引导各类保险机构在贫困地区开展生态产品与服务保险、价格保险等项目，为贫困人口增产增收提供相应保障。

另外，整合贫困地区社会保障资金、劳动力培训资金等各类涉农资金，统筹管理、合理配置，将它们更多地投入生态减贫中。用于贫困人口从生态脆弱区、重点生态功能区易地搬迁的财政、信贷及其他资金，要在生活安置与发展生产二者之间合理配置，更加注重贫困人口搬迁后的生产资金需求，避免他们搬迁后陷入贫困陷阱。

（二） 加大生态减贫的科技投入

加大生态减贫的科技投入的一个重要方面是提升生态产业的科技含量。生态产业区别于传统产业的显著特征之一是它具有一定的科技含量，也正是因为这一点，才能有效防止贫困地区落入环境库兹涅茨曲线的发展轨迹。因此，提升生态产业的科技含量，要围绕生态牧业、生态养殖业等生态农业，继续推广资源循环利用技术、产业内部融合技术的运用，提高资源利用率；要适时淘汰生态工业、生态服务业中的落后技术，积极引进相应的适用先进技术，促使贫困地区生态产业向“微笑曲线”的中高端发展，提升生态产品与服务的经济附加值。除此之外，还要及时收集生态产业发展过程中遇到的关键技术难题，交付大学及科研院所，集中优势科研力量进行技术攻关。

加大生态减贫的科技投入的另一个重要方面是加大对贫困人口的技能培训。贫困人口收入低的一个重要原因是产业生产技能不足。鼓励与支持科技工作者积极参与贫困地区生态减贫工作，建立一批科技服务型专家队伍和生态减贫技术咨询与服务机构，针对贫困人口的需求，进行手把手、面对面的生态产业生产技能服务，确保技术精准到户、精确到人。贫困地区各类新型农业经营主体在帮扶贫困人口脱贫发展的过程中，要以贫困人口可接受为前提，加强适用生态产业生产技术的推广与运用。对于易地搬迁实施生态减贫的贫困人口，贫困人口迁入地政府及相关用人单位要及时对贫困人口进行产业生产技能培训，使得他们搬迁后切实掌握一定的产业生产技能，能自行从事生产或通过就业、输出劳务实现脱贫。此外，高等教育、中等职业教育要面向贫困地区适当扩大招生，并减免一定额度的学费，为他们培养中高级人才，为生态减贫培养“后备军”。

（三）完善生态减贫的制度保障

生态减贫的最终目的是要实现“隧道效应”，在生态环境可承载能力之内促进贫困地区发展和贫困人口脱贫致富，进而使他们走上可持续发展道路。合理的制度设计是实现此目的的关键环节。

一方面，完善贫困地区的产业准入负面清单制度。负面清单制度以清单形式明确列出贫困地区限制和禁止投资经营的产业，而清单之外的产业则可依据相关法律或规定进入。以环境质量底线、资源利用上线和生态保护红线为准则，科学制定贫困地区的产业准入负面清单制度，严格产业准入，防止污染向贫困地区转移。而后，贫困地区将生态优势转化为经济优势，依据当地生态资源状况，因地制宜地发展不在负面清单之列的生态农业、生态农产品加工业、生态旅游业等产业。同时，加强源头预防与保护，积极运用清洁工艺与技术，防止这些产业在发展过程中污染环境，破坏贫困地区生态。产后加强对废物的处理与循环利用，使得它们可以达标排放。

另一方面，完善生态补偿制度。生态补偿制度以生态保护成本、生态系统服务价值和发展机会成本为基础，采取市场和政府调控手段，调节生态保护利益相关者之间的利益关系。完善生态补偿制度，是解决贫困人口因保护生态而收入低下的问题的重要途径，是促进经济与生态协调发展的重要方式。完善转移支付补助制度，对位于重点生态功能区的贫困市、县，逐步提高转移支付水平。根据贫困地区重点生态工程，完善森林补偿标准动态调整制度、草原生态保护补助奖励制度、湿地生态效益补偿制度、水土保持生态效益补偿制度、耕地保护补偿制度等，让贫困人口从中受益。结合贫困地区实情，健全以地方补偿为主、中央财政给予必要支持的横向生态保护补偿制度。长江、黄河、珠江等重要流域上游地带贫困地区较为集中，要积极开展横向生态保护补偿试点，鼓励与引导流域下游与上游、受益地区与保护生态地区通过科技支撑、对口帮扶、资金补偿等多种方式建立横向补偿关系。探索建立市场化补偿制度，贫困地区通过市场交易的方式向需要碳排放权指标、排污权指标、水权指标的地区出售这些指标，进而实现贫困地区生态资源的价值补偿。完善生态公益岗位制度，贫困地区以生态保护与建设工程为契机，使当地有劳动能力的部分贫困人口转为生态管护人员，进而实现就业。

第八章　精准扶贫、脱贫攻坚中的社会保障兜底扶贫

精准扶贫、脱贫攻坚的又一个极其重要的内容是社会保障兜底扶贫。改革开放以来，中国反贫困、扶贫开发取得巨大成就，农村贫困率大幅下降，但仍然存在相当数量的农村贫困人口。在精准扶贫、脱贫攻坚的新阶段，这些农村贫困人口脱贫攻坚的条件最差、底子最薄、难度最大。确保这部分人口如期脱贫的重要方面，就是要充分发挥社会保障作为最后一张“安全网”在脱贫攻坚中的兜底作用。社会保障兜底扶贫通过最低生活保障、养老保险和医疗保险等主要形式来扶持、安置、救济和帮助贫困人口，促使贫困人口如期顺利脱贫。在精准扶贫、脱贫攻坚中发挥社会保障兜底扶贫作用对确保贫困人口到2020年如期脱贫和全面建成小康社会的意义重大。

一、社会保障兜底扶贫的作用机理

十八大以来，社会保障制度与农村扶贫开发之间的契合度不断深化，逐步实现了有效的整合联动。社会保障作为扶贫开发的延伸和完善填补了贫困治理模式的政策空白，而扶贫开发则巩固了社会保障成果，两项制度有效衔接联动形成合力，促进了贫困地区和贫困人口的脱贫致富和持续稳定发展。

（一） 社会保障兜底扶贫的逻辑体系

邓小平曾指出："社会主义的目的就是要全国人民共同富裕，不是两极分化。如果我们的政策导致两极分化，我们就失败了。"① 共同富裕是社会主义的根本原则，符合以人为本的内在要求。农村贫困地区扶贫开发与社会保障的目标在一定程度上具有一致性，都是为了保障贫困人口基本生活，进而促使贫困人口获得发展能力，逐步实现共同富裕。现阶段的农村社会保障已经发展成为以人的生存权为核心理念的一种现代社会制度。在一定意义上，社会保障是一种有效扶贫方式，反贫困则是社会保障的目标，即政府通过农村贫困地区社会保障，打破贫困的恶性循环，缓解和消除贫困。

基于社会保障体系构成的角度，参与贫困地区社会保障兜底扶贫的主体包括政府部门、贫困人口和社会组织等。其中政府部门和社会组织在社会保障兜底扶贫是参与主体，而贫困人口则是客体对象。社会保障的公共产品性质决定政府部门承担主要责任，发挥主导作用。政府部门主导并参与其中的目的在于通过社会保障兜底扶贫机制，保障贫困人口基本生活需求，维护社会稳定，尽快实现脱贫致富。社会组织通过社会保障积极参与精准扶贫是其主动承担社会责任的具体体现。贫困人口作为客体对象参与其中的利益诉求在于遭遇生存与生活风险时，能够获得物质帮助，使得自身生活有所保障。

贫困地区社会保障兜底扶贫是开放动态的系统。以政府部门为主的参与主体通过加强社会保障与扶贫开发的衔接整合，从多渠道筹集贫困地区社会保障兜底扶贫所需资金，并精准识别贫困地区社会保障对象，利用社会救助、社会保险和社会福利三大制度，以不同路径和不同方式向贫困人口或贫困家庭提供现金、实物或服务等援助，帮助贫困地区社会保障对象摆脱贫困，提升贫困人口和贫困家庭的生存发展能力。在这一过程中，动态监督管理不断反馈变化的社会保障兜底扶贫状况，并进行调整，确保贫困地区社会保障兜底扶贫作用得到充分发挥，如图 8 – 1 所示。

---

① 中共中央文献编辑委员会：《邓小平文选》（卷三），人民出版社 1993 年版，第 110 ~ 111 页。

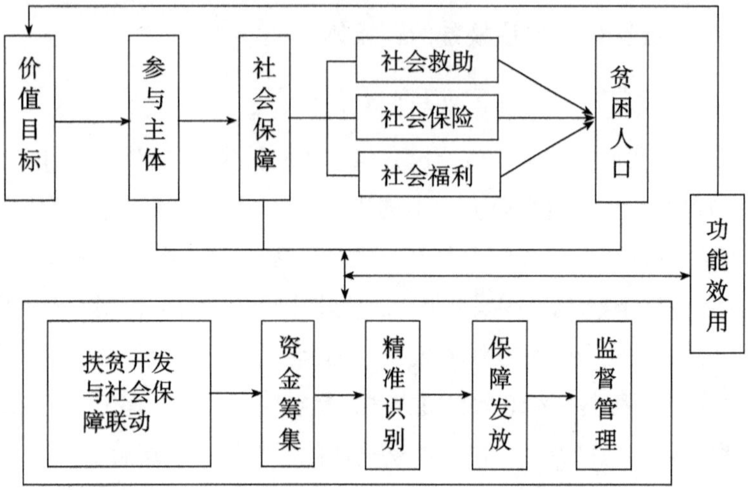

图 8－1　贫困地区社会保障兜底扶贫的作用机理

（二）社会保障兜底扶贫的组织运作

社会保障兜底扶贫的组织运作主要包括资金筹集、精准识别、保障发放、监督管理等环节，需要扶贫部门与社保部门联动协调合作。

第一，资金筹集。资金是贫困地区社会保障发挥兜底扶贫作用的重要基础。若是没有充足的资金保障，社会保障就难以发挥大范围、广覆盖的兜底扶贫作用。决定贫困地区社会保障资金筹集水平的最根本因素是经济发展程度。经济发展程度直接决定国内生产总值、财政收入、企业和居民收入水平，进一步决定社会保障资金的供给水平。贫困地区社会救助中最低生活保障制度、医疗救助等所需资金主要来自于政府财政拨款，贫困地区社会保险资金主要来自个人缴费、集体补助与政府补贴，养老保险采取社会统筹与个人账户结合的措施。贫困地区社会福利资金主要来源于政府财政拨款、社会捐助、慈善救济和福利彩票款项。筹集社会保障资金，最根本的是促进经济发展，将蛋糕做大，同时，应通过全方位、多渠道筹集贫困地区社会保障资金，提高贫困人口的社会保障水平。

第二，精准识别。精准识别贫困人口是发挥社会保障兜底扶贫作用的重要基础。通过实现扶贫开发部门与社会保障部门信息共享，严格按照国家规定的识别标准，通过到村到户有效排查、建档立卡等有效方式，统一精准扶贫识别对象与社会保障对象，实现资源合理公平分配，增强制度实践的正向激励。

第三，保障发放。贫困地区社会保障主要通过提供现金、实物或服务为社保对象提供援助。不同社会保障形式采用不同援助方式。最低生活保障是采用现金发放方式，新型农村合作医疗保险则是医疗费用补助和补偿形式。新型农村养老保险则是在进入规定保险年龄后以现金形式发放，某些社会福利则采取实物形式发放。社会保障主要是由社保局或民政部门负责发放，坚持的基本要求是确保每一分钱及时足额发放到保障对象手中。

第四，监督管理。监督管理是贫困地区社会保障兜底扶贫作用充分发挥的重要保障。确保贫困人口在管理机制内实现动态调整，及时将符合条件的贫困人口纳入社会保障体系，让不符合标准的退出保障体系，提高资源利用效率，同时，杜绝“人情户”“关系户”挤占名额现象。坚持公开透明，实现行政监督、审计监督、社会监督等监督方式的有机结合，并做到制度化、经常化，定期或不定期跟踪检查工作进展，保证专款专用，防止资金被挪用等贪污腐败行为发生，促进贫困地区社会保障兜底扶贫作用有效发挥。

（三）社会保障兜底扶贫的功能效用

随着中国社会保障制度不断完善与发展，农村社会保障在缓解和消除贫困中发挥的作用越来越大。加强扶贫开发与贫困地区农村社会保障制度的有效衔接，发挥社会保障兜底扶贫功能，对于解决贫困人口最基本、最直接、最现实的生存利益问题，缩小不同区域收入差距，促进经济社会全面协调可持续发展有着不可代替的作用。

第一，贫困地区社会保障是保障贫困人口基本生活的“安全网”。贫困问题在很大程度上是权利贫困。强化贫困人口权利平等和保障贫困人口权利实现是治理和消除贫困的治本之道。农村贫困地区贫困人口应像城市居民一样享有在遭遇风险时获得物质帮助的权利。农村社会保障制度的健全和完善是对精准扶贫工作的补充和完善，为农村贫困人口基本生活保障建立了“安全网”。贫困地区健全完善的社会保障制度，通过互助共济和分散风险机制为贫困人口提供生存和生活保障，提高贫困人口生存发展能力，为摆脱贫困和降低返贫概率提供了基础支撑。

第二，贫困地区社会保障是促进贫困地区经济发展的“助推器”。贫困地区社会保障发展应根据其经济社会发展的承受力来推进，在不损害经济发展的基础上，提高农村贫困人口的社会保障水平，在保障其基本生存权益的基础上，增强贫困人口的发展能力。一方面，将更多资金投入人力资源开发上，增加贫困人口人力资本投资收益，加快脱贫致富的步伐，最终形成贫困地区人力资源质量持续提高长效机制。另一方面，贫困地区农村社会保障制度为贫困人口的生老病死、衣食住行和子女教育等方面提供基本保障，减轻贫困人口负担，稳定贫困人口预期，可以在一定程度上释放消费力，扩大贫困地区需求，促进贫困地区经济发展。

第三，贫困地区社会保障是维护贫困地区社会运行的“稳定器”。市场机制突出个人能力，强调个人竞争，社会财富积累根本动力来源于社会成员的努力奋斗，但农村贫困人口由于健康状况差、文化水平低、市场参与意识弱，导致在市场竞争中容易被淘汰，或无力参与市场竞争，处于明显的劣势地位，其基本生计依靠自身能力难以得到满足时，必然会影响社会稳定和长久发展。贫困地区社会保障运用国家财政资金和社会资金给予贫困人口过渡性经济补偿，保障贫困人口及其家庭的基本生活，实现兜底扶贫，降低潜在的社会风险，维护社会稳定，促进社会文明进步。

第四，贫困地区社会保障是平衡不同区域收入分配的“调节器”。深化改革的过程也是社会利益分配格局急剧变动的过程。市场机制下地区经济发展不会自动消除市场竞争带来的“马太效应”，贫困人口难以共享经济发展成果。若是一味强调效率势必会导致收入差距拉大，社会财富分配不均衡，影响社会公平。贫困地区社会保障是通过对国民收入再分配以达到社会公平目标的一种正式制度安排，以国家税收、社会捐赠、慈善福利等方式将一部分国民收入转移给贫困地区和贫困人口，促进贫困地区和贫困人口加快脱贫步伐。因此，贫困地区社会保障能在一定程度上调节收入分配，缩小收入差距，缓解社会矛盾和促进社会公平。

二、社会保障兜底扶贫的主要内容

2015 年 11 月，中央扶贫工作会议实施“五个一批”工程。其中，针对贫困人口中完全或部分丧失劳动能力的人，由社会保障来实现兜底扶贫。

中国社会保障体系包括社会救助、社会保险、社会福利、优抚安置、慈善事业等。在精准扶贫、脱贫攻坚中实施社会保障兜底，发挥核心作用的三大制度是社会救助、社会保险和社会福利。在中国的贫困地区和农村，社会保障制度发挥着最基础的兜底扶贫作用，其中社会救助制度在精准扶贫中发挥着最直接的兜底作用，社会保险制度发挥的作用不断扩大，社会福利制度发挥着一定的兜底扶贫作用。

（一）社会保障兜底扶贫中的社会救助

社会救助作为社会保障体系中最后一道“安全网”，主要依靠政府财政来保障贫困人口基本生存和缓解贫困人口贫困程度。贫困地区社会保障兜底扶贫中的社会救助体系主要包括农村贫困地区最低生活保障制度、特困人员救助供养制度、临时救助制度以及医疗救助、教育救助、住房救助等专项社会救助项目。社会救助制度通过国家财政转移支付直接救助贫困人口，满足贫困人口基本生存需求，在贫困地区社会保障体系中的兜底扶贫作用最为突出、最为直接和最为明显。

第一，农村贫困地区最低生活保障制度。最低生活保障制度源于扶危济贫，是缓解与减少贫困的重要手段。农村贫困地区最低生活保障制度对家庭人均收入低于贫困线或是低保线的贫困家庭给予救助，保障其基本生存需要。坚持应保尽保、公平公正、动态管理、统筹兼顾的基本原则，完善最低生活对象认定条件，合理确定农村最低生活保障标准和对象范围，规范最低生活保障审批审核程序，筹集农村最低生活保障资金，健全最低生活保障动态管理和监管机制，加强组织领导，落实管理责任以确保农村最低生活保障制度实施。此外，完善农村最低生活保障与扶贫政策衔接机制，发挥最低生活保障制度基础性兜底扶贫作用。

第二，农村贫困地区特困人员救助供养制度。在农村贫困地区特困人员救助供养制度主要包括农村五保户供养制度和特困户生活救助制度。对农村中无劳动能力、无生活来源、无法定赡养抚养扶养义务人或其法定义务人是无履行能力的老年人、残疾人和未满16岁的未成年人，在吃、穿、住、医、葬、育（未成年人义务教育）方面给予生活照顾和物质帮助，对因大病、重残、缺少劳动能力陷于长年生活困难或暂时最低生活困难的农村贫困人口给予定期、定量的现金、实物和服务救助。这一制度主要是通过集中供养和分散供养形式来实现的，救助供养资金来源主要是国家财政，也包括社会力量捐赠等。

第三，农村贫困地区临时救助制度。农村贫困地区临时救助是对农村遭遇突发事件、意外伤害、重大疾病或其他特殊原因导致基本生活陷入困境，其他社会救助制度暂时无法覆盖或救助之后基本生活暂时仍有严重困难的家庭或个人给予应急性和过渡性救助。临时救助的标准与当地经济社会发展水平相适应，在合理确定临时救助标准基础上，并适时做出调整。政府和社会主要通过发放临时救助金和实物、提供服务的形式来解决贫困家庭或人口突发性、紧迫性和临时性的困难。

第四，农村贫困地区专项社会救助项目。农村贫困地区专项救助项目主要包括医疗救助、教育救助、住房救助等，这类救助项目主要针对农村贫困地区贫困人口或低收入者面临的“因病致贫”“因教致贫”“因住致贫”的消费性贫困而提供的直接现金援助。医疗救助是为了避免贫困人口“因病致贫”和“因病返贫”对贫困人口在患病就医所需费用上给予补助。教育救助是为了避免贫困家庭因子女教育支出而陷入绝对贫困，给予贫困家庭子女在受教育过程中提供学费减免或补助。住房补助是为了避免贫困家庭因无力负担住房保障费用而陷入居无定所的情况，由政府财政提供给贫困人口的住房补助金，保障贫困人口住有所居。①

（二）社会保障兜底扶贫中的社会保险

社会保险处于社会保障体系的中间层次，具有责任分担、互助共济等特征，强调权利与义务的统一，在承担相应的交费义务的基础上享受一定的保险待遇。农村贫困地区社会保障兜底扶贫中的社会保险主要包括新型

① 王延中：《中国社会保障发展报告（2017）》，社会科学文献出版社2017年版，第10页。

农村合作医疗制度和新型农村养老保险制度。贫困地区社会保险旨在为贫困人口的一般生活风险如生老病死提供保护，实行权利与义务对等原则，资金主要来源于政府补助和个人交费，其风险调剂、共济互助的特性降低了贫困人口生活风险，保障了贫困人口基本生活。

第一，农村贫困地区新型农村合作医疗制度。新型农村合作医疗制度是由政府组织引导，农民参与，采取个人交费、集体扶持和政府资助的方式筹资，以大病统筹为主的农民医疗互助共济制度，有效解决农村“因病致贫”“因病返贫”以及看病难、看病贵的问题。随着经济社会的发展，新型农村合作医疗筹资标准不断提高，保障绩效不断提升，大病保险政策不断完善，支付方式改革不断深化，异地就医联网结报不断加快。2016 年国务院出台《关于整合城乡居民基本医疗保险制度的意见》开始推进建立统一城乡居民基本医疗保险制度，保障城乡居民公平享有基本医保待遇。医疗保险制度的不断完善和发展可有效减少贫困家庭或贫困人口因患病治疗所带来的经济风险，缓解和减轻贫困家庭和贫困人口的贫困状况。

第二，农村贫困地区新型农村养老保险制度。新型农村养老保险制度是解决贫困地区农村老年贫困问题的重要手段。贫困地区新型农村养老保险制度在精准扶贫、脱贫攻坚中的基本目标是为农村老年人提供制度化的基本生活保障，积极预防和减缓老年贫困。2009 年国务院发布《关于开展新型农村社会养老保险试点的指导意见》，正式开启了全国新型农村社会养老保险试点工作。新型农村社会养老保险制度采取个人交费、集体补助、政府补贴相结合的筹资方式和基础养老金与个人账户有机结合的基本模式，与农村家庭养老、土地养老、社区养老等养老方式相结合，保障贫困地区老年人基本生活。2014 年国务院印发《关于建立统一的城乡居民基本养老保险制度的意见》提出全面建成公平、统一、规范的城乡居民养老保险制度的目标，不断推进统筹城乡居民养老保险，提高农村社会养老保险的统筹层次，完善农村居民养老金待遇调整机制，更好地发挥农村养老保险制度在脱贫攻坚中兜底扶贫的作用。

（三）社会保障兜底扶贫中的社会福利

社会福利是政府和社会向老年人、残疾人、妇女儿童等人群提供福利津贴、实物供给和社会服务，满足其生活需求并提高其生活质量。农村贫困地区社会保障中的社会福利制度是通过现金、实物或服务等方面的供给提高和改善贫困人口的生活质量，提升贫困家庭或人口的发展能力。社会福利的主要资金来源是政府拨款和社会捐助，通过转移支付的方式，实现社会资源再分配，其覆盖范围、保障力度等方面与社会救助和社会保险存在差距，因此其兜底扶贫效果有待提高。贫困地区社会福利制度主要包括老年人福利、残疾人福利和妇女儿童福利制度。随着精准扶贫的推进与社会保障制度的完善，应不断扩大社会福利在减贫、脱贫中的兜底扶贫作用。

第一，农村贫困地区老年人福利。老年人是贫困地区贫困人口的重要组成部分。老年人随着年龄不断增大逐渐丧失劳动能力，需要国家、社会、集体和家庭共同负责保障老年人基本生活。国家和社会采取相关措施，不断改善老年人生活、健康以及参与社会发展的条件，增加农村贫困地区养老机构以及敬老院设施的建设投入，通过推进社会福利社会化，引导社会力量提供老年人福利服务，不断扩展农村社会养老福利机构的服务功能，并结合社区老年人福利服务供给和家庭养老模式，完善农村老年人社会服务体系。

第二，农村贫困地区残疾人福利。与其他群体相比，残疾人群体由于受残疾影响、受教育程度偏低、机会不均等因素导致其贫困程度更为严重，贫困发生率更高，对外部因素的依赖性更大。政府进一步采取有效措施，建立和完善残疾人专项社会福利制度，针对农村残疾人群开展农村实用技术培训，扶持农村残疾人就业创业，实施“阳光助残扶贫”项目和“阳光安居工程”，扩大农村残疾人福利范围，进一步提高农村残疾人福利水平。

第三，农村贫困地区妇女儿童福利。国家和社会为了满足妇女、未成年人的特殊需要和维护其特殊利益而提供的照顾和福利服务。农村贫困地区妇女福利主要包括教育、就业、卫生、生育等方面的福利。在精准扶贫过程中，组织妇女接受职业教育和技术培训，为妇女提供平等就业机会，提供医疗卫生和生育服务等，提升其自身发展能力。贫困地区贫困状况严重影响到儿童的发展和未来，为了贫困地区未来的可持续发展，应重视儿童贫困问题。政府关注贫困地区农村留守儿童，加大贫困儿童群体福利资金投入，保障贫困家庭儿童的基本生存条件，满足贫困儿童基本营养需求，为贫困儿童提供医疗卫生福利服务，保障贫困儿童受到抚养和照料，提高贫困儿童教育津贴，确保适龄儿童拥有接受相应教育的权利。

三、社会保障兜底扶贫的制度完善

社会保障是国家进行精准扶贫、脱贫攻坚的重要手段，在保障贫困人口的基本生存和生活需求方面发挥着不可替代的作用。促使农村贫困地区社会保障制度在脱贫攻坚中发挥兜底扶贫的作用，需要在充分考虑社会保障体系建设进程、农村贫困地区发展状况以及贫困人口具体实际要求的基础上，完善农村贫困地区社会保障制度，优化社会保障兜底扶贫机制设计，健全农村贫困地区社会保障监督管理机制等。

（一）完善农村贫困地区社会保障制度

健全和完善与经济发展水平相适应的多层次的农村社会保障制度，满足农村贫困人口的基本生活需要，降低贫困人口生活风险，保证贫困人口幼有所靠、老有所养、病有所依，需要在最低生活保障、医疗保险和养老保险以及其他救助制度和社会福利方面完善制度供给。

第一，健全农村最低生活保障制度，提高农村最低生活保障标准。首先，坚持应保尽保原则，根据户籍状况、家庭收入和家庭财产等基本条件确定保障对象，将符合条件的贫困人口全部纳入最低生活保障范围。同时，加强最低生活保障对象动态管理，健全最低生活保障工作监管机制，强化最低生活保障与其他社会救助制度的有效衔接。其次，加强组织领导，强化最低生活保障落实工作。加强经办机构及其人员的工作能力、经费保障以及政策宣传，进一步完善多部门配合、社会力量参与的社会救助机制，完善责任落实和追究机制。最后，逐步实现贫困线与最低生活保障线统一。由于农村最低生活保障水平与当地经济发展水平直接相关，使得贫困地区最低生活保障水平往往低于贫困线，因此，应增强社会保障财政支持力度，增强最低生活保障兜底扶贫力度。

第二，完善农村贫困地区医疗保障制度，充分调动政府、集体以及个人的积极性，有效解决“因病致贫”、“因病返贫”以及“因贫患病”得不到医治等问题，提高贫困地区的人口质量。贫困地区医疗发展主要存在两方面问题，一是贫困人口支付能力不足，二是农村贫困地区医疗资源供给不足。在医疗保障方面，鼓励贫困农民加入新型农村合作医疗当中，扩大农村医疗保障范围，提高贫困地区医疗卫生人员专业素质，增加农村公共卫生财政投入，改善医疗卫生基础设施，推进贫困地区县级医院、乡镇卫生院、村卫生室标准化建设，完善县乡村一体化的医疗卫生服务体系，平衡医疗供需，提高医疗救助和保障水平。此外，还应推进医疗救助、基本医疗保险与大病保险制度的有效衔接，形成制度合力，将贫困人口全部纳入特重大疾病救助范围，保障贫困人口大病能够得到医治，缓解农村贫困家庭就医难、“因病致贫”和“因病返贫”的问题，保障贫困人口弱势群体的基本生活。

第三，随着贫困地区人口老龄化趋势加剧，完善农村养老保险制度成为保障贫困老年人口基本生活的必由之路。因此，需要进一步完善新型农村养老保险制度，引导和鼓励贫困人口广泛参与农村养老保险，逐渐转变传统的家庭养老和土地养老的思想观念，发挥农村养老保险的保障功能，为农村老年人口提供基本生活保障。一是继续扩大贫困地区社会养老保险的人群覆盖范围，政府不断优化制度体系，加强交费和筹资支持，将低收入者、贫困人口和特殊人群纳入农村养老保险制度范围，实现60周岁以上人群应保尽保。二是建立农村养老金领取标准动态调整机制。为有效预防和减缓贫困地区老年贫困，应根据当地财政承受力、农民交费能力、当地物价水平等因素，合理测算农村养老金待遇水平，动态调整农村养老金领取标准，满足贫困地区老年人口生活需要。三是进一步推进新型农村养老保险、家庭养老与土地养老相结合，引入社会力量，发展养老服务业，完善农村养老服务体系。

第四，完善其他救助制度，降低贫困人口生活风险。首先，完善农村五保户供养制度。不断增加对农村五保户供养资金投入，逐步提高农村五保户供养标准，确保五保户生活水平不低于当地农村居民平均生活水平。完善五保户供养基础设施建设，提高基础供养能力，优化供养服务。其次，完善临时救助制度。明确临时救助对象，确定临时救助方式，制定临时救助标准，规范临时救助程序，提高临时救助兜底扶贫能力。最后，完善医疗、教育、住房等专项救助制度。在统筹城乡医疗救助基础上，将贫困家庭的老年人、未成年人、残疾人以及重病患者纳入救助范围，逐步扩大重特大疾病医疗救助工作，对不同救助对象实行不同救助标准，保障救助对象享有基本医疗服务。对贫困家庭儿童教育进行救助，确保贫困儿童能够接受相应教育。对农村贫困地区住房救助对象，应优先纳入当地农村危房改造计划，提高贫困户危房改造标准，保障贫困人口能够获得满足其家庭生活的基本住房需要。

第五，完善社会福利制度。政府提高对贫困地区社会福利建设重视程度，明确福利责任，加大财政投入。鼓励社会力量参与社会福利事业，给社会福利事业发展以政策和资金支持，并通过购买社会服务等方式积极发展社会福利事业。贫困老人、残疾人、儿童是社会福利服务保障的重点，应做好其资金保障和服务保障工作，保障他们基本生活不低于当地居民平均生活水平。对贫困地区老年人给予较高福利津贴，继续推进老年福利中心、养老院、敬老院等养老机构建设，在此基础上提供老年人文娱设施和服务，满足老年人精神文化需求。在劳动就业、康复、接受特殊教育等方面提供福利，提高残疾人自我发展能力。在儿童教育方面，在义务教育免除学费的基础上，进一步提高农村教育津贴，免除农村学生的书本费和杂费等费用，在儿童健康、医疗、未来发展等方面加大投入力度，确保儿童德智体美劳全面发展。

（二）优化社会保障兜底扶贫机制设计

实现扶贫开发与社会保障有效衔接，保障多部门协同合作，核心是对象识别工作，关键是实行动态管理。

第一，健全扶贫开发与社会保障衔接机制，加强相关部门协作以形成合力。农村社会保障兜底扶贫运行涉及财政、民政、社保、卫生等多个职能部门，各职能部门之间相互分割、各自为政，社会保障难以统筹整体发展。扶贫开发与社会保障联动运行和科学管理需要加强相关部门协调与合作，简化工作程序，真正做到扶贫开发与社会保障科学高效有机结合，降低扶贫开发与社会保障联动的边际成本。扶贫开发部门精准识别保障对象，建立进退扶贫系统机制；财政部门应合理安排贫困地区各项社会保障预算资金，逐步提高贫困地区社会保障资金比例，强化贫困地区社会保障资金监管；民政部门统筹建立社会救助体系，引导社会力量积极参与社会救助；人力资源与社会保障部门实施农村养老保障政策，医疗卫生部门落实医疗保险和疾病应急救助政策。此外，还应加强农村社会保障经办机构队伍建设，充实工作力量。强化对贫困地区社保经办人员业务培训，提升其素质和能力，提高贫困地区社会保障经办机构和人员专业水平。

第二，建立农村贫困地区社会保障瞄准机制，提高社会保障兜底扶贫精准度。精准保障是实现社会保障兜底扶贫目标的前提条件。精准识别贫困人口是扶贫开发与社会保障有效联动的重要基础。一是严格申请、核查、评议、公示等操作规程，强化入村入户调查、邻里访问，保证公平公正、对象精准。探索建立与精准扶贫相统一的贫困状况评价机制来综合评估贫困地区家庭贫困状况，将评估结果与入村入户调查、邻里走访、民主评议等评估结果相结合，做到精确认定。二是健全信息公开机制，加快健全社会保障与扶贫开发信息新系统，逐步实现互联互通、信息共享。

第三，建立农村社会保障动态管理机制，实现“应保尽保，应退尽退”。建立动态检测和管理机制，统筹建立贫困地区贫困人口建档立卡与社会保障登记信息大数据库，推进社会保障与扶贫开发在对象、目标、标准、信息上进行有效衔接，依托村、支两委和村民评议小组对贫困对象的贫困状况进行动态检测，使得贫困人口在管理机制内实现动态调整，及时将符合条件的贫困人口纳入社会保障体系，让不符合标准的退出保障体系，提高资源利用效率。此外，各地应从农村经济社会发展水平和财力状况出发，科学制定和动态调整最低生活保障标准，加大社会保障投入力度，提高社会保障水平。

（三）健全农村贫困地区社会保障筹资机制

充足持续的财政投入是农村社会保障制度优化的根本动力。社会保障制度的核心问题是资金问题，实质上是关于社会保障资金筹集、给付和管理等一系列的制度设计。农村地区，尤其是农村贫困地区社会保障制度发展缓慢的最主要原因是政府财政责任的长期缺位，没有政府强有力的财政支持，农村社会保障体系建设和完善难以开展。因此，应多渠道增加农村贫困地区社会保障资金投入。积极稳健地建立和完善社会保障在中央与地方两个层次上的筹资模式，为农村社会保障筹集充足资金。同时积极引导社会资金投入如慈善基金和扶贫筹资等来拓宽农村社会保障资金的筹集渠道。

一方面，在一定程度上财政投入的大小直接决定着社会保障兜底扶贫作用的强弱。对于贫困地区，由于经济发展和财政能力处于先天弱势，需要加大中央财政的支付力度，加快实现贫困地区社会保障的全覆盖，提高贫困地区社会保障待遇水平。政府应加大对农村社会保障体系建设的转移支付力度，提高中央和省级政府的农村低保投入比例，保证配套资金的足额落实到位，制定向贫困人口倾斜的政策，扩大社会保障的覆盖范围，降低农村贫困人口入保门槛或是降低或免除贫困人口入保所要交纳的费用。

另一方面，在政府承担托底救助责任的同时，积极支持和引导社会力量参与对贫困人口救助，促进政府救助与社会力量参与救助的协调合作。一是激发市场参与活力。合理借鉴市场机制的有利因素，积极引入社会保险，拓宽社会保障资金筹集渠道，在一定水平上提高社会救助效率和水平。二是大力发展慈善事业。现代慈善事业在帮助困难群体、改善贫困人口基本生活方面发挥着重要的补充作用，因此，应整合公益组织、慈善事业组织等设计募集项目，构建社会认同感高的扶贫服务平台，提高扶贫开发与社会保障的联动效率。

（四） 完善贫困地区社会保障监管机制

社会保障监管机制的缺失容易导致寻租、贪污等腐败行为的发生，在很大程度上造成扶贫工作效率低下。因此，应完善农村社会保障的监督管理机制。

首先，确立完整严格监管机制，完善部门监管协调机制。一方面，应监管贫困地区社保扶贫资金的使用，分离社会保障的行政管理、基金管理和业务管理业务，明确各方责任，确保资金的财政转移和分发到户，确保专款专用，防止地方政府擅自挪用、占用甚至贪污款物，由国家审计机构定期对社会保障经办机构管理进行监督检查，使每一笔贫困地区的社保方面的扶贫资金都能用到“刀刃”上。另一方面，在统一农村社会保障机构下，明确各监管主体的责任，加强监管主体之间的协调与合作，强化联系与沟通，相互积极配合，进行有序管理，共同促进农村社会保障事业的发展。

其次，确保农村贫困地区社会保障基金保值增值。农村贫困地区社会保障基金由专门基金管理运营机构负责管理运营，通过资本运营实现保值增值，政府部门监管资金收缴、支出、投资，出台规范社保基金投资管理的法律法规，保证资金运作安全。建立公开、透明的基金运作模式和严格的信息披露制度，社保基金运营机构应及时向公众披露基金投资运营的成本、收益以及其他重大事项，确保社会保障资金实现保值增值。

最后，充分发挥社会监督作用，提升贫困地区社会保障兜底扶贫质量和效率。充分发挥社会对贫困地区社会保障的监督作用，需要相关部门机构公开披露贫困地区社会保障资金相关信息。因此，应建立和完善农村贫困地区社会保障资金信息公开披露制度，社会保障经办机构应对社会保障收支结余情况及时、准确地向社会公开，接受社会各界监督。对于骗取、套取贫困地区社会保障资金的行为，应充分发挥新闻媒体的监督作用，增加对这些违法违规行为的报道，增强舆论监督效果，对潜在不良行为施加舆论压力，同时，对这些违法违规行为，应加大处罚力度，提高违法违规成本，从而降低违法违规行为发生率，提升贫困地区社会保障兜底扶贫质量和效率。

第九章　中国特色的社会扶贫

开展社会扶贫，是中国扶贫开发实践的重要经验总结，也是中国特色扶贫开发的重要组成部分。在精准扶贫、脱贫攻坚过程中，社会扶贫与其他扶贫方式相比，有着不可替代性，它是弥补市场失效和政府失效的必然选择，是中国特色社会主义制度优越性的充分体现，是完善国家现代社会治理的内在要求。

一、中国特色社会扶贫的基本依据

社会扶贫是精准扶贫、脱贫攻坚进程中的一支重要力量，可以弥补政府失效和市场失效造成的后果，可以完善社会治理体系和提升社会治理能力，可以体现共同富裕的社会主义本质，可以解决扶贫新阶段出现的新问题，进而推进精准扶贫、脱贫攻坚的目标早日实现。

（一）社会扶贫是弥补市场失效和政府失效的必然选择

从弥补市场失效和政府失效的角度看，社会扶贫是实现脱贫攻坚任务的必然选择。自从政府产生之后，政府在社会资源的配置过程中一直占据主导地位。随着商品经济的发展和市场经济的建立，社会资源配置开始主要由市场“这只看不见的手”来调控。在市场经济中，单纯的市场配置资源，会导致市场失效。为了弥补市场失效造成的后果，才开始采用政府和市场“两只手”共同来配置社会资源。但是，市场和政府同时配置社会资源，也存在一定的局限性，会同时产生市场失效和政府失效的现象。而要弥补市场失效和政府失效造成的后果，需要发挥社会在资源配置中的作用。目前，在社会主义市场经济条件下，市场在资源配置中起决定性作用，但是市场在配置资源过程中依旧会产生市场失效。在精准扶贫、脱贫攻坚过程中，市场失效主要表现为贫困地区基础公共设施和公共服务等供给严重不足。而要加强贫困地区基础设施建设，提高贫困地区公共服务水平，营造公平合理的市场环境，消除市场失效的影响，这些都不可能由其他社会主体来做，只能由政府主导来做。然而，政府的权力不是无限的，而是有边界的。过度的政府干预，不仅不能弥补市场失效造成的后果，还会造成新的资源配置失当，产生“政府失效”现象，因此，在扶贫开发过程中，我们要处理好市场、政府与社会的活动边界，建立市场、政府与社会分工合作的扶贫体系，社会扶贫的地位是不可或缺的。

（二）社会扶贫是加强和改进社会治理的内在要求

从完善社会治理的角度看，社会扶贫是加强和改进社会治理的题中之义。党的十八届三中全会强调了社会治理的执政理念，而要完善社会治理体系，就是坚决维护最广大人民的利益，充分调动社会各个方面的积极性和主动性，增加社会发展活力，维护社会安定有序。社会治理概念的提出反映中国要从原来以一元为主体的管理模式向多元的社会治理模式转变，从原来强制的、刚性的治理模式向包容的、合作的治理模式转变，并且着重强调了除了政府之外，社会、公民、组织都是国家治理的参与者。开展社会扶贫，推进精准扶贫、脱贫攻坚与完善社会治理体系的内在要求是一致的。精准扶贫、脱贫攻坚不应该仅仅依靠政府这个单一主体，而应该依靠社会多元主体的合作，这是社会治理理念运用到精准扶贫、脱贫攻坚领域的重要表现。在精准扶贫、脱贫攻坚进程中，开展社会扶贫涉及社会多元主体，不同的社会主体可以根据自身特点采用多样化的扶贫手段。这正是目前中国促进贫困治理体系的结构性调整，提升精准扶贫、脱贫攻坚的针对性和有效性，完善社会治理体系和治理结构的内在要求。

（三）社会扶贫是中国社会主义制度优越性的重要体现

开展社会扶贫是实现共同富裕、体现中国社会主义制度的优越性的客观要求。习近平总书记曾经指出，贫穷不是社会主义；如果贫困地区长期贫困，面貌长期得不到改变，群众生活长期得不到明显提高，那就没有体现中国社会主义制度的优越性，那也不是社会主义。习近平总书记的这一论述继承和发展了邓小平关于社会主义本质理论的论断，进一步论述了消灭贫穷，消灭两极分化，不断提高人民群众的生活水平，最终实现共同富裕是中国社会主义制度的优越性的重要体现。在精准扶贫、脱贫攻坚进程中，开展社会扶贫是社会主义制度下“一方有难、八方支援”的生动实践，是社会主义制度下“先富带动后富，最终达到共同富裕”的具体表现，是社会主义的本质要求，也是社会主义优越性的具体体现。因此，要实现社会主义的本质要求，发挥社会主义优越性，实现精准扶贫、脱贫攻坚的目标，就要求我们继续挖掘社会扶贫潜力，让发展的成果更多、更公平地惠及贫困地区和贫困人口，进而加快实现共同富裕和全面建成小康社会。

（四） 社会扶贫是适应脱贫攻坚新特点的客观要求

开展社会扶贫是适应脱贫攻坚新特点，完成扶贫脱贫任务的客观要求。目前中国扶贫开发主要呈现以下新的特点：一是中国实现脱贫目标任务艰巨。中国贫困人口多，并且贫困人口的区域结构、家庭结构、民族结构等结构复杂，因此，到 2020 年我们要实现精准扶贫、脱贫攻坚的任务相当艰巨，这就造成仅仅依靠政府力量参与脱贫攻坚会面临巨大挑战，客观上要求开展社会扶贫。二是传统减贫方式作用日益不明显。改革开放以来，随着中国经济取得举世瞩目的成绩，中国扶贫开发也成效显著，扶贫开发也相应进入攻坚阶段。在精准扶贫、脱贫攻坚的新阶段，单纯依靠经济增长已经不能完全解决贫困问题，单纯依靠政府力量也不能完全解决贫困问题，这就要求我们进一步开展社会扶贫。三是中国贫困人口分布的特点是“小聚集、大分散”，这种贫困人口分布的特点决定了仅仅依靠行政动员的力量参与脱贫攻坚的效果并不理想，这就要求社会扶贫在脱贫攻坚中扮演更加积极的角色。四是中国贫困地区和贫困人口致贫原因复杂并且贫困状况动态变化的特点也给中国精准扶贫、脱贫攻坚的实现提出了更高的要求，这个特点也客观上要求社会扶贫。总之，在脱贫攻坚的新阶段，扶贫开发呈现出许多新的特点，这些特点要求必须广泛动员社会力量参与扶贫。

二、中国特色社会扶贫的实践内容

在推进我国扶贫开发的伟大实践过程中，社会扶贫始终占据重要地位。回顾总结社会扶贫的实践历程，认真梳理社会扶贫的经验，对做好社会扶贫工作具有重要意义。

（一）开展东西部协作扶贫

东西部协作扶贫是东部发达地区与西部贫困地区为了实现结对帮扶而做出的一项制度性的安排，它的目的是先富带动后富，最终实现共同富裕。这个机制充分体现了中国的政治优势和社会主义制度的优越性，对加快西部地区精准扶贫、脱贫攻坚，对实现民族团结、边疆稳定和区域协调发展具有重大意义。1979 年国家正式提出东部地区要对口援助西部落后地区，拉开了东西部协作扶贫的序幕。在这之后，东西部协作扶贫的内容不断增多，机制不断完善，成效不断显著，东西部协作扶贫成为中国特色扶贫实践的重要组成部分。在“十二五”扶贫开发过程中，东西部扶贫协作发挥了重要作用。据统计，“十二五”期间，东部省市共向西部贫困地区提供财政援助资金 56.9 亿元，动员社会力量捐款 3.8 亿元，引导企业实际投资 1.2 万亿元；东部派往西部挂职扶贫的党政干部 684 人次，西部到东部挂职的党政干部 1150 人次；东部为西部地区开展劳动力输出培训 77.8 万人次，输出劳务 240.3 万人次。① 在精准扶贫、脱贫攻坚新阶段，我们要继续发挥东西部协作机制的作用，不断加大东西部协作力度。

（二）开展定点扶贫

定点扶贫是指党政军机关、企事业单位和贫困地区结成对口帮扶关系，帮扶单位充分发挥自身优势和资源，促进贫困地区脱贫致富的一项制度安排。习近平总书记曾指出，党政军机关、企事业单位开展定点扶贫，是中国特色扶贫开发事业的重要组成部分，也是我国政治优势和制度优势的重要体现。在 1986 年之前，定点扶贫发展处于萌芽阶段，主要形式是个

① 国务院新闻办公室：《中国的减贫行动与人权进步》白皮书，人民网，2016 年 10 月。

别政府部门根据自身职能特点，发挥自身职能优势，开展社会扶贫工作。到1986年，国家扶贫领导机构专门召开会议安排部署面向国家贫困县的定点扶贫工作，定点扶贫全面展开。到1996年，中央扶贫开发工作会议提出“全社会扶贫，党政机关要带头”的理念，定点扶贫发展进入成熟阶段，到2012年，共有310个单位参与定点扶贫，定点扶贫开展26年来第一次实现了对全国592个重点县的全覆盖。[①] 十八大以来，中国定点扶贫继续稳定发展。到“十二五”期间，中央单位共向592个重点县选派挂职干部1670人次，投入帮扶资金（含物资折款）118.6亿元，帮助引进各类资金695.8亿元，组织劳务输出31万人次。[②] 在脱贫攻坚新阶段，要认真贯彻习近平总书记的指示精神，增强责任感、紧迫感，敢于担当，迎难而上，健全定点扶贫机制，充分发挥帮扶单位优势，提高帮扶效果，为精准扶贫、脱贫攻坚做出新的更大的贡献。

（三）开展社会组织、企业及个人的扶贫

在东西部协作扶贫和定点扶贫的带动下，中国社会扶贫格局日益完善，社会组织、民营企业和公民个人纷纷加入社会扶贫的队伍，中国社会扶贫的实践内容不断丰富。社会组织、企业和个人的社会扶贫实践，大体可以分为两个阶段：第一阶段：无序参与阶段。这一阶段无论是组织还是个人，参与意识不强，参与机制也不健全，扶贫成效不太显著。第二阶段：规范化发展阶段。这个阶段，随着其他社会力量参与扶贫的力度越来越大，相关法律法规制度建设日益完善，社会扶贫也取得重大成效。在“十二五”期间，中国扶贫基金会等社会组织募集大量资金用于精准扶贫项目，成立中国扶贫志愿服务促进会，建设社会扶贫网，着力打造社会扶贫参与平台，启动民营企业“万企帮万村”精准扶贫行动，等等。[③]

---

① 许源源：《中国农村扶贫瞄准：定点部门与NGO的视角》，中国社会科学出版社2012年版，第50页。

② 国务院新闻办公室：《中国的减贫行动与人权进步》白皮书，人民网，2016年10月。

③ 国务院新闻办公室：《中国的减贫行动与人权进步》白皮书，人民网，2016年10月。

三、中国特色社会扶贫的基本经验

在开展社会扶贫过程中，我们成功探索出一条符合中国国情、具有中国特色的社会扶贫道路。在这条社会扶贫道路的指引下，中国社会扶贫效果显著。在精准扶贫、脱贫攻坚过程中，认真总结中国过去的社会扶贫实践经验，对于进一步发挥社会扶贫的作用，具有重要借鉴意义。

（一）政府引导是开展好社会扶贫的条件

在精准扶贫、脱贫攻坚新阶段，随着扶贫难度加大，政府扶贫效果日益减弱，社会扶贫将发挥越来越重要的作用，并且这种作用也是不可或缺的。但是，政府仍然是目前中国扶贫开发的主导力量，任何扶贫方式作用的发挥都离不开政府引导。在社会扶贫进程中，发挥政府引导作用主要表现在以下几个方面：一是政府主导的定点扶贫和东西部协作扶贫等模式仍然是目前中国社会扶贫重要的方式，这些社会扶贫的方式也取得了显著的成果，因此，在今后的社会扶贫过程中，我们要继续坚持和完善定点扶贫、东西部协作扶贫等社会扶贫模式；二是目前中国各个社会主体发育还不完善，社会力量参与扶贫的积极性和主动性不高，因此由政府引导动员社会力量参与社会扶贫是现阶段中国社会扶贫发展的客观要求；三是在社会扶贫过程中还要发挥政府监管和整合的作用，推进社会扶贫在法制化、规范化方向的发展。总之，坚持政府引导，发挥政府在社会扶贫中的重要作用是中国社会扶贫取得巨大成绩的重要经验之一。在今后的社会扶贫过程中，要进一步处理好政府与社会的关系，充分发挥二者的优势，并使它们相互协调、相互配合，共同促进精准扶贫、脱贫攻坚的实现。

（二）创新发展是开展好社会扶贫的动力

根据中国扶贫开发的实际，社会扶贫坚持创新发展的理念，不断创新社会扶贫的模式和方法，推进扶贫开发取得实效。例如，根据中国国情和扶贫开发的需要，在20世纪80年代创新性地开展定点扶贫模式的扶贫工作，20世纪90年代又开展东西部协作扶贫模式的扶贫工作，这两种模式都是立足国情、具有中国特色的社会扶贫，对推进中国社会扶贫的起步和发展，具有重要意义；到21世纪初，随着社会力量的培育和发展，又大力推进企业扶贫、投资促进、志愿服务等多种方式的扶贫工作，大大拓展了社会扶贫主体的范围，增强了社会扶贫的力量。在精准扶贫、脱贫攻坚的新阶段，社会扶贫要坚持创新发展的理念，以内源式扶贫为导向，以提升贫困地区和贫困人口自我发展为目标，精准对接贫困地区和贫困人口的扶贫要求，创新社会扶贫的方式和方法，进一步激发社会各个主体参与扶贫开发的积极性和主动性，进一步提升社会扶贫的针对性和实效性，加快推进精准扶贫、脱贫攻坚目标的实现。

（三） 广泛参与是开展好社会扶贫的基础

广泛动员社会各主体参与是社会扶贫的力量之源，是社会扶贫与其他扶贫方式相比的优势所在，也是社会扶贫能否取得成效的关键因素。因此，在过去的社会扶贫过程中，我们非常重视动员社会力量广泛参与。一方面，从社会扶贫的主体来看，我们不仅动员与政府关系密切的社会主体参与，还动员、组织、引导各类非公有制企业、社会团体和公民个人参与社会扶贫；另一方面，从社会扶贫的方式来看，我们在社会扶贫过程中，引导各个社会主体进行宽领域、多形式的社会扶贫，社会扶贫的影响力和覆盖面不断提升。在扶贫开发新阶段，要创造各种条件继续广泛动员社会力量参与扶贫开发，不断提高各个主体参与社会扶贫的积极性、主动性和创造性，不断提升社会扶贫的针对性和有效性，为打赢脱贫攻坚战提供有效支撑。

（四） 资源整合是开展好社会扶贫的保障

社会扶贫主体的多元性和社会扶贫方式的多元化决定了社会扶贫过程中资源投入的分散化和碎片化，同时，在“大扶贫”理念的指引下，社会、政府和市场等各方力量共同参与社会扶贫，进行社会扶贫资源的整合还要协调社会扶贫与其他扶贫方式的关系。因此，进行社会扶贫资源的整合是发挥社会扶贫作用的宝贵经验之一。在精准扶贫、脱贫攻坚中，要不断加强社会扶贫资源的内部整合，强化社会扶贫资源的外部协调，使社会资源、政府资源和市场资源形成合力，最大限度地发挥社会扶贫的资源优势。

四、中国特色社会扶贫的完善创新

随着我国精准扶贫、脱贫攻坚的深入推进，开展社会扶贫已经达成广泛共识，并且发挥着越来越重要的作用。但是，在精准扶贫、脱贫攻坚的决胜阶段，中国社会扶贫还面临着社会扶贫的理念不完善、主体参与度不够、机制不健全、方式不丰富等问题，这些问题制约着中国社会扶贫作用的进一步发挥。因此，要树立正确的理念，不断动员社会主体参与，不断完善社会扶贫机制，不断创新社会扶贫方式，不断发挥政府引导作用，不断规范社会扶贫发展方向，推动精准扶贫、脱贫攻坚的目标早日实现。

（一）树立社会扶贫理念

理念是行动的先导，树立正确的社会扶贫理念是深入推进社会扶贫的前提。在精准扶贫、脱贫攻坚进程中，要充分发挥社会扶贫的优势，必须要转变社会扶贫理念，树立正确的社会扶贫理念。

第一，厘清社会扶贫内涵。无论从社会扶贫的主体，还是社会扶贫的资源来看，政府在传统的社会扶贫模式下发挥重要作用，而真正的社会主体开展的扶贫项目的发展长期滞后，造成社会和公众对社会扶贫内涵的认知存在严重偏差，认为社会扶贫主要就是定点扶贫和东西部协作扶贫，这种对社会扶贫内涵认知的偏差会严重影响社会扶贫的进一步发展。虽然在社会扶贫中要发挥政府的作用，但是社会扶贫应该着重强调扶贫主体、扶贫资源和扶贫组织的社会性，其主要方式是动员社会力量（主要包括企业、社会组织和个人）参与扶贫。因此，只有在厘清社会扶贫内涵的基础上，充分发挥社会力量主体地位，才能真正建立起政府引导、社会力量广泛参与的社会扶贫格局。

第二，培养社会扶贫的自觉性。在精准扶贫、脱贫攻坚的新时期，我们要通过树立民众的公民意识、培养社会公民的慈善文化、宣传社会扶贫的重大意义、推广社会扶贫的经验等方式，在全社会营造社会扶贫的良好氛围，引导社会主体树立正确的社会扶贫理念，培养社会主体参与社会扶贫的自觉性和主动性。

第三，树立科学的社会扶贫理念。目前，社会扶贫与其他扶贫方式相比，主要仍然是停留在“输血式”扶贫的阶段，解决的仍然是贫困地区和贫困人口低层次的需求，这种扶贫方式不能从根本上铲除贫困的根源。通过树立科学的社会扶贫理念，不仅能够促进社会扶贫向更高层次发展，还能充分调动贫困地区和贫困人口参与脱贫攻坚的积极性和主动性，达到真正消除贫困的目的。

（二）动员社会主体参与

虽然社会扶贫的总体格局已经初步形成，但是各个社会主体参与的程度并不均衡。我们要采取有效措施，积极引导多元化的社会主体参与，充分调动各个社会主体参与精准扶贫、脱贫攻坚的积极性、主动性和创造性，不断完善社会扶贫格局，促进社会扶贫事业健康发展。

第一，鼓励和支持企业参与脱贫攻坚。各级政府职能部门要制定出台优惠政策对企业参与精准扶贫、脱贫攻坚的行为进行鼓励和支持，如对参与社会扶贫的企业实行贷款贴息、税费减免、税收抵扣等优惠政策；政府可以开展扶贫项目吸引企业参与，对企业参与扶贫项目开发，要在政策范围内给予大力支持，比如可以优先安排农业产业化资金、财政贴息贷款、土地使用计划、享受产业扶持等。国有企业在国民经济中占据主导地位，肩负更大的社会责任，要在社会扶贫中发挥模范带头作用，积极参与扶贫开发；民营企业是国民经济重要组成部分，也要积极履行社会责任，积极参与社会扶贫开发。各类企业都要发挥市场、资金、技术、管理等方面的优势，遵循市场规律，通过投资设厂、招工就业、技能培训、资金捐助等形式加强对贫困地区的扶持力度。

第二，积极支持社会组织参与脱贫攻坚。社会组织是社会扶贫的一支重要力量，要充分引导和发挥社会组织在精准扶贫、脱贫攻坚中的重要作用。一是要发挥民主党派和无党派人士社会关系广泛、智力积聚优势明显的特点，通过教育扶贫、科技扶贫、智力扶贫等方式，加强对贫困地区的教育、科技、培训等方面的支持与扶持；二是要发挥工商联系民营企业比较广泛的优势，组织开展“万企帮万村”的准精扶贫活动；三是要发挥共青团、妇联、工会等群众组织的联系和纽带作用，实现社会资源和精准扶贫、脱贫攻坚的有效对接。

第三，鼓励个人参与脱贫攻坚。要在社会上树立“我为人人，人人为我”的理念，鼓励个人参与精准扶贫、脱贫攻坚，引导个人参与社会扶贫的重心下移，通过个人积极走访脱贫地区和贫困人口，畅通交流渠道，做到所有贫困户都得到帮助；同时制定政策，积极引导海外华人、华侨、港澳同胞、台湾同胞等通过爱心捐赠、援建项目、结对帮扶等方式，参与到精准扶贫、脱贫攻坚过程中。

第四，积极吸引国际力量参与脱贫攻坚。脱贫攻坚不仅需要动员国内力量，还要坚持“引进来”和“走出去”相结合的原则，吸引国外政府、组织和个人参与，引入国外的资金、技术、经验、理念等，服务中国国内脱贫攻坚事业。

（三） 完善社会扶贫机制

社会扶贫是中国精准扶贫、脱贫攻坚战略的重要组成部分，完善社会扶贫机制建设是推进社会扶贫常态化和规范化的必然要求，是发挥社会扶贫作用的重要保障，是社会扶贫未来发展的方向和趋势要求。

第一，完善社会扶贫的动员机制。社会扶贫需要社会力量的广泛参与，因此建立一套规范化、常态化的社会扶贫动员机制是完善社会扶贫机制的前提和基础。要通过社会扶贫动员机制的建立，让社会扶贫各个主体充分认识到自身在脱贫攻坚中担负的历史使命，从而通过机制建设来保障社会扶贫主体的参与精准扶贫、脱贫攻坚的积极性和主动性。

第二，完善社会扶贫的整合机制。与其他扶贫方式相比，社会扶贫投入的人力、资金和项目等的来源更为复杂，如何整合和协调社会扶贫的资源，进而充分发挥社会扶贫资源的最大效用，是我们完善社会扶贫必须回答的课题。一方面，要通过建立社会扶贫的资源内外整合机制，完善社会扶贫资源与其他扶贫资源的整合和协调，最大限度地发挥各种扶贫资源的优势和功能；另一方面，要建立社会扶贫内部资源的整合机制，优化配置社会扶贫内部的各种资源，充分发挥社会扶贫资源的功能，提高社会扶贫效益。

第三，完善社会扶贫的协调机制。社会扶贫不仅投入的社会资源复杂多样，而且其主体也存在多样性，同时还要处理好扶贫开发过程中与其他主体的关系，因此建立高效的社会扶贫协调机制，是发挥社会扶贫作用的客观要求。一是要建立社会扶贫内部各主体协作机制，解决社会扶贫内部各个主体多头管理、力量分散等问题，实现社会扶贫内部各主体扶贫行动协调；二是要建立社会扶贫主体和其他扶贫主体协调机制，形成社会、政府和市场各个主体分工协作、互相配合、共同发力的大扶贫格局；三是要建立社会扶贫主体与贫困地区、贫困人口的协调机制，精准对接贫困地区和贫困人口的脱贫需要，充分调动双方推进脱贫攻坚的积极性和主动性，切实使社会扶贫取得实效。

第四，完善社会扶贫的激励机制。如果社会扶贫激励机制不完善，就不会充分调动社会主体参与社会扶贫的积极性和主动性，不利于社会扶贫的良性发展。而通过完善社会扶贫的激励机制，可以促进和带动更多的社会力量参与到社会扶贫的过程中。一方面要完善社会扶贫的物质激励机制，让社会主体在参与脱贫攻坚时可获得物质上的回报和收益；另一方面要完善社会扶贫的精神激励机制，完善社会扶贫的表彰体系，让社会主体在参与社会扶贫过程中得到社会认可，实现自身价值。

（四）创新社会扶贫方式

在社会扶贫过程中，不仅要通过定点扶贫、东西部合作和结对帮扶等形式开展社会扶贫，还要创新社会扶贫的参与方式，从而更好地发挥社会扶贫的作用，加快精准扶贫、脱贫攻坚的实现。

第一，实施社会工作专业人才服务计划和志愿者行动计划。一方面，出台专门政策，鼓励社会工作者参与脱贫攻坚；加强对社会工作者培训力度，制订社会工作者服务脱贫攻坚专项计划，拓宽社会工作者服务脱贫攻坚渠道。另一方面，鼓励和支持大学生、专业技术人员、爱心人士及退休职工积极开展志愿服务活动，助力精准扶贫、脱贫攻坚；加强志愿者服务组织队伍建设，建设志愿者服务综合管理平台，有效整合志愿者的力量，发挥志愿者的集合效应；制定政策积极支持志愿者参加下乡支教、科技扶贫、文化下乡等活动，着力提高贫困地区和贫困人口的教育、科技、文化等水平。

第二，打造扶贫公益品牌。继续发挥“希望工程”“光彩事业”“春蕾计划”“母亲水窖”“贫困地区儿童营养改善”“扶贫志愿者行动计划”等扶贫公益品牌效应，提高脱贫攻坚公益品牌的知名度和名誉度，不断提高社会力量参与扶贫攻坚的积极性和主动性。同时，通过各项专项扶贫计划重点帮扶贫困地区的留守儿童、老人、妇女和残疾人，建立一对一“手拉手”精准扶贫的格局。

第三，创新政府与社会扶贫合作模式。政府要创新与社会合作扶贫方式，广泛采取公开招标的方式，面向社会购买精准扶贫、脱贫攻坚的公共服务，积极引导社会资源参与精准扶贫、脱贫攻坚；同时要鼓励有条件的社会组织通过设立扶贫公益基金、开展扶贫公益信托、探索公益众筹等方式，扩展社会扶贫形式，加大社会扶贫力度。

（五） 发挥政府引导作用

在社会扶贫过程中，必须要发挥政府的引导作用，政府要通过实行落实扶贫攻坚优惠政策、加强舆论宣传引导工作、建立脱贫攻坚信息服务平台及改进管理和组织工作等措施，不断引导社会各方力量投身到精准扶贫、脱贫攻坚过程中。

第一，落实扶贫攻坚优惠政策。对于公益的社会扶贫组织，要简化登记手续，降低设立门槛，支持社会各方建立公益性的扶贫组织；根据国家相关法律规定，积极落实扶贫捐赠税前扣除及税收减免等优惠政策，积极支持各个社会主体投资扶贫开发事业；对于积极开展扶贫开发的企业，政府要制定相关优惠政策，给予特殊信贷支持，并根据相关规定给予财政贴息支持等。

第二，加强舆论宣传引导工作。通过多种方式，大力弘扬社会力量推进脱贫攻坚的先进事迹，让“救危扶贫”的理念深入人心；把实现脱贫攻坚的宣传与弘扬社会主义核心价值观结合起来，开展社会扶贫的系列宣传活动，扩大社会扶贫的影响力；创新宣传方式，充分利用微博、微信和客户端等移动媒体进行舆论引导，推送精准扶贫、脱贫攻坚的公益广告，营造浓厚的社会舆论氛围。

第三，建立脱贫攻坚信息服务平台。以贫困村和贫困户建档立卡的信息为基础，结合政府脱贫攻坚规划，及时更新贫困户的信息，为动员社会力量推进脱贫攻坚提供准确的信息支持，从而实现社会扶贫力量和扶贫需求的有效对接；同时，要及时全面地公开社会力量推进脱贫攻坚的详细信息，增加社会扶贫的透明度，提高脱贫攻坚公益品牌的公信力。

第四，改进管理和组织工作。创新监测方法，建立科学合理的社会力量推进脱贫攻坚的监测体系，引入第三方检测评估体系，同时，通过公开监测结果，增强监测的透明度，进而提升社会力量推进脱贫攻坚效果的公信力；充分发挥贫困地区和贫困人口的首创精神，尊重贫困地区和贫困人口的主体地位，把社会外部帮扶积极转化为内源动力，不断提高贫困地区和贫困人口的自我发展能力；政府各个职能部门要转变管理方式，各司其职，不断提高管理和服务水平，充分动员社会各方力量推进脱贫攻坚，做到集全国之力、汇各方之财、聚全民之智，加快实现精准扶贫、脱贫攻坚。

（六）规范社会扶贫方向

随着精准扶贫、脱贫攻坚的深入推进，社会扶贫的作用将更加凸显，而中国的社会扶贫没有现成的模式和道路可以学习，仍然处于探索中。在扶贫开发的新阶段，我们要不断丰富社会扶贫的内涵，引导社会扶贫的发展方向，使其更加适合我国国情，进而助力脱贫攻坚。

第一，坚持社会扶贫的社会化方向。目前中国社会扶贫的主体还包括政府，并且政府在参与社会扶贫的各主体中仍占主体地位，其他社会主体在社会扶贫中的作用还未充分发挥。在扶贫开发的新阶段，要坚持社会扶贫的社会化发展方向，主要包括以下两方面：一方面要坚持扶贫主体的社会化。明确政府在社会扶贫中的地位和作用，发挥政府在社会扶贫中的引导监督作用，同时积极鼓励引导社会各个主体参与扶贫开发，并使其逐渐占据主导地位；吸引和动员广大贫困人口参与社会扶贫，增强扶贫对象自我提升和自我发展的能力。另一方面要坚持社会扶贫资源的社会化。随着社会扶贫主体的社会化日益加强，社会扶贫资源的社会化也越来越明显。只有真正实现社会扶贫主体和扶贫资源的社会化，才能真正发挥社会扶贫的作用。

第二，坚持社会扶贫的规范化方向。社会扶贫涉及的主体、领域、资源和形式都是多样化的，并且社会扶贫还缺乏一套行之有效的操作规范和法律保障。因此，推进社会扶贫过程中，我们要坚持规范化的方向，用规范化来处理和解决社会扶贫中的问题：一是要建立一套社会扶贫的操作规范和制度规范，对社会主体参与社会扶贫进行规范和引导；二是要加强社会扶贫的法治建设，用法律规范来引导、规范和监管社会扶贫。

第三，坚持社会扶贫的常态化方向。长期以来，社会扶贫仅仅是作为政府扶贫的一个补充而存在的，并没有充分体现社会扶贫的地位和作用，社会扶贫也仅仅表现为一种临时性和补充性的扶贫方式，社会扶贫的常态化发展模式并未真正建立起来。坚持社会扶贫常态化方向，就是要充分发挥社会扶贫的作用，提升社会扶贫的地位，改变其临时性和阶段性的特点，将社会扶贫上升到战略层面，促进社会、政府和市场三方各司其职，互相协同，共同助力精准扶贫、脱贫攻坚。

第十章　连片特困地区的城乡发展一体化

推进精准扶贫、脱贫攻坚，必须推动贫困地区的整体性区域经济发展。中国的14个集中连片特困地区，聚集了绝大部分的贫困地区和贫困人口，是中国精准扶贫、脱贫攻坚的难点和主战场。究其贫困原因，除了当地自然环境恶劣、资源相对匮乏等因素以外，与中国历史发展中形成的城乡二元结构也有一定的关系。在全面建成小康社会的决胜阶段，集中连片特困地区要实现脱贫，就要统筹城乡协调发展，实现城乡发展一体化。因此，就有必要对连片特困地区的城乡发展一体化进行研究分析。

一、连片特困地区城乡发展一体化的重要意义

城乡发展一体化是社会生产力发展到一定程度的结果，是人类历史进程中的必然现象。所谓城乡发展一体化，是指在工业化和城市化发展到一定阶段，秉承以人为本的发展理念，统筹规划工业与农业、城市与农村整体发展布局，打破城乡分割、地区封锁的旧格局，实现城乡之间生产要素自由流通，使城乡资源得到优化配置，形成城乡协调发展的良好态势。在城乡发展一体化进程中，农村居民生产生活条件会明显改善，贫困人口收入得以增加，有利于尽快实现脱贫致富。连片特困地区涉及范围广，贫困人口数量众多。因此，实现城乡发展一体化，对于连片特困地区精准扶贫、脱贫攻坚具有重要意义。

（一）破解连片特困地区城乡二元结构

新中国成立以后，由于采取了重点支持重工业发展的政策，致使农业

发展长期处于相对不利的境地，与工业之间的差异越来越大，最终形成了所谓的城乡二元结构。中国实施改革开放以来，尤其是现阶段，农业发展取得了一定的成绩，但计划经济体制下形成的城乡二元结构仍未发生根本性的变化。特别是对连片特困地区而言，由于受自然、历史等多种因素的制约，城乡差距更为明显。以位于乌蒙山片区的六盘水市为例，喀斯特山区地貌突出，生态环境恶劣，极不利于农业生产。再加上长期以来形成的落后农业生产观念、农业耕作传统，致使当地大量资源未被充分利用，缺乏经济活力，贫困人口难以脱贫致富。农村与城市形成了极其鲜明的对比，城乡二元结构尤为突出。

美国著名经济学家刘易斯，在《劳动无限供给条件下的经济增长》一文中，对二元结构做了阐述，提出了二元经济结构模型。这一模型将发展中国家经济分为农业和工业两个部门，把经济发展过程归结为农业比重逐渐下降、工业比重逐渐上升的过程。处于扩张阶段的工业部门，由于存在较高的边际效益，吸引着农村剩余劳动力走向城市，直到农村工资和城市工资基本一致的时候，城乡差别才会逐步消失，二元经济结构才得以破解。该模型的提出，尽管已经过去了几十年时间，但对于中国破解城乡二元结构而言，仍具有一定的参考和借鉴意义。

中国已经成为世界第二大经济体，日益提高的经济实力和综合国力为工业反哺农业、城市支持农村提供了坚实的物质技术条件。城乡发展一体化对于连片特困地区而言，意味着给农村经济发展注入新的动力，实现城乡要素平等交换和公共资源均衡配置。一方面，对于城乡要素平等交换来说，土地是很重要的一个生产要素，连片特困地区城乡建立统一的用地市场以后，可以保证农村贫困人口和其他土地所有者一样，实现了土地上的同权同利，从而保障贫困人口获得土地合法权益和增值收益。另一方面，连片特困地区城乡之间统一均衡配置公共资源，实现基础设施共建共享，使农村和城市享有同样质量的教育、医疗、养老等社会公共服务，让农村贫困人口有更多的获得感和幸福感。在城乡发展一体化过程中，在市场“看不见的手”和政府“看得见的手”共同努力作用下，有效保证了贫困人口在城乡一体化建设中和发展成果分享上的权利平等、机会平等和规则平等。这有利于贫困人口共享现代化发展成果，从而逐步缩小城乡差距，促进城乡共同繁荣，有效破解二元结构。

（二） 解决连片特困地区“三农”问题

中国的“三农”问题由来已久，但由于中国是农业大国，农民人口数量庞大，农村贫困落后的原因复杂，“三农”问题一直未能得到有效解决。“三农”问题在14个连片特困地区表现得尤为突出，以罗霄山片区为例，该地区山洪、滑坡、泥石流等自然灾害频发，部分地区水土流失严重，存在潜在的石漠化风险，恶劣的自然环境极不利于农业生产，农业生产效率极其低下，农业现代化进程缓慢；农村面貌落后，存在大量的危旧房、土坯房，交通、电力、网络等基础设施落后，教育、医疗等社会事业发展滞后；农民作为弱势群体，总体收入水平低下，收入增长缓慢，自身合法权益难以受到保障，自我发展能力和抵御风险能力较弱，空巢老人和留守儿童也是较为突出的问题。

党的十八大把城乡发展一体化作为解决“三农”问题的根本途径，充分说明城乡发展一体化在解决“三农”问题中具有重要的作用和意义。主要包括以下3点：一是连片特困地区城乡发展一体化可以促进农村基础设施不断完善，各项社会事业不断发展，城市支持农村可以使城市文明向农村延伸，改变传统农村贫穷落后的面貌；二是坚持工业反哺农业，可以有效解决连片特困地区农业发展资金短缺问题，促进农业生产方式由粗放向集约转变，有效提高农业生产效率，促进农业现代化顺利开展；三是可以降低连片特困地区农民进城门槛，有序推进农民市民化，有利于农民增收致富，满足日益增长的物质文化需要，有效提高生活水平和质量，让广大贫困人口平等参与现代化进程，共同分享现代化成果。实现连片特困地区城乡发展一体化，可以从根本上激活农村经济活力，进一步巩固农业基础地位，提高农民生产的积极性和主动性，进而脱贫致富。

（三） 促进连片特困地区区域协调发展

协调是“十三五”时期提出的重要发展理念，协调发展是时代发展的必然要求。中国幅员辽阔，不同地区由于自然资源禀赋差异较大，在发展过程中，难以避免地出现了区域发展不平衡现象。在14个连片特困地区中，有多个少数民族地区、革命老区以及边疆地区等，其经济发展水平总体较低，远远落后于全国的平均发展水平。2015 年集中连片特困地区农村常住居民人均可支配收入为 7525 元[①]，远远低于同年度全国居民人均可支配收入 21966 元和同年度城镇居民人均可支配收入 31195 元。[②] 另外，在连片特困地区内部也存在较为明显的区域发展不平衡现象，具体表现为城市和农村之间的城乡二元结构。连片特困地区区域内外发展不协调，客观上阻碍了全面建成小康社会的顺利进行。

实现连片特困地区城乡发展一体化，一方面可以有效破解片区内部的城乡二元结构，缩小城乡差距，使不协调发展局面向协调发展局面转变。另一方面，实现连片特困地区城乡发展一体化也可以使片区内外协调发展。连片特困地区实现城乡发展一体化意味着已经形成了更高层次的发展平台，不仅片区交通、能源、电信等硬件设施更加完善，而且片区营商环境等软环境也得到了有效改善，这必然会提高片区以外，尤其是东部发达地区投资的积极性和主动性，使资本、技术、人才等生产要素实现跨区域有序、高效流动，提高资源配置和使用效率，促进产业结构优化升级，实现第一、第二、第三产业融合发展。这些又会进一步激发连片特困地区经济发展活力，提高经济效益。通过城乡发展一体化，引导农民合理、有序变为市民，形成更加合理的人口和经济布局，推动区域竞争力大幅提高，从而实现连片特困地区与其他区域协调发展。

二、连片特困地区城乡发展一体化的主要内容

继党的十八届三中全会提出形成“以工促农、以城带乡、工农互惠、城乡一体”新型工农城乡关系，让广大农民平等参与现代化进程、共同分享现代化成果。接着党的十八届五中全会又提出“推动城乡协调发展，健全城乡发展一体化体制机制，健全农村基础设施投资长效机制，推动城镇公共服务向农村延伸，提高社会主义新农村建设水平”。这就说明我们党

① 国家统计局住户调查办公室：《中国农村贫困监测报告（2016）》，中国统计出版社 2016 年版，第 234 页。

② 国家统计局：《2015 年国民经济和社会发展统计公报》，2016 年 2 月 29 日。

已经充分意识到并肯定了城乡发展一体化对于消除农村贫困、改变农村落后面貌具有重要的意义。连片特困地区在自然环境、资源禀赋以及发展平台等各方面与其他地区相比，明显处于劣势。不仅城乡总体发展水平低，而且城乡之间发展差距较大，精准扶贫、脱贫攻坚任务异常艰巨，是全面建成小康社会的重大短板。鉴于城乡发展一体化的重要作用，连片特困地区要如期摆脱贫困，建成全面小康社会，重点要从以下 5 个方面大力发展城乡一体化。

（一） 城乡空间布局一体化

城乡各种经济活动都是在一定区域内进行，强化城乡空间联系、优化城乡空间布局是城乡一体化的前提。城市和乡村是两种典型的社会经济活动的空间组织形式，城乡空间结构是由点到线形成的一种拓扑结构。推动城乡发展一体化，就要在尊重经济规律、自然规律和社会发展规律的前提下，研究点和线的合理布局。合理、科学地进行区域功能定位，使不同区域如居民生活区、农业种植区、产业园区等相得益彰，打破城乡隔离的状态，使城乡紧密连接在一起，实现城乡优势互补，协调共进。

14 个连片特困地区中，每一片区的区域面积、贫困程度等又都有所不同，有的片区还跨越了多个省份。因此，片区应从本片区实际出发，科学、合理制定空间布局一体化规划，注重规划的可操作性。总体来看，各片区应坚持可持续发展、以人为本的原则，合理确定城市化发展水平和城镇常住人口数量，以促进区域整体发展。在确定片区区域体系结构时，统筹谋划县城、中心城镇以及村庄建设，以形成合理布局。在此基础上，突出各类主体功能区不同区域特点，不断完善其功能架构，使城市和农村之间呈现相互促进、相互融合的发展态势，不断优化空间布局，共同作用于全面建成小康社会的伟大征程中。

（二） 城乡产业布局一体化

城乡产业布局一体化，是指根据城市和农村各自的特点，充分发挥和利用比较优势和区位优势，促进城乡各种生产要素有序、高效流动，提高资源配置效率，使城乡经济相互协调、相互支撑，以实现城乡第一、第

二、第三产业健康、可持续发展。城乡产业布局一体化既是消除城乡差异的基本途径，又是强化城乡联系的有效途径。关键是按照市场经济的客观要求，统筹规划城乡产业格局，加强城乡产业间的分工协作，使城乡产业相互配合与协调，避免城乡为了各自利益进行无序发展和低水平重复建设。

与其他地区相比，连片特困地区城乡产业发展一体化总体水平比较落后，主要表现在产业间相互融合程度不高。因此要采取多项措施，逐步有序推进城乡产业相互融合。在积极推动城市第二、第三产业向农村产业转移的同时，连片特困地区农村也要积极鼓励本地企业转型升级，加快非农产业发展，根据市场实际需求适当延长农业产业链条，有效承接城市转移产业。还要积极推进蔬菜、水果、花卉等经济作物种植，以适应第一、第二、第三产业融合发展态势，并积极培育城乡第一、第二、第三产业融合的新业态。另外，在连片特困地区城乡接合处等适当地点兴建城乡一体的产业园区，带动周边道路、电力、能源等基础设施建设，形成体系健全、功能完善的产业园区基础设施服务架构。此外，连片特困地区政府要充分发挥宏观调控的指导作用，运用财税、产业、金融等政策工具和手段，对兴建产业园区给予政策优惠和倾斜，并把其作为产业转移的平台和载体，推动城乡产业布局一体化。

（三）城乡基础设施一体化

城乡基础设施是为城乡居民生产生活提供公共服务的各种物质和技术设备，城乡基础设施一体化是实现城乡发展一体化的一个重要方面。促进城乡基础设施一体化，就是要缩小城乡基础设施差距，推进城市交通、生产生活垃圾处理、信息产业等基础设施向农村延伸，推动城乡配套设施有效对接，互联互通，紧密融合，实现基础设施的共建共享，使农民也能享受社会现代文明成果，逐步提高生活水平和质量。

连片特困地区农村基础设施的落后，极大制约了城乡一体化发展。在经济学中基础设施属于公共产品，公共产品的主要供给者应该是政府，但仅仅依靠政府并不能有效解决基础设施建设滞后的问题。连片特困地区实现城乡基础设施一体化关键是要形成包括政府、市场、社会自愿供给主体等在内的多元化供给主体，相互弥补各自在公共产品的供给中的失效问题。在统筹城乡基础设施一体化进程中，为了突破区划限制，还要成立跨区域协调机构和组织，有效统筹连片特困地区各级政府和不同部门基础设施建设的总体规划，以及做好与周边地区的衔接工作，以真正实现连片特困地区城乡基础设施的共建共享。另外，基础设施的建设和完善是一项系统工程，需要巨大资金投入。创新基础设施投融资机制，建立多元化的投资渠道，形成合力，以便早日实现连片特困地区城乡基础设施一体化。

（四）城乡公共服务一体化

基本公共服务是由政府主导、保障全体公民生存和发展基本需要、与经济社会发展水平相适应的公共服务。受制于自然环境、思想观念等多种因素，农村教育、医疗、养老等公共服务大都和城市之间存在较大差距，尤其在连片特困地区表现得更为明显。连片特困地区城乡之间公共服务的较大差距成为制约城乡发展一体化的重大瓶颈。为了解决这一问题，继党的十八大报告明确提出“加快形成政府主导、覆盖城乡、可持续的基本公共服务体系”之后，国务院又于2017年1月印发了《“十三五”推进基本公共服务均等化规划》，明确指出：“到2020年，基本公共服务体系更加完善，体制机制更加健全，在学有所教、劳有所得、病有所医、老有所养、住有所居等方面持续取得新进展，基本公共服务均等化总体实现。”这为城乡公共服务一体化指明了方向。

连片特困地区实现城乡公共服务一体化，就是要逐步缩小城乡教育、医疗、社会保障等公共服务的差距，消除公共服务农村覆盖盲区。连片特困地区城乡公共服务一体化，应该在以下3个方面重点推进：一是加快补齐农村教育短板。除了促进城乡之间、校际之间优秀教师流动以外，还要加大财政教育投入，完善教学条件，具备条件的农村学校可开展远程教育，逐步提高教学质量。适当提高农村教师工资待遇，以激发教师对教学工作的积极性和主动性。二是提高贫困农村医疗水平。支持有条件的贫困农村进行远程医疗，实现城市诊疗资源和咨询服务向贫困农村延伸，涉及健康与养老服务等方面重大工程逐步向贫困农村倾斜，使医疗新技术也能为贫困人口服务，并不断提高新型农村合作医疗补助标准，逐步与城镇医疗标准相衔接，以从根本上解决“看病难”“看病贵”等问题。三是完善贫困农村公共就业服务。对当地失业农民及其他有需要的人员免费开展职业技能培训，提高其科学文化素质，增强其自身就业竞争力。鼓励有意愿创业的贫困人口进行创业，以创业带动更多就业。还要鼓励更多有实力和责任感的企业积极参与到连片特困地区城乡一体化进程中，提供更多就业岗位。

在城乡公共服务一体化过程中，还应该把竞争机制引入公共服务供给过程，形成多元供给主体，不断提高供给效率。在公共服务供给上，供给主体应针对不同的公共服务内容及需求者采取灵活多样的供给模式。除此之外，连片特困地区还应该设立城乡一体的公共服务绩效评价体系，将考核结果与奖惩机制挂钩，更好地激励公共服务供给主体提供更优质的公共服务。

（五）城乡生态环境一体化

生态文明是人类继工业文明之后新的文明形态，树立绿色发展理念，建设生态文明事关人民福祉和民族未来。恩格斯在《自然辩证法》中曾如此描述生态环境的重要性：“我们不要过分陶醉于我们人类对自然界的胜利。对于每一次这样的胜利，自然界都对我们进行报复。……美索不达米亚、希腊、小亚细亚以及其他各地的居民，为了耕地，毁灭了森林，但是他们做梦也想不到，这些地方今天竟因此而成为不毛之地，……”[①]习近平总书记在多个场合也都强调了生态环境保护的重要性，提出了“我们既要绿水青山，也要金山银山。宁要绿水青山，不要金山银山，而且绿水青山就是金山银山。”“像对待生命一样对待生态环境。”“保护生态环境就是保护生产力，改善生态环境就是发展生产力。”等有关保护生态环境的重要论述。加强生态文明建设，促进城乡生态环境一体化也是连片特困地区城乡发展一体化的重要内容。

连片特困地区要推进城乡生态环境一体化，就要把城市与农村作为一个整体来共同保护生态环境，实施城乡并重的生态环境保护政策，走上生产发展、生活富裕、生态良好的文明发展道路，实现经济效益、生态效益

① 中共中央马克思恩格斯列宁斯大林编译局编：《马克思恩格斯选集》（卷三），人民出版社2012年版，第998页。

和社会效益的统一。一是要加大宣传教育力度。使生态环境保护理念不断深入人心，引导当地民众树立和选择科学的消费理念和文明的生活方式，对涌现出来的环境保护先进集体和个人进行隆重表彰，并对破坏生态环境的行为进行揭露和深刻批评，并依据情节轻重，让其负相应法律责任。二是要在城乡生产和居民日常生活中，加大适合连片特困地区实际情况的环保实用技术实施力度，倡导建立现代农业，积极贯彻实施《工业绿色发展规划（2016—2020 年）》等。三是要加大生态环境保护投入力度。采取多元投资的方式，建立生态环境效益补偿机制。深入实施生态环境综合整治工程，坚持“污染者付费、开发者保护、受益者负担”的原则，规范处理城乡日常生产生活污水、垃圾。

三、连片特困地区城乡发展一体化的有效推进

连片特困地区实现城乡发展一体化，对于实现精准扶贫、脱贫攻坚具有极为重要的现实意义，应大力加以推进。但在推进连片特困地区城乡发展一体化过程中，县域经济的低水平、新型城镇化建设的滞后，以及贫困人口受教育程度低等因素严重制约了城乡发展一体化进程。因此，在推进城乡发展一体化进程中，要做好打一场硬仗的准备，采取有效解决措施，稳步、有序推进城乡发展一体化，使贫困人口如期摆脱贫困，为实现第一个百年奋斗目标做出应有的贡献。

（一）大力发展县域经济

连片特困地区包含了大量的贫困县，在国家划定的 592 个国家级贫困县中，有 440 个在连片特困地区。这些地区县域经济中，农业具有重要的地位，在三次产业中占了较大比重；工业和服务业比重低，而且一般发展迟缓或滞后，形成第一、第二、第三产业比例不协调的局面，严重制约了县域经济的快速发展。

发展连片特困地区县域经济主要任务是在加快发展农业的基础上，逐步提高工业、服务业比重，形成第一、第二、第三产业协调发展、融合发展的良好局面。农业是基础产业，连片特困地区要加快农业发展方式转变，不断提高农业的质量和效益，走产出高效、产品安全、资源节约、环

境友好的现代农业之路。在此基础上，推进连片特困地区新型工业化建设，积极培育战略性新兴产业，注重支持重点产业发展，力争在每个贫困县区培育2～3个支柱产业。大力发展生产性和生活性服务业，拓展服务业发展领域，提高服务业对经济增长的贡献率，不断提高贫困地区县域的自我发展能力。

将创新驱动作为连片特困地区加快产业结构调整和加快发展方式转变的重要手段和切入点。积极搭建多种形式的科技创新平台，加大科技成果在连片特困地区特色产业中的应用，进而促进贫困地区县域的产业转型升级，使之成为连片特困地区经济发展新的增长点和发展极，不断提高县域竞争力和经济实力。民营经济是县域经济的重要组成部分，采取有效措施为民营经济发展铺平道路，使民营企业不断发展壮大，成为县域经济新的增长点。此外，在连片特困地区县域经济发展中，还要充分发挥对外开放的引领带动作用，利用区外区内两种资源，不断提高县域经济外向度和县域经济实力。

（二）积极推进新型城镇化建设

城镇化是人类社会发展的客观趋势，也是衡量一个国家现代化程度的重要标志，其核心是农村人口向城镇转移。为了充分发挥城镇化在我国经济发展中的重要作用，中国先后出台了《国家新型城镇化规划（2014—2020年）》《关于进一步推进新型城镇化的实施意见》等多个旨在推进城镇化发展的文件，为新型城镇化建设和发展指明了方向。连片特困地区应紧紧抓住这一历史机遇，积极推进新型城镇化建设，从而实现城乡发展一体化。

一是要积极推进农业转移人口市民化。随着经济发展水平的不断提高，以及人们思想观念的逐渐变化，越来越多的连片特困地区贫困人口离开土地，从农村转移到城市就业和生活。因此，在连片特困地区新型城镇化建设过程中，应坚持以人为本的理念，使城镇基本服务覆盖农业转移人口，促进人的自由全面发展。保证农业转移人口随迁子女平等享有受教育权利，不断提高科学文化素质。加大对农业转移人口的就业支持力度，不断提高他们的就业创业技能，并加快实施城乡统一的社会保障制度。通过以上措施，使连片特困地区农业转移人口真正实现向市民化的转变，更好更快实现精准扶贫、脱贫攻坚。

二是要完善城镇功能。城镇功能在很大程度上反映了一个城市的品质和水平。因此，不断完善城镇功能，提高城镇承载力和吸引力是连片特困地区新型城镇化建设的重要任务。注重基础设施建设，提高建设质量和服务管理水平，建设资源节约型和环境友好型城镇，增强中心城市辐射带动功能，促进大中小城市和小城镇协调发展。此外，文化在一个城镇发展过程中具有重要的精神引领作用，是一个城镇的灵魂。连片特困地区多为少数民族聚居区，具有独特的民俗文化和历史传统。因此，在新型城镇化建设过程中，要充分挖掘当地特色文化元素，将文化元素融入城镇建设和日常生活，有助于提升城镇形象和城镇竞争力，以城镇文化认同凝聚城镇人口，构建和谐城镇。

三是要积极推进园区建设。根据 14 个连片特困地区不同的资源禀赋条件，因地制宜着力培育连片特困地区特色支柱产业，突出产业在经济发展过程中的支撑作用。在推进新型城镇化建设的同时，大力促进配套产业园区、科技园区、物流园区以及小微企业创业园区等园区建设，并以这些园区为平台，积极招商引资，吸引更多企业入驻园区，提升园区集聚功能。并使得这些园区在城镇将来的发展过程中，成为新的经济增长点和发展极，增强城镇发展后劲，为城镇更好更快发展做出贡献。

（三） 着力解决资金短缺问题

连片特困地区推进城乡发展一体化进程中，资金需求量很大，现有的投融资渠道已远远不能满足城乡发展一体化对于资金的需求，资金短缺、融资困难已经成为制约城乡发展一体化的重大短板。因此，连片特困地区必须通过多种途径筹措到城乡发展一体化所需资金，以顺利推进城乡发展一体化。

一是要加大政府财政支持力度。充分发挥中央政府的宏观调控作用，依据连片特困地区实际情况，适度加大中央财政对于不同片区城乡发展一体化的投入力度，各级地方政府也要积极参与，加大地方财政支持力度，健全财政支持城乡发展一体化资金的稳定增长机制。在此过程中，严格把关政府财政支持项目和范围，使资金流向真正需要的领域，以达到资金使用效益的最大化。

二是要加大金融支持力度。金融是现代经济的核心，要充分重视金融资金供给在满足连片特困地区城乡发展一体化过程中资金需求上的作用。在连片特困地区要大力发展普惠金融，使小微企业、农村贫困人口等都能筹集到所需资金。国家应鼓励政策性金融机构和商业银行向贫困农户或企业组织发放低息贷款，使农户有充足资金进行土地改良、购买大型农业机具，使企业组织能够顺利进行设备更新以及技术改造等，以期更有效地带动贫困人口脱贫。

三是要鼓励社会资本投入连片特困地区城乡发展一体化当中。除了财政资金和金融资金外，相关部门要制定优惠政策，在遵循市场经济规律的前提下，鼓励社会资本在片区农村找到可以投资的领域，规范、有序参与片区的城乡发展一体化和农村的现代化建设，给当地贫困人口提供更多的就业机会，提高贫困人口收入水平，实现增收致富。

（四） 注重培育新型职业农民

新型职业农民是以农业为职业、具有相应的专业技能、收入主要来自农业生产经营并达到相当水平的现代农业从业者。把连片特困地区具备条件的农业贫困人口培育成新型职业农民，对提高贫困人口自身素质，增强内生发展动力，实现城乡发展一体化，具有重要的现实意义。

连片特困地区培育新型职业农民应注意以下 4 个方面：第一，在确定新型职业农民的培育对象时，应严格按照相关文件要求，有选择性地把几类人员作为培育对象，主要包括连片特困地区农业生产专业大户、农民合作社带头人、农业企业骨干、返乡下乡涉农创业者以及产业扶贫建档立卡贫困户等。第二，连片特困地区要严格按照程序遴选培训师资，并建立培训师资库，对入库师资要严格把关。入库师资要按照要求定期对被确定为新型职业农民的培育对象进行培训。对培训师资制定完善的考核评价标准，建立动态管理机制，及时清退不合格人员，并吸纳新的合格培训师资入库；采取多种途径鼓励师资不断提高讲课水平，推出更多精品课程，出版更多精品教材。第三，新兴职业农民定位要高，要求要高，为了满足将来从事农业生产的需要，对其培训内容主要是关于提升综合素质、生产技能和经营管理能力等方面的知识。第四，采取多种培育方式相结合的办法，主要包括集中培训、实训实习、参观考察和生产实践等；不断改善培训条件，充分利用现代信息技术手段，因地制宜开展远程教育和学习，并设立科学合理的在线考核方式，提高培训的有效性、针对性和规范性。

另外，对于连片特困地区没有被列为新型职业农民培训对象的农村贫困人口，相关部门也要采取多种途径对其进行培训，不断提高贫困人口现代科学素质、思想文化素质，以增强贫困人口的就业能力和市场竞争能力，从而提高他们的致富能力。在新型职业农民的带动下，形成“比学赶帮超”的良好社会氛围，为城乡发展一体化做出应有的贡献。

第十一章　基于精准扶贫要求的农民专业合作社运行系统重构及其实现

在精准扶贫、脱贫攻坚中，农民专业合作社具有重要作用。农民合作社自诞生以来已经有100多年历史，不仅成为重要的经济活动单位，参与社会生产和分工，也成为重要的社会组织，发挥一定的社会治理功能。在中国经济社会发展中，农民专业合作社的发展面临新的趋势。从农民专业合作社的发展趋势出发，基于精准扶贫的要求，要发挥农民专业合作社对于精准扶贫、脱贫攻坚的重要支撑作用，必须促进农民专业合作社运行系统的重构并实现。

一、农民专业合作社运行的一般框架系统

国内外专业合作社都经历了较长时间的发展实践，相应的理论研究大量开展，在农民专业合作社的合作基础、合作形式、合作内容、合作机制、收益分配等方面已经形成较为成熟的理论观点。

（一）农民专业合作社的一般定义及内涵

国内外法律或者学者对合作社、农业合作社或者农民专业合作社做了定义。国际合作联盟认为："合作社是人们自愿联合，通过共同所有和民主管理的企业来满足共同的经济和社会需求的自治组织。"美国《卡帕－沃尔斯坦德法》规定，农业合作社是农业生产者在自愿基础上成立的互利组织。法国立法定义为："农业合作社及其合作社联盟是不同于民事企业

的一类特殊企业，它具有独立法人权利和完全民事权利。”中国《中华人民共和国农民专业合作社法》（以下简称《农民专业合作社法》）规定：“农民专业合作社是在农村家庭承包经营基础上，同类农产品的生产经营者或者同类农业生产经营服务的提供者、利用者，自愿联合、民主管理的互助性经济组织。”学者蔡润英定义农业合作社为：“农户依据自愿和平等原则，在互利互助和自治的基础上设立的，主要按照交易额度分享利润和分担经营风险的为全体社员服务的社团法人。”

农民专业合作社的定义众多，综合来看，至少在以下 4 个方面达成共识：一是农民专业合作社是按照自愿和平等原则成立，实行民主管理；二是农民专业合作社成立的基础是互助互利，对内而言，强调为合作社成员提供生产经营服务；三是农民专业合作社对外强调经济活动的营利性，作为基本的市场主体参与经济活动；四是农民专业合作社是一个区别于企业，并具有完全民事权利的经济组织。

（二）农民专业合作社的性质、规定、功能和边界

合作社是一种特殊的组织，特殊之处表现在合作社的性质、规定、功能、边界各个方面。从合作社的性质来看，首先合作社是一种经济组织，具有特定的经济职能，合作社的成立必须有经济学上的合作基础；其次，合作社也是一个独立的经济单位，在市场环境下进行一般无二的市场活动，受到市场规律的约束和调节，并且对外亦是追求利益的最大化；最后，合作社还是一种社会组织，主要以经济活动为纽带，联合市场中处于相对弱势的经济个体，组成利益联结的具有一定组织力和约束力的团体，从而实现一定社会功能。

从合作社的规定来看，合作社在成员构成、决策管理、利益分配、经营内容等方面都有相应规定。具体来说[①]，成员构成上，以农民为主体，农民至少应当占成员总数的 80%；决策管理上，重要事项需要农民专业合作社全体成员大会决定，并且实行一人一票制；利益分配上，扣除亏损和

① 以中国的《中华人民共和国农民专业合作社法》为依据，实际上国外立法上亦有类似规定。

提取公积金后的盈余，主要按成员与本社的交易量（额）比例返还，并且返还总额不得低于可分配盈余的60%；经营内容上，农民专业合作社主要从事生产资料购买，农产品的销售、加工、运输、储藏等服务，以及与农业生产经营有关的技术、信息等服务。这些是法律对于农民合作社做出的一般规定，也是将合作社与企业、行业协会等组织严格区分开来的特殊规定。

从合作社的功能来看，合作社可以将在市场中处于弱势的单个经济主体（农民）联合起来，一方面可以形成一致利益的联合体，在市场采购和销售中增强话语权和定价权；另一方面，合作社本身是服务组织，可以在信息、技术等方面提供便利服务，从而减少不确定性，规避生产和市场风险。同时，合作社具有一定的约束性，在加强程序管控、实施规模生产、统一质量标准方面，比单个市场主体更有优势，因而容易实现经济学里的规模经济。此外，合作社发展壮大后，既可以横向扩大规模，又可以纵向延长生产环节，从而可以将更多生产分工内部化，减少交易费用，并获得更大的利润空间。前述职能，都是合作社组织本身固有的经济功能，是对于合作社内部成员而言的。而从外部来看，合作社不仅有利于提升弱势个体的地位和优势，还有利于解决现有农村土地家庭联产承包责任制下，农业产业实现规模化、产业化的问题，便于在保持产权不变的前提下，推动生产联合，保证个体利益诉求同集体发展目标相一致。

从合作社的边界来看，合作社的产业及其范围是有边界的。自发产生的合作社必然有其自然机理和合作基础，古典经济学理论从分工合作、规模经济、市场效率等方面来解释合作社形成的机理，制度经济学理论从降低资产专用性、不确定性、有限理性、机会主义等角度解释合作社的产生。农民（社员）在选择是否加入合作社时，会判断加入合作社能否得到更高回报。合作社的边界体现在：一是自然边界，如土地、资源、原料等容量的限制，较难跨越地理和自然条件的约束；二是规模边界，合作社的规模扩大后，随着社员数量增加，利益诉求会更加分化，达成一致意见难度增加，从而更加难以管理和约束，因而会存在最佳组织规模；三是市场边界，合作社作为整体，受市场机制调节，市场需求和供给规律同样对合作社规模起约束作用。

尽管合作社有立法上的规定，但国内外对合作社成员组成、收益分配、民主管理等方面都有不同形式的探索，理论界对于农民专业合作社过于严格的规制有不同的声音。本书把前述的各个方面，当作传统意义上农民合作社的标准形式和内容，有助于认识和理解农民专业合作社。

（三）农民专业合作社运行系统的一般框架

综合前面介绍，笔者绘制了农民专业合作社运行系统的一般框架，如图 11 -1 所示。合作社内部包括了社员、社员进行的经济活动，以及围绕经济活动所确立的组织体系、管理机制、分配机制与技术和服务等保障体系。具体来说，合作的社员是按照合作社法律的相关要求自愿加入合作社的单个市场主体（以农民为主），社员是开展经济活动的主体，也是受益者。社员要遵守合作社的章程和制度，确保形成有约束力的统一行动的联合体，从而获得单个市场主体所不具备的发展优势。经济活动是合作社及其内部成员所开展的种植、养殖、农产品加工等生产活动，以及相应的服务活动，这些活动以营利为目的，是合作社的主要业务。经济活动的具体内容会因社而异，可能只从事单一的生产活动、加工活动或者配套服务，也可能涵盖多项甚至全部环节，主要以合作社本身的目标选择和经营能力为依据。组织体系是指为了实现更高效率和更多盈利，合作社建立的确保所有社员协作互助的有约束力的组织系统，表现为所有社员构成一个合作整体。例如，选举产生的理事会、监事会，推选出的理事长、副理事长、理事和监事长、监事，以及普通社员共同构成的组织结构。组织形式与具体的合作社规模、经济活动内容等因素相关，可能因合作社不同而表现出差异性组织结构。管理机制是合作社建立的运行在组织系统基础上的一系列组织、决策、管理机制和制度，包括会议制度、质量管理、协作管理、财务制度、出纳制度等。分配机制是合作社章程中确定的生产经营盈利分配方式和分配制度，包括盈利的具体用途规定、社员按交易额分配比例，以及非按交易额分配盈利部分的分配方式等。分配机制之所以单独列出，是因为事关合作社的效率和公平，也对合作社的长期发展有深远影响。对于传统意义上的农民专业合作社，其分配方式相对比较固定，甚至在成立初期就已经固定下来。保障体系是为确保生产活动顺利进行所建立的技术指导、产品储存、流通运输等保障服务系统。随着合作社生产规模的扩大，保障体系越来越重要，有利于减少生产、储存、流通等环节的风险。

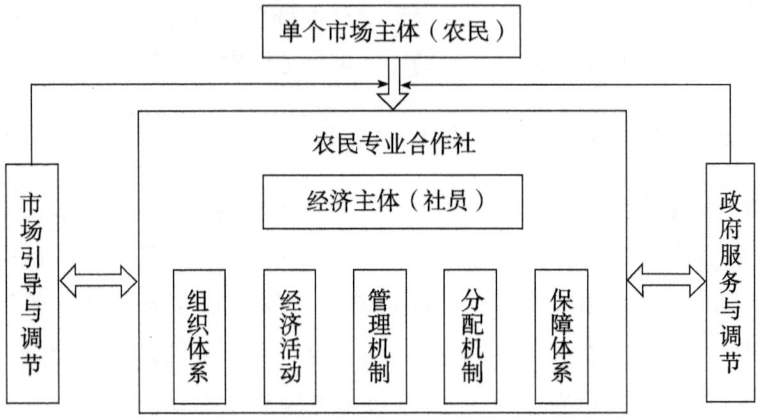

图 11－1　农民专业合作社运行系统的一般框架

同时，合作社的成立和运行还要受到市场、政府以及单个市场主体的影响。从单个市场主体看，是否组建或加入合作社，需要看加入合作社所带来的利益增进情况。在市场经济条件下，必须要有足够的利益诱导，才能吸引农民成立和加入合作社，农民是市场中的“理性人”。从市场方面看，农民专业合作社作为一个独立的经济单位，其市场活动是市场体系的一部分，受到市场竞争、供需平衡、价格调节等机制的影响。因而，合作社的顺利运转和持续运营，必须充分与外部市场衔接。政府的服务和支持，也是农民专业合作社运行不可或缺的要素，至少在技术服务、技术创新、项目扶持、风险化解上给予有效支持。

二、基于精准扶贫要求的农民专业合作社运行系统重构

从国外合作社的发展实践来看，农民专业合作社不仅是农业发展的需要，也是经济社会治理的重要力量，需要有非常成熟的立法体系、组织体系、运行机制。而从中国合作社发展的情况来看，农民专业合作社发展中存在较多问题，面临农村产业转型和提高贫困农民发展能力的双重压力。为破解“三农”难题和支持全面小康社会建成，亟须从运行机制和发展方式上重构农民专业合作社运行系统，进一步发挥好农民专业合作社的

作用。

（一）中国农民专业合作社自我发展困境

总的来说，中国农民专业合作社经历了较为曲折的发展历程，有效的合作社组织发展模式仍然处于探索阶段，合作社发展中面临的体制、机制和政府服务问题较为突出，制约效力提升和长远发展。西欧市场60%的农产品由合作社经销；美国4/5的农场主加入各种形式的合作社，合作社加工的农产品占农产品总量的80%。尽管据统计，截至2016年年底，中国的入社农户占全国农户总数的44.4%，但不少合作社始终存在规模小、实力弱、层次低、不规范、带动力弱等突出问题。而从实际调查看，中国农民专业合作社发展中存在较为严重的“假合作”“空运转”现象，真正能够把农民组织起来的合作社占比很小。具体来看，运行系统上存在的突出问题有以下四点：

一是各级合作社管理体系不健全。从政府管理服务角度来看，农民专业合作社的规范与发展隶属农业部门管理，但实际上政府工作中，很难保障发展农民专业合作社所需要的激励扶持力度和专业指导力度。从国外发展实践来看，合作社系统是相对独立的层级明确的组织体系，合作社已经成为国家经济社会建设的重要力量，各级政府层面都有专业的合作社发展管理和服务部门。中国农业专业合作社发展中存在的积极性不高、运作不规范和运行效率低等问题，很大程度上要归因于政府部门的指导与服务不够。在农民素质较为有限的情况下，发展和探索良好地运转体系需要面临更大风险，需要更长时间的探索。由于政府技术服务不到位，农业生产过程中亦面临较大风险。

二是合作社的组织约束力相对有限。合作社类似于自治组织，各成员之间是平等的关系。与企业相比，合作社对社员的约束作用比较有限，只是从利益上进行一种诱导。在具体生产服务活动中，基本上要依靠自我意识提高和自觉遵守规章制度，因而在生产效率上要低于企业组织。以种植业为例，按照传统合作社模式，各社员负责自身种植规模，具体收益要依据各种产品交易和交易占比确定的后期返利来定。各成员既可以选择积极加强管护，也可以选择一般性的放任管护，经济利益不是唯一的决定因素，其他因素也产生一定的影响，比如选择或轻松或紧张的生活方式。因此，社员个体行为的差异始终存在，合作社的约束力也会因人而异。

三是合作社运营效率提高和收益分配公平存在矛盾。从实际发展中来看，合作社运营是否成功的关键在于少数重点人员（村干部或能人）的组织管理能力，尤其是在合作社运营初期，核心人物的凝聚力和感召力十分重要。因此，在合作社的运营管理中，少数人物的作用十分关键，他们为确保合作社运营付出大量劳动，会消减自身生产规模，理应从可分配盈余返还部分额外利益作为他们的激励和补助。在《农民专业合作社法》的规定中，可以有小部分（不允许超过40%）可分配盈余用于奖励等用途，但比例为多少才能足够吸引能人从事管理和服务工作，必须依据实际情况确定。因此，能人的实际利益诉求可能会与《农民专业合作社法》规定的比例不相符，这会影响合作社的实际运营效率。

四是合作社面临农业利润低与需要吸引人才的矛盾。不少农民专业合作社运营中出现的“假合作”“空运转”问题，是由于利益诱导不足和机制不完善。农业产业利润低，利益诱导不足，大量的农村劳动力进城务工，留守农村的劳动力数量有限，且十分分散，发展农民专业合作社存在人员分散、土地分散问题，进而导致管理上的困难。除此之外，也与农村地区管理组织人才的缺乏密切相关，由于缺少专业管理和运营人才，合作社的发展往往面临组织实施困境。市场经济体制条件下，市场主体会对比选择更有利的发展机会，农业产业的利润低、风险大是不能吸引人才的根本原因。

（二）农民专业合作社面临精准扶贫新要求

2015年年底以来，在全国范围内实施了精准扶贫工作。与过去相比，精准扶贫重在精准，在识别、帮扶、管理和脱贫各个环节上都要突出“精准”。其中非常核心的一项任务是产业扶持，大力发展精准扶贫产业，提升贫困人口收入的同时，提升贫困人口的自我发展能力。这些对培育农业产业发展新型主体，增强对贫困人口的吸纳和带动作用提出了新的要求。

一是贫困地区新要求。扶贫开发重点地区，多数地方自然条件、地理条件和交通条件相对落后。从经济学角度分析，不具备发展大规模农业生产的成本优势和市场优势。特别是当规模化、产业化生产水平还比较低时，生产成本和市场销路会成为制约产业做大做强的关键因素。为此，对于农民专业合作社来说，一方面要着眼于使分散到户的土地满足现代农业规模化生产的要求，通过农民合作形式，有效推动生产适度规模化、标准化、专业化，减少成本、提升效率；另一方面，要着眼于贫困地区的“乡土”特色，推动农业产业发展特色化、品牌化，实施差异化发展战略，保持较高的利润率。

二是贫困人口新要求。贫困户和贫困人口也对农民专业合作社的发展提出了新的要求。受长期小农经济思想的影响，以及受到贫困地区教育水平和开放意识滞后的影响，许多贫困户和贫困人口对于农民专业合作社的运作模式、收益分配都难以理解，患得患失的心理比较强烈。一方面，会导致群众参与合作社的积极性不高，需要政府组织引导甚至强制干预；另一方面，农户和农民习惯了个体劳作，并且在生产中具有一定的随意性，不能严格执行合作社的标准和制度，因而容易导致合作社组织松散，运营效率低下。

三是扶贫效益新要求。在精准扶贫背景下，政府对农民专业合作社的支持力度会加大，包括项目、资金和技术等方面，但同时也要求农民专业合作社可以引导更多的农民，特别是贫困农民参与合作社，并且在合作社的收益分配上向贫困户倾斜。如此，贫困地区农民合作社的发展面临新的机遇，但也会对现有的运行系统提出新的要求。从各地合作社或者集体经济发展模式来看，合作社主要依靠村干、能人带动实施或者承包实施，特别是在合作社发展初期，有利于保障项目成功。因而，在成立合作社时，村干、能人的利益诉求会较高，相应要求提高非按交易额分配盈利的比例。

四是市场需求新要求。全国范围内的精准扶贫开发，使得农业产业项目和农民专业合作社的数量大幅提升，并且所实施的产业项目或多或少存在一定的相似性，势必带来农产品供应大幅增加和农民专业合作社之间的竞争加剧，市场价格的下行压力不利于农民专业合作社的顺利发展。为此，在市场销路没有保障的情况下，农民专业合作社要准备好应对措施。除了前面提到的实施差异化发展外，还应考虑提前联系销路，解决市场问题，同时要考虑拓展农产品加工，进一步延伸产业链，提高产业增加值。

（三）新要求下农民专业合作社运行系统重新构建

当前中国市场化和现代化程度已经大大提高，市场环境发生了巨大改变，农业农村工作也呈现出诸多新的特点。从现实的发展来看，传统的农民专业合作社的一般规定和约束，有不少地方需要根据实际情况做出调整完善，构建出适应实际发展要求的农民专业合作社运行系统。本书做了初步的构想，调整后的系统框架如图 11－2 所示。

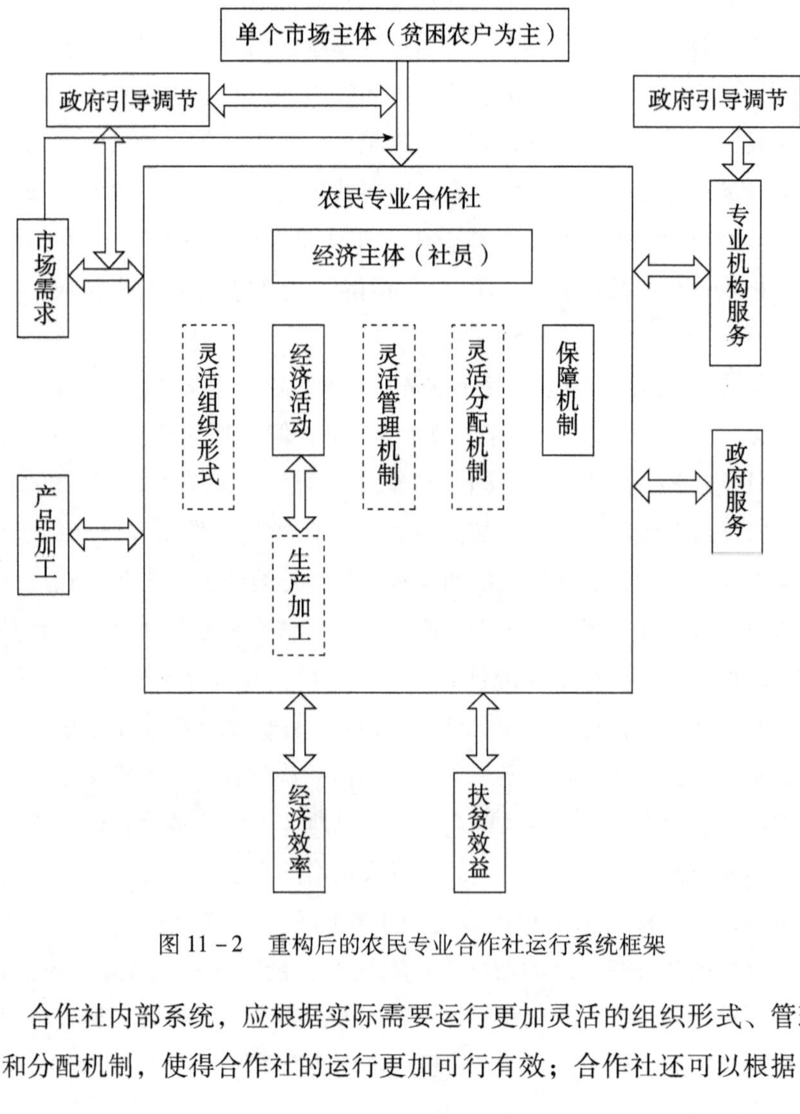

图 11－2　重构后的农民专业合作社运行系统框架

合作社内部系统，应根据实际需要运行更加灵活的组织形式、管理机制和分配机制，使得合作社的运行更加可行有效；合作社还可以根据自身实力和需求来选择是否拓展主要业务的前端或者后端环节，既增加了利润空间，又解决了前端供给和后端销售问题，还可以让社员进行不同的分工。在合作社外部系统，重点设置了专门的合作社发展和服务机构（类似于半官方的管理和服务机构），既提供合作社设立、运行、发展、退出的指导和管理，也提供技术、信息、金融等资源服务；政府部门在引导和调节贫困户参与农民专业合作社、解决市场供给需求等方面，应更加突出调控作用。

三、基于精准扶贫要求的农民专业合作社运行系统实现

精准扶贫背景下，贫困地区农民专业合作社的运转面临更多的困难，需要从政府、市场、农户（含贫困户）、合作社本身等多个方面共同努力，围绕发展农业产业、带动贫困农户、提升农户发展能力等多重目标，共同构建起支撑农民专业合作社持续健康运行的新路径。具体实现路径如图 11－3 所示。

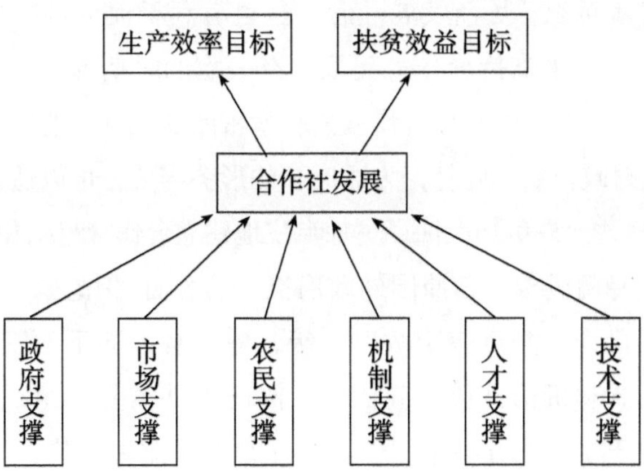

图 11－3　新要求下农民专业合作社运行系统的实现路径

（一）政府支撑

精准扶贫要求下，政府支持农民专业合作社建设的目标应该是多重的。首先是支持农业合作社本身的发展，支持其作为一种自治的组织参与经济社会建设；其次是支持贫困户和贫困人口脱贫发展，推动全面建成小

康目标实现；最后是支持农业产业现代化，主要体现在适度规模化、标准化、技术化、特色化。因此，大力支持和引导农民专业合作社发展十分必要。

一是加大资金投入。进一步增加对农民专业合作社的资金项目支持，扩大现有的试点范围，增加试点合作社数量。统筹扶贫资金和农业发展资金，安排合作社发展专项经费。政府投入资金可以作为贫困户和贫困人口入社的启动资金或者补偿资金，以解决贫困户和贫困人口因贫困而无法入社的问题；也可以作为合作社运行管理人员的奖励，激励有能力的社员做出更多贡献。同时，提高资金使用针对性，加强对政府资金使用的监管，确保资金使用的效率和效益。

二是加大政策引导。与资金项目同步，政策的引导也不可或缺。一方面，针对脱贫攻坚需要，要大力引导弱势的贫困户参与扶贫脱贫项目，必要时要依靠行政约束的力量，从而提升贫困户和贫困人口的发展意识和技能；在一定程度上要允许项目运营失利或者失败，农民可以在实际参与、发展中提升发展意识、更新发展理念，这也有利于促进村民自治。另一方面，出台财税政策来支持合作社建设，在一定的时期内，对合作社的成立和扩大进行支持，对与生产型合作社关联紧密的加工型企业或者合作社给予税收优惠或者财政补贴。此外，为适应新的形势需要，可以适当修订《农民专业合作社法》，允许更加灵活、更加自主地建立合作社组织和机制。

三是成立专门机构。参照国外政府支持合作社的做法，成立一个专门的管理和服务机构，并对应于政府层级，建立自上而下的管理服务体系，具体的运行模式和机构性质，应依据实际的发展需要和组织效率来确定，坚决防止人浮于事、业务不精。建设合作社指导服务机构，一方面科学制订各地的合作社发展规划，有计划地推动各地合作社系统建设；另一方面加强在合作社发展模式和运行机制上的专业性，并给出针对性的指导服务；同时，还要有搜集市场信息、对接技术服务、整合发展资源的基本职能，为农民专业合作社发展提供尽可能便利的服务。

四是调节市场需求。市场调节虽然发挥主导作用，但存在市场信息不完整、市场供需波动等情况，会造成价格的扭曲和波动，不能为快速而大力发展农民专业合作社和农业产业提供足够的市场支撑。因此，需要政府的干预和支持，对于农民专业合作社运行过程中出现的产销问题，政府要及时提供市场信息、市场推广服务，便于发掘供需空间，解决合作社数量和规模扩大后的市场风险问题。

（二）市场支撑

合作社作为市场主体开展经济活动，必然要适应市场调节机制。从发展实践来看，农民专业合作社发展相对困难，最核心的原因在于市场支撑不够，具体来说包括利益的诱导不足、供需不平衡等。

一是拓宽农业产业的利润空间。市场利益诱导不足的原因是农业产业的利润低、风险大。对于贫困农户来说，特色种养项目的投入是比较大的。因此，一般农户因为项目存在不确定性而不愿意投入，所以大量劳动力选择外出务工。农业利润低是由多种原因造成的，一方面，农业发展方式粗放，不能实现规模化、产业化带来的规模经济效益；另一方面，流通环节挤占了大量的利润空间，农村供给市场与城市需求市场脱节；同时，单个农户的能力有限，不能突破狭小市场限制，在价格确定上缺少话语权。因此，拓宽农业产业的利润空间，既是促进农业产业发展的手段，也是目标。而发展农民专业合作社有利于改变单个农户的不利地位，有利于实现利润提升和产业发展相互促进，此外，还要进一步强化其他产业反哺农业，提高农业补贴水平，为农业产业争取更多利润空间。

二是促进市场供给和需求的平衡。贫困农村供给市场与城市需求市场脱节，使得农产品市场范围受限，不利于农民专业合作社发展壮大。从需求方面来说，应进一步打破市场分割，加快建设城乡统一市场，使农村供给与城市需求加快对接；针对贫困地区，建设专门线上线下农产品市场，特别是使线上市场与现代物流相结合，缩减流通环节，加快对接市场需求。在生产环节上，应积极贯彻国家关于供给侧改革的部署，推动贫困地区农业产业差异化发展，发挥生态和纯天然优势，因地制宜打造特色产品，推动供给结构调整。在加工环节上，推动农产品生产和农产品加工衔接，进一步拓宽销售渠道。在流通、销售等非生产环节上，进一步控制经营成本，缩减生产地市场和最终消费市场之间的价格差。

（三）农户支撑

农民是农民专业合作社的主体，既直接实施生产活动，也参与专业合作社的决策和管理。农民的合作意识和发展素质，对于合作社的成立和运行具有基础性的影响。但由于改革开放后，以家庭联产承包责任制为基础的小农经济方式影响深远，许多农户，特别是贫困地区的群众较难意识到合作的优势和好处，实际生活中成功运行模式也很少见。因此，也应从农户角度强化合作社运行的基础。

强化农户支撑主要体现在3个方面。一是提升农户合作意识，在技术传递共享、实施标准化生产、统一购销行动、参与合作社运行管理等方面强化分工合作。可以通过建设区域性的示范，以成功的范例引导农户。二是提高农民的发展素质，主要依靠实践培训提升生产技能，掌握基本的专业技能。合作社要把对社员的技术指导和培训作为一项重要工作，培训要通俗易懂并产生实际成效，从而吸引社员广泛参与。三是给予贫困人口倾斜支持，不仅在项目覆盖、资金补贴等方面，还要在思想动员、技能培训、商品供销等方面给予扶持，突出对弱势群体的优先帮扶。

（四）机制支撑

合作社本身的组织形式、管理机制、分配机制改革也非常必要，可以进一步支撑新要求、新目标的实现。围绕提升合作社的生产效率和贫困人口扶贫效益两个目标，一定程度上改革原有的组织、管理、生产、分配等活动。由于没有现行模式照搬，需要在理论和实践中不断探索。

在组织形式上，由于一些贫困村贫困户较多，若以一个合作社覆盖，势必导致合作社的规模过于庞大、成员数量过多，各自的利益诉求难以统一，可能会导致集体决策效率低的问题。因此，要保持合作社的适度规模，社员要相对集中。可以考虑在各小区域范围内设立生产型的专业合作社，在此基础上，再在村一级成立以服务、加工为主的专业合作社，二者既可以是较为严格的约束和指导关系，也可以是相对独立的服务购买和生产分工关系，视实际情况而定。同时，在社员设置上，除大力鼓励贫困人口参与外，还要充分允许和鼓励村干、能人的参与，不宜过多限定数量比例门槛。村干、能人的示范作用十分重要，会让周边的贫困人口自发效仿。此外，还可以吸引企业力量参与合作社发展，优先发挥好示范作用，企业既可以参与实际生产活动，也可以技术服务、机器设备入股的形式参与。但对于条件较差的贫困地区，企业入股或者参与的积极性并不高。

在管理机制上，重特大事项，特别是涉及所有社员利益的，由全体成员会议决定；而具体经营执行上，应充分发挥能人的专业优势，提高执行效率。因此，应充分吸纳村干、能人进入理事会和监事会，并让他们在管理和经营上发挥基础性作用。同时，为了强化监督，保障一般农户和贫困农户的利益，一般农户和贫困农户也要派出一定的代表进入管理部门。针对比较通行的“一人一票”制，可以根据实际需要，赋予村干和能人更多投票权。

在分配机制上，要重点考虑扶贫效益，即对贫困户的惠及程度。主要处理好一般社员与参与管理的社员之间的利益分配。由于能人、大户本身可以在较大规模上开展经济活动，若没有足够利益诱导，加入合作社的积极性也比较低，因而对于能人参与管理服务和技术指导，要给予一定的利益激励。但实践中，也会出现利益难以协调一致的情况，甚至会发生利益绑架情况，不利于合作的实现。因此，在能人帮扶贫困户的情况下，可以考虑在合作社盈利返还比例上做小幅度调整，也可以考虑在合作社之外，由政府给予一定的激励。同时，为使一般农户或者贫困农户获得更多利益，可以考虑多发挥奉献精神好的党员和能人的作用，并与村两委班子选举挂钩，在地位和名誉上给予激励。

在生产活动上，一方面考虑延伸经济活动链条，依据实际能力选择生产、加工、服务等内容，或者随着合作社发展，应尽力拓展业务范围，进一步拓宽利益空间，比如选择生产、加工的业务类型。另一方面，在拓展业务范围后，可以考虑社员之间的分工配合，主要是基于专业化要求，发挥社员各自优势，分工合作开展种植、养殖、加工，可以提升生产效率，促进工艺改进。

（五）人才和技术支撑

农民专业合作社虽然从事农业相关工作，也多处于最基层的农村，但农业产业要实现现代化，农业专业合作社要提升竞争力，都离不开人才和技术的支撑。具体表现在，农业生产活动应用机器、引进良种、优化环节等都需要科学技术指导，而技术创新、技术推广、技术应用、有效管理、营销推广等都需要人才的支撑。人才的支撑不仅体现在合作社外部服务需要优秀人才支撑，还表现在合作社本身的运行发展需要优秀人才支撑。

一要强化人才和技术的外部供给。主要是政府要提供合作社发展所需要的良种良技服务，强化农业科技创新和推广，加强对农民的培训和示范。农业科技创新包括良种科技创新、种养工艺技术改进、农产品加工技术创新以及农业机械、农产品加工机械创新等，具体来说，与农业相关的工业、服务业的发展对农业发展起着重要的推动作用。

二要发展和培养村干、能人。合作社是一个以农民为主的团队组织，需要选举有能力的理事会和监事会成员，来提高决策效率和行动效率。合作社理事会的履职能力决定了合作社发展前景。就贫困村而言，为数不多的劳动力留守村里，但仍然要选举能力强、事业心强的人员担任理事，负责合作社的日常运营管理。因此，这些重任往往要由村干或者能人来承担，他们如企业的管理层一样，必须要具有较高的素质，并热心于公共事务。政府应加强能力培训、制定激励措施，以此来发展和培养合格的合作社管理人员队伍。

三要发展和培养经理人。为加快农民专业合作社发展壮大，可以考虑像公司发展一样，培育专业的合作社“经理人”队伍。这些“经理人”应对合作社的运行管理具有丰富经验，对市场行为具有较好判断能力，因而在合作社发展实践中被培育并选拔出来。在合作社成立和发展初期阶段，应考虑聘请专业的“经理人”，尽快将合作社发展纳入正常轨道，之后再移交合作社内部社员自行管理。“经理人”要同时培养优秀的社员，让其学习掌握管理技术，以便顺利实现交接。

第十二章　贫困农户的人力资本投资

在精准扶贫、脱贫攻坚中，贫困农户既是扶贫的对象，也是反贫困的主体。纵观我国的减贫历程，无论是新中国成立后解决百姓的吃饭问题、改革开放后大规模减贫阶段，还是21世纪初实施的农村扶贫开发、“十三五”正在进行的全面建成小康社会决胜阶段的脱贫攻坚战，能够顺利摆脱贫困走上致富道路的群众，大都拥有健康的身体素质，并且在减贫过程中不断学习提升自己的综合素质，至少习得一技之长，具备了较强的自我发展能力。在资源环境、物质条件相对稳定的情况下，贫困的根本原因是人的能力贫困，因此在贫困地区实施人力资本投资，加强贫困农户的脱贫能力建设，是脱贫攻坚的有效路径，更是有效遏制返贫的战略选择。

一、贫困农户人力资本投资的减贫机理

20世纪60年代，舒尔茨突破传统理论的束缚，首次区分了物质资本与人力资本，明确提出了人力资本的概念，指出在促进经济增长的因素中，健康、能力等人力资本的增加比其他物质资本的增加更为重要，开创了人力资本经济增长理论。舒尔茨认为人力资本的累积不是先天形成的，而是主要通过对人的投资逐步累积起来的，包括教育投资、健康投资、在职培训等。穷国的人之所以贫穷不在于他们物质资本的匮乏，而是因为穷国人力资本投资不足，造成他们知识技能的缺乏，没有健康的保证等，因此“改进穷人福利的关键因素不是空间、能源和耕地，而是提高人口质

量，提高知识水平”①。提高人口质量的关键在于提高人的能力，人的能力的提高靠的是人力资本投资。

农户的贫困表现为整个家庭的低收入与低消费，生活水平长期低于社会所认可的平均生活标准，缺乏基本的生活资料与服务，生活处于艰难的境地。贫困农户由于没有形成足够的资本，没有能力去获取更好的发展机会，导致其无法创造收入，不得不安于贫困的现状。因此，在精准扶贫、脱贫攻坚进程中，引导贫困农户进行有意识的人力资本投资，着重加强健康投资，健康是人力资本存量增加的基础与前提，提高教育培训投资，让贫困农户掌握所需知识技能，从而提升贫困农户的自我发展能力，进而能让贫困农户分享经济社会发展的成果，走出贫困的陷阱。

（一）人力资本视角下的农户致贫因素

中国贫困农户贫困的表现大体相同，基本上是长期处于缺乏基本生活资料与服务的状态，但致贫的原因却各不相同，有自然环境较差、制度供给不均衡、经济发展落后、基础设施落后、信息不对称等外部因素的影响。外部因素制约了农户发展，加剧了农户贫困，而影响事物本质发展的是内因，影响农户贫困主要是农户自身的因素，贫困的根源在于其自身的能力贫困，而导致贫困农户能力欠缺的原因也不尽相同，但教育、健康等人力资本存量不足导致的能力贫困，是农户致贫的重要原因。

影响人力资本累积的因素有很多。第一，受教育程度。贫困农户的平均受教育程度较低，教育人力资本累积较少，导致贫困农户的综合能力提升有限、就业质量不高、收入低于社会平均水平，最终导致农户贫困。截至2016年年底，国务院扶贫办建档立卡数据统计显示，贫困人口中初中及以下文化程度占92.9%，小学及以下文化程度占56.3%，文盲半文盲占15%。② 第二，知识技能。能力缺乏是农户致贫的重要因素。虽然有健康的体魄，但是没有知识储备，没有一技之长，多数农户呈现出有潜在人力

① ［美］西奥多·W. 舒尔茨著，吴珠华译：《论人力资本投资》，北京经济学院出版社1990年版，第40页。

② 刘永富：《全面贯彻中央决策部署　坚决打赢脱贫攻坚战》，《中共中央党校报告选》，2017年第5期。

资源但缺乏人力资本的特点，因此不能获得足以使其脱贫的收入。第三，健康。由于家庭成员身患疾病，一方面导致农户家庭支出大幅度提高，另一方面劳动力的匮乏导致收入更低，支出增加与收入减少的双重叠加，往往使农户陷入深度贫困。根据建档立卡统计数据结果可知，截至2016年年底4335万贫困人口中，因病致贫返贫的占42.2%。[①] 第四，自身劳动能力。精准扶贫进程中，有一部分人是自身丧失劳动能力的老、弱、残等群体，基本没有劳动收入。对于这些丧失了或部分丧失了劳动能力的贫困人口，不能通过自身能力提高来摆脱贫困，只能依靠政府的社会保障兜底扶贫来实现脱贫。

在精准扶贫、脱贫攻坚过程中，随着国家投资力度的不断加大，贫困地区外部环境得到不断改善，外部致贫因素逐渐减少，因病致贫、因学致贫、知识技能缺乏致贫的农户是脱贫攻坚的重要对象，是健康扶贫、教育扶贫、产业扶贫的主要人群。由于健康、教育投资明显偏低，导致贫困农户人力资本存量普遍不足，农户能力欠缺，所以处于长期贫困中。因大部分农户自身具有人力资本形成、积累的基础条件，所以增加农户人力资本投资，改善导致农户贫困的内因，促进人力资本存量快速增加，形成贫困农户人力资本的有效积累机制，增强贫困农户脱贫的持久性和稳定性，是精准扶贫的重要方向、脱贫攻坚的有力举措。

（二）人力资本投资的脱贫效应

人力资本是通过对人进行资本投资，从而在被投资者体内形成的能够带来价值增值的资本。人力资本在人体内表现出多种形式，对于贫困农户来说，教育资本、健康资本的形成对脱贫具有直接效应。

教育是一种脱贫的有效手段，它的效用体现在四个方面。第一，增加农户的收入。通过教育与培训，不但可以使农户掌握更多的生产技能，提高劳动生产效率，而且受过较多教育的人与受过较少教育的人相比，能更好地了解环境、生态和可持续发展之间的密切关系，更好地利用环境进行有效的生产发展，直接提高农户的劳动报酬。第二，打破贫困代际传递。

① 数据来源：国务院扶贫开发领导小组办公室网站。

贫困的代际传递是指父母将较低的经济地位及不利因素传递给子女，子女继承这种贫困后，再传递给下一代，重复这种贫困的境遇。教育对代际传递的阻断作用主要是通过提升后代的可行能力实现的，即提高个人的劳动生产率与把握机会的能力从而提高劳动报酬。贫困农户的子女受过良好的教育，可能会得到良好的就业，拥有可观的收入，甚至达到一人就业，全家脱贫的效果。第三，消除愚昧，改变观念，提升素质，降低脱贫成本。教育水平的提高，不仅能使贫困农户懂得更多生活常识，养成健康的生活习惯，提高生活质量与健康水平，而且有助于贫困农户更好地理解、利用精准扶贫政策，还能改变贫困农户传统的贫困文化思想。第四，深化对公平正义的理解。建立维权意识，有利于对精准扶贫过程形成一个有效的监督，减少或遏制贫困地区家族势力特权阶层的形成，压缩基层扶贫寻租空间，降低基层扶贫腐败发生概率。

健康的身体是有效人力资本形成的基础，是脱贫攻坚的根本。身体是知识与技能的载体，身体不健康，不但人力资本形成无从谈起，而且影响工作效率、家庭收入等。健康状况较差的人群贫困发生率相对较高。2015年身体健康的人群贫困发生率为5.5%，基本健康的人群贫困发生率为7.0%，健康状况较差的人群贫困发生率为9.8%，其中不健康但生活能自理的贫困发生率为9.7%，不能自理的贫困发生率为10.8%。[①] 健康影响人的寿命，在其他条件相同的情况下，人的收入与健康的寿命呈正相关，如果能使人的寿命延长5年、10年甚至更长时间，将会大幅度增加人力资本投资的收益，提高贫困农户的收入。身体的健康对于贫困农户来说是双重的收入，疾病的减少一定程度上对农户而言就是收入，因为因病就医的费用会随之减少，健康的身体又可以创造一定的收入。身体的健康会促进农户家庭的和谐，家和万事兴，是农户脱贫的基础与前提，如果每一个贫困农户都有和谐的氛围，精准扶贫就有了稳定的环境。

① 国家统计局住户调查办公室：《2016中国农村贫困监测报告》，中国统计出版社2016年版，第15页。

（三）贫困农户的人力资本投资需求

人力资本投资一般需要大量的资金支持，贫困地区的人力资本投资的主体是地方政府与贫困农户，贫困地区的地方政府财政资金有限，贫困农户本身就是低收入群体，所以在公共财政投入不足、个人无力投资的情况下，贫困地区的人力资本投资比较匮乏，贫困地区由于教育资源有限，公共卫生资源供给不足，贫困农户存在潜在的人力资本的巨大投资需求。

贫困农户的教育人力资本存在较大的潜在投资需求。农户因受教育水平低而导致知识技能匮乏。由于受教育年限偏低导致贫困农户能力欠缺，降低了贫困农户在就业市场的劳动力和竞争力，限制了就业机会与获得较高收入的机会，与受教育程度较高的人群相比，他们更容易陷入贫困，陷入贫困之后就更加没有资本投资自身与下一代的教育，或者勉强投资教育之后更加贫困。据2016年建档立卡数据统计显示，因学致贫返贫占贫困总量的8.4%。[①] 因此贫困农户很容易在教育与贫困之间形成恶性循环，农户的贫困导致没有资本积累，缺乏资本投资教育，教育水平越低，就业越困难，收入越低，就越发贫困，即"农户贫困→低水平的教育→知识技能缺乏→就业比较困难→低水平的收入→农户贫困"，一旦这种贫困循环建立，农户就陷入了贫困陷阱，如没有外力打破循环，惯性贫困将会代代延续，贫困的代际传递由此固化。为打破这种循环，贫困农户潜在教育需求巨大，但贫困农户对教育的投资也很难符合一般投资者的行为动机，对投资成本与收益的理性分析也决定了贫困农户是否进行教育投资，造成潜在教育需求难以转化成有效教育需求。

贫困农户的健康人力资本投资需求旺盛。一是贫困农户儿童的健康投资需求。处在成长期的留守儿童由于父母长期不在身边，隔代抚养的情况较为普遍，很多老人在自身健康很难保证的情况下，无力保证儿童成长所需的基本营养。二是贫困农户中新增患病人口的健康投资需求。医疗资源的匮乏与低收入因素的叠加影响，使得贫困地区的人口患病以后不能得到

① 数据来源：国务院扶贫开发领导小组办公室网站。

及时有效的治疗。“没病不去体检，小病基本不看，病倒才去医院”的状况在贫困地区依然普遍存在。三是贫困农户中长期患病人口的健康投资需求。贫困农户中如果有一人长期患病，病痛与贫困交织在一起，就形成了贫病交加的顽疾。“有啥别有病，没啥别没钱”是百姓的俗语，但也从一个侧面反映出大病重病对百姓尤其是对贫困户的可怕之处，一场大病不啻一场灾难，让贫困农户的生活雪上加霜。贫困与疾病往往是相伴而生的，贫困农户没钱看病，而一旦必须要看病一般都是大病，都是小病经年累月的拖延造成的大病，一病就陷入更深的贫困之中，更加没钱治病，很多因病致贫的农户都陷入这种贫困的循环中。四是贫困农户的疾病预防投资需求。在城市中已经形成了较为完备的疾病预防体系，无论是单位还是社区，都会定期组织体检等，但在贫困地区的贫困农户中，体检预防的健康投资几乎为零，而很多大病都可以在前期的检查预防中早发现、早治疗。

贫困农户潜在的教育、健康人力资本投资需求巨大，如何在精准扶贫、脱贫攻坚进程中，把潜在的投资需求转化为有效需求，在贫困农户中形成有效脱贫的人力资本，是针对贫困农户人力资本形成精准滴灌的方向所在。

二、贫困农户的教育人力资本投资

教育在减贫中的作用在不同的分析框架下得到了广泛的讨论，无论是把教育作为一种人力资本形成的重要手段，还是个体的一项基本权利，或者是阻断贫困代际传递的有效途径，教育投资与减贫的正相关联系被人们广泛认同，教育也确实在贫困地区农户减贫、脱贫中发挥着重要的作用。但由于教育本身是高度异质性的，不仅不同阶段的教育对个人收入提升的效果不同，而且同一阶段的教育产品对不同人群的作用也不尽相同。针对贫困农户的教育人力资本投资也应分类施策，力求做到农户需求与供给大体一致，做到近期与远期相结合，最大程度地发挥教育减贫的效应。

（一）贫困农户教育需求的异质性

农户贫困不仅表现为低收入与低消费，更表现在获取多方面深层次发展的能力和条件不足，如思想的固化、营养的不良、社会的排斥等。农户贫困的多维性决定了其教育投资需求的高度异质性。

扶贫脱贫的教育需求包括五种类型。第一，知识缺乏型的大众教育需求。导致贫困的原因中，知识技能缺乏是很重要的一个。随着社会保障的不断完善与基础设施的逐渐改善，稳定脱贫越来越取决于个人的综合素质。面对脱贫致富的机会，往往缺乏能抓住机会的有知识的劳动者。提升个人综合素质的大众教育培训，是贫困农户教育需求的最大公约数。第二，提升增收能力的职业教育需求。产业发展落后是贫困地区脱贫的最大障碍，产业的发展最终要依靠人，依靠有一定技能的劳动者，农户脱贫的最大障碍是由于自身专业技术准备不足而导致的产业发展的参与率低。针对贫困农户开展适销对路的技术培训，有助于帮助他们融入当地产业发展，增加收入。第三，儿童学前教育需求。学前教育不足是农村教育的短板。由于人居分散、交通不便、农户收入低、正规幼儿园运营成本较高等，贫困地区的儿童缺乏学前教育机会。第四，高质量义务教育需求。贫困地区由于教育投资不足，进而办学条件较差，由于生源与师资的双短缺造成学校运行困难，一名教师带多门课程的情况较为普遍，甚至一名教师撑起一所学校。第五，高等教育的需求。有些农户为了供子女读书，导致了家庭贫困，如果继续接受高等教育，会让本已贫困的家庭雪上加霜。但是如果可以在接受高等教育后再就业，就能使得整个家庭稳定脱贫。贫困农户的高等教育需求也是潜在的。

（二）贫困农户教育投资的影响因素

贫困农户决定是否进行教育投资，取决于很多方面的因素，从家庭投资教育的决策过程看，贫困农户首要考虑家庭的整体收入，然后比较教育投资的成本与收益，再综合考虑教育投资的风险后做出决策。在贫困农户投资决策这一过程中，家庭收入、成本收益、贫困文化、教育资源等是其主要影响因素。

第一，家庭收入。尽管教育投资被认为是摆脱贫困的有效路径，但是农户的教育投资意愿与其收入息息相关，与高收入家庭相比，低收入家庭普遍无法或者不愿让自己的子女接受较高教育。[①] 就现在的教育体制来说，培养一名大学生至少需要16年，除去义务教育阶段的费用，依然需要数万元。此外，在校大学生每年付出的间接成本相当于全国职工平均收入水平的72%。[②] 对于一个贫困农户来说，这是巨额教育费用的投入，是否进行投资，与家庭收入息息相关。

第二，成本收益。对于贫困农户来说，如果教育投资拥有良好而稳定的预期，即使是巨额投入，贫困农户的投资意愿也不会大幅降低。但是，高校扩招带来的学历贬值与就业困难，使得前期的巨额投资无法得到预期回报，再加上身边有上大学而未就业的例子，致使贫困农户对"知识改变命运"的信念逐渐丧失，"寒门再难出贵子"的意识逐渐加强，阶层固化感越来越强，贫困农户对于教育投资的意愿越来越低，规避投资风险的同时也丧失了改变生活的机会。

第三，贫困文化。从个体维度来看，贫困是个体因贫困文化的代际传递或自身能力的缺陷而造成的一种存在状态。由于个体理性选择的缺失，贫困群体往往会做出不同于主流群体价值体系的行为选择，而且这种贫困文化一旦形成就趋于永久化。贫困地区的儿童自幼便处在这种贫困文化之中，长期受到这种价值体系的浸染，在接受正规教育前思想上就打上了这种文化印记，这种文化通过代际传递形成封闭的循环，而无法改变贫困的境遇。

第四，教育资源。贫困地区的教育资源往往制约了贫困农户学生的成就。贫困学生往往基础较差，综合素质偏低，需要更好的教育资源与更高水平的教师，但是由于贫困地区学习机会与教育资源的限制，贫困农户学生求学往往会出现资源配置的"马太效应"，贫困农户学生就读的学校较差，教师队伍不稳定。教育资源的匮乏大大限制了贫困学生的学习机会与学习成绩，这就会使其遭遇家庭贫困、学校贫困、个体贫困的"三重门"困境，让贫困农户对教育失去信心，在一定程度上会固化前文所述的"贫困文化"。

---

① 邹薇、郑浩：《贫困家庭的孩子为什么不读书：风险、人力资本代际传递和贫困陷阱》，《经济学动态》，2014年第6期。

② 李桂荣、谷晓霞：《农村籍学生接受高等教育的个人成本与收益分析——基于山西省怀仁县海北头乡的调查研究》，《教育研究》，2012年第7期。

（三） 建构贫困农户教育成本补偿机制

要实现教育减贫的目的，就要利用贫困农户基于教育投资的成本收益考量的理性选择的规律，让教育扶贫的顶层制度设计遵循降低农户教育成本、增加投资收益的原则。由于教育本身的运行规律，教育投资会产生正外部效应，这样会进一步抑制贫困农户的教育投资，要让教育投资的溢出效应产生的正外部效应内部化，就必须构建贫困农户的成本补偿机制。

首先，降低农户教育投资成本。针对贫困学生，建立并完善从学前教育、职业教育到研究生教育的学生资助政策体系，降低贫困学生求学的显性成本。完成义务教育后，如果再继续上学，尤其是在高等教育阶段，机会成本越来越高。如果身边有外出打工与继续求学的鲜明对比，再加上近年来外部务工宏观环境与微观环境的持续改善，贫困学生继续读书的机会成本持续上升，贫困农户的教育投资意愿的提升可能被上述因素对冲掉。为了激励农户的教育投资行为，将降低成本的重点放在费用较高的非义务教育阶段，降低教育成本的重点对象为建档立卡贫困户，进一步加大对贫困农户的救助，以生活补贴、升学奖励、培训补助等物质形式与加大宣传教育的力度相结合，激励贫困农户做出理性的选择。

其次，减少教育投资的风险。充分运用建档立卡大数据平台，跟踪贫困农户高校学生及毕业生，根据其专业特长、就业意向等，做好每一个贫困毕业生就业工作。加大对贫困农户毕业生就业保护倾斜力度，设立贫困农户毕业生就业保障基金，在事业单位、国有企业中增加针对贫困农户毕业生定向招聘的就业岗位，鼓励民营企业定向招聘贫困农户的毕业生，确保贫困农户的高校毕业生高质量就业，在贫困地区形成示范效应，改变“毕业即失业”的观念，给贫困农户一个获得稳定收入的心理预期，让他们看到“知识改变命运”的希望，树立起“教育投资拔穷根”的信念，提升教育投资的意愿，充分发挥教育阻断贫困代际传递的作用。

最后，构建毕业生到贫困地区基层工作的长效机制。贫困农户多年持续的教育投资培养的毕业生，大都不愿回到贫困地区，在城市就业的比例很高，这在一定程度上建立了一条贫困农户向城市输送资源的单向渠道，贫困地区很少得到投资回馈，使得贫困地区成为单纯地培养人才、输送人才的基地。因此，健全高校毕业生到贫困地区工作的机制，让贫困农户的教育投资，在整体上能回馈贫困地区，解决贫困地区发展急需的人才紧缺问题。“下得去、留得住、干得好、流得动”的贫困地区高校毕业生服务项目优先招录贫困毕业生，在解决贫困毕业生就业的同时，提高国家专项就业补贴标准，使有贫困毕业生的农户脱贫，助推贫困地区发展。

（四）提升贫困地区教育资源质量

教育资源的匮乏是贫困地区普遍面临的困境，也是教育扶贫面临的重点任务。不断提升贫困地区公共教育资源的质量，让贫困农户逐渐恢复教育脱贫的信心。

首先，广泛实施通识教育培训与专业技术培训。一方面，为贫困农户提供免费的通识教育培训，提升贫困农户的基本文化素质。以村为单位开展普及农村生产生活常识的通识教育培训。以群众喜闻乐见的形式，让党的政策、生产知识、生活常识、健康知识等与贫困农户切身相关的知识技术在农户中广泛传播，为贫困农户进一步掌握技能打下基础。另一方面，针对农户自身情况有针对性地进行免费专业技术与技能培训，使农户掌握农业产业的专业技术，提高家庭劳动力技能。农业技术具有专业性强、涉及面广、地区差异较大、农户需求差异性大等特点，这就要求在精准扶贫过程中，根据贫困农户的需求，用通俗化的语言、好懂易学的方式精准施教，点对点地输送，并在农户间发扬“干中学”“传帮带”的做法，做到专业技术知识在贫困农户中自主传播，培养一批农业技术土专家。

其次，补齐贫困地区的教育短板。一方面，要加强硬件建设。升级校舍与教学设备，切实做到“最好的建筑在学校，最美的环境在学校”。教学设备方面要用信息化手段，特别是互联网技术，改变知识与信息的传递模式，变革现有的教育方式，减小贫困地区与非贫困地区的数字鸿沟，解决城乡与区域教育资源不平衡带来的问题。另一方面，要加强软件建设。在贫困地区实施免费学前教育，合理布局教学网点，提高师资待遇，解决贫困农户儿童入学贵、入学难的问题。对于贫困农户学生，要加大资源倾斜力度，扩大贫困人群的受教育机会。大力实施农村义务教育营养改善计划，解决贫困地区学生营养不良、发育迟缓等问题。继续实施面向贫困地区的定向招生计划等。不断提高教师待遇，提供教师住房，提高工资标准，职称评聘、表彰评选进一步向乡村教师倾斜，着力提高乡村教师能力素质，建立乡村教师荣誉制度等，全面加强乡村教师队伍建设。

最后，重构学校教育资源。教育扶贫的目的是让贫困农户学生通过学习弥补能力缺陷，形成人力资本，发挥知识与能力在社会流动中的作用，打破贫困的代际传递。但贫困农户的学生本身综合素质偏低，基础比较薄弱，要破除贫困农户学生成功的阻碍因素，就要通过向贫困农户学生提供更多更优质的学习资源，弥补前期教育的不足。通过东西部教育定点帮扶，使东部发达地区的教育理念、教育资源输入贫困地区，减少贫困地区的教育鸿沟。从国家层面探索“寒门出贵子”的教育模式，促使学校教育模式与贫困农户学生特征相匹配。[①] 确立多样化的培养学习目标，避免精英化与城市化教育倾向，逐步使贫困地区的教育打破“贫困文化”的禁锢，增强文化适应性，形成培养贫困学生成长成才的机制。

三、贫困农户的健康人力资本投资

在人力资本存量中有一个极其重要的构成要素就是健康的身体素质。人的健康与否虽然一定程度上受遗传基因等先天条件影响，更大程度上取决于成长期间的主观、客观综合条件与状况。在这些条件的创造过程中，无论是成长所需的营养保证，还是保持免受疾病侵扰的健康状态，都需要持续的大量的人力资本投资。健康人力资本投资也具有边际效应递减的效应，投资于贫困农户的边际收益较大，对于处在脱贫攻坚进程中的农户来说，健康人力资本投资也是其脱贫致富的基础保证。

（一）健康对贫困农户收入的影响

贫困农户由于收入水平较低，其收入的大部分又都用于生存性消费，即恩格尔系数较高，这就造成贫困农户的健康投入在消费中所占的比例很低，绝对量更少。由于健康投资少，农户家庭成员的健康状况不断下降，

① 孟照海：《教育扶贫政策的理论依据及实现条件——国际经验与本土思考》，《教育研究》，2016 年第 11 期。

反过来又降低农户收入，贫困农户一旦陷入贫病交加的状态，在一定程度上就固化了“健康差→收入低→更贫困→健康差”的恶性循环。

贫困农户健康状况的好坏是影响其家庭收入高低的关键性因素。有关学者的深入研究表明，与城市人口相比，农村人口的健康经济报酬关系更大，女性比男性的健康经济报酬关系更大[①]，健康状况较差农民工的年均外出打工收入仅达到健康状况较好农民工的63%[②]。研究也显示健康与收入呈正相关的关系。健康状况决定收入状况，收入状况会影响健康状况。对于贫困农户而言，健康状况的改善会使其有接受教育掌握技能的机会，从而使农户具有更高的生产效率，进而获得更高的家庭收入。贫困农户的健康投入不仅是一种人力资本投资，同时也是贫困农户生活中的一种服务型消费，农户收入的增加反过来可以使其自身有能力进行更多的健康投资，购买更多的健康服务，从而改善贫困农户家庭成员的健康状况，打破贫病交加的恶性循环，实现健康与收入的良性互动。

贫困农户的健康对其收入的影响主要是通过以下五种传导方式完成的。第一，农户家庭成员健康时间越长，劳动力无病工作时间越长，单位时间工作更有效率，有更为充沛的精力去接受新知识、新技能，农户自身累积的人力资本总量越大，从事本岗位工作的不可替代性就越高，可以为社会提供更多的劳动生产力，因此，农户总收入与单位时间收入均会提高。第二，贫困农户的个体越健康，其预期寿命越长，对未来会充满越美好的期待，农户干事创业的信心就越大，对教育投资的动力越大，有效投资需求越旺盛，因教育投资与个体的生产力和收入呈现正相关关系，贫困农户由于受教育程度普遍较低，因此，教育投资的增加对农户增收的效应越明显。第三，贫困农户个体的预期健康寿命越长，越要为整个家庭的长远发展、生产、生活进行规划，更要为农户家庭的下一代、下两代等子孙后代考虑。贫困农户就会想方设法不断增加家庭收入，农户储蓄倾向增大，较易形成用于农户自身投资的货币资本，资本充足进一步促进本地区

---

① 刘国恩、William H. Dow、傅正泓、John Akin：《中国的健康人力资本与收入增长》，《经济学》（季刊），2014年第1期。

② 秦立建、陈波、秦雪征：《健康对农民工外出务工收入的影响分析》，《世界经济文汇》，2013年第6期。

经济发展，对提高贫困农户收入是正反馈效应。第四，同等条件下，贫困地区健康的劳动力数量越多，就相对越廉价，低工资成本就会吸引越多的外部投资，进而促进贫困地区产业发展，增加贫困农户的就业，经济发展之后，贫困农户相应的收入也将进一步提高。第五，贫困农户健康水平的提高会进一步降低死亡率，进而会降低农户生育率，不断提高人口的平均年龄，优生优育提升人口质量，人口年龄结构会进一步优化，适龄劳动力的比例不断提高，增加人口红利，人均收入也会随之提高。

由于有效人力资本的形成取决于农户的健康状况，贫困农户的健康状况决定了其收入，健康的体魄需要一定的收入来维持，收入状况又在一定程度上影响健康。贫困农户的健康人力资本投资，在一定意义上是人力资本形成的先决条件，因此在精准扶贫的进程中，既要引导贫困农户不断进行健康人力资本投资，改善贫困农户的健康状况，又要提供更优质的健康资源不断满足贫困农户的健康投资需求。

（二）健康投资不足的成因

农户家庭成员的健康水平是影响贫困发生率的重要因素，相关调查与数据分析发现，由于不同原因造成农户不同程度的劳动能力丧失，导致一部分农村人口长期陷入贫困状态。随着精准扶贫进入决胜阶段，大量有劳动能力的贫困人口逐渐脱贫，由于贫困农户健康投资不足，造成因病、因残丧失劳动能力而致贫的情况，正在变得越来越突出，这部分贫困人口成了脱贫攻坚战的险滩、难啃的硬骨头，要啃下这块硬骨头，就要深入分析影响贫困农户健康投资不足的成因。

第一，贫困农户收入偏低且增长缓慢。按照2010年每人每年收入2300元（2010年为不变价时）的农村贫困标准计算，截至2016年年底农村贫困人口4335万人。[①] 贫困农户在总体收入水平较低时，大部分农户都将满足衣、食、住、行等生存性的需求放在最重要的位置，往往忽略了健康人力资本投资对自身能力提升的福利改善，尽可能地将家庭本身的健康投资压低。

① 国家统计局：《2016年国民经济和社会发展统计公报》，国家统计局网站，2017年2月28日。

第二，贫困地区医疗卫生服务能力不足。受自然历史、经济社会发展等因素影响，贫困地区医疗卫生事业发展相对滞后，医疗卫生服务能力明显不足。截至 2015 年年底，832 个贫困县每千人口医疗卫生机构床位数 3.66 张、每千人口执业（助理）医师数 1.28 人；全国每千人口医疗卫生机构床位数 5.38 张，每千人口执业（助理）医师数 2.28 人，可见贫困地区的医疗水平明显低于全国平均水平。①

第三，医疗服务价格快速攀升。由于医疗服务领域医生与病人间严重的信息不对称，所以存在为病人提供过量服务的现象。医疗设备的盲目高端化也推高了医疗成本。药品流通领域的混乱也导致药价虚高。高昂的医疗费用，让贫困农户感觉“黄金有价药无价”，对医院有一种天然的恐惧。

第四，医疗资源的分配严重不均。不仅是优质的医疗资源集中在大城市、特大城市，而且基础医疗机构在贫困地区的缺位现象严重，村级医疗机构的可及性越来越低。

第五，健康医疗保障制度不完善。中国已经建立起了覆盖全国的社会医疗保障网，但对于贫困人口的精准靶向医疗救助政策，尤其是异地医疗、疑难杂症、大病用药报销等还有待进一步完善。

（三）健康扶贫的重点举措

第一，精准解决农户收入不足导致的健康问题。首先，实施精准扶贫，逐步提高贫困农户家庭收入。因地制宜发展产业，让农户在产业发展中提高收入。提供农业技术支撑，提高贫困农户的劳动生产率、单位土地产出效率，增加农产品产量。畅通电商扶贫渠道，让贫困地区的绿色有机农产品减少流通环节，增加农民收入。随着农户的收入提高，健康投资的比例或绝对量会逐渐增大，健康人力资本不断累积增大。其次，实施精准健康兜底扶贫。依据建档立卡贫困农户具体需求，按照“有病先治病，无病再强身”的原则，在因病致贫、因病返贫核准工作的基础上，按照“大病集中救治一批、慢病签约服务管理一批、重病兜底保障一批”的要求，

① 数据来源：根据《2016 年国民经济和社会发展统计公报》《2016 中国农村贫困监测报告》的数据测算得出。

组织对患有大病、重病和长期慢性病的贫困人口实行分类分批救治，将健康扶贫落实到人、精准到病，解决贫困农户大病看病难的问题。不断改善贫困地区基层服务条件，充分发挥乡村医生、家庭医生的作用，提供优先转诊、慢病长处方、家庭护理、健康管理等差异化服务措施。

第二，落实“一站式”结算，实行县域内农村贫困人口住院先诊疗后付费制度。贫困人口县域内住院先诊疗后付费，贫困患者只需在出院时支付自负医疗费用。推动城乡居民基本医疗保险经办机构、大病保险承办机构、医疗救助经办机构、医疗机构之间基本信息共享、互联互通，相关医保、救助政策在定点医院通过同一窗口、统一信息平台完成“一站式”结算，为群众提供方便快捷服务。未建立统一信息平台的，实行定点医院垫付、定期联审、统一结算的方式，确保减轻贫困患者看病经济负担。

第三，加强基层医疗队伍，提高医疗保障标准。充分调动贫困地区医务人员的积极性，完善绩效工资制度，允许医疗卫生机构调控工资水平，发挥绩效奖励分配制度的正向引导作用，在机构编制、人员聘用、在岗培训、评奖推优、职称晋升等方面重点向承担贫困农户医疗服务工作的人员倾斜，为乡村医疗机构、乡村医生创造良好的发展环境。切实减轻农村贫困人口医疗费用负担。由省、市、县三级财政共同出资，对贫困人口参加基本医疗保险个人交费部分实行补助，并对各级财政的分担比例做出规定，确保全部贫困人口能够得到基本医疗保障。降低、减免贫困人群的部分治疗费用，或适当提高贫困人群在定点医院住院的医疗费用报销比例，实现门诊统筹。由此增加的医疗费用支出，可通过提高基本医疗保险的统筹层级来解决。探索以县、市为单位，由各级政府按比例出资为贫困人群打包购买商业健康保险。

第四，加强贫困地区公共卫生和疾病预防控制工作。加强重大传染病疫情防控，综合防治地方病，加大人畜共患疾病防治工作力度，加强重大疾病、精神病筛查登记工作，进行有针对性的重点帮扶救治。全面提升贫困农户的妇幼健康服务水平，全面完成对贫困地区和贫困人口开展长期的系统的健康教育，普及正确的卫生和防病常识，开展健康干预。如对贫困人口进行免费体检和疾病筛查，针对他们的身体和病情，制订营养膳食和行为干预计划。通过社会捐助、指导其日常饮食消费等，改善其营养状况。

第十三章　贫困农户经济行为与家庭脱贫

精准扶贫直接瞄准贫困农户，是扶贫方式的创新与进步。要使贫困农户脱贫达到预期效果，对贫困农户经济行为特征的准确把握是一个重要前提。只有认清贫困农户的经济行为特征，才能明确贫困农户真正的需要，政府才能有针对性地提供政策供给，帮助贫困家庭整体脱贫。

一、贫困农户经济行为的内涵、特点与制约因素

农户经济行为包括农户经济和农户行为两个层面内容。贫困农户作为农户中的特殊群体，具有一般农户经济行为的共性特点，也有自身经济行为的特殊性，导致贫困农户经济行为不优的制约因素，正是精准扶贫措施的瞄准方向。

（一）贫困农户经济行为的内涵

明确与农户经济密切相关的农户和家庭这两个最基本的概念，是理解贫困农户经济行为的前提。在界定农户经济和农户行为基本内涵的基础上，结合贫困农户特殊的经济行为表现，界定贫困农户经济行为的含义。

1. 农户与家庭

严格意义上的农户指的是有共同预算，参加共同经济活动的社会组织。家庭是最基本的社会单位，主要是以姻亲、血缘关系为联系纽带。现代意义上的家庭，一般仅指由一对夫妻或一对夫妻与未婚子女组成的核心家庭。因无血缘关系的非家庭成员也可以进入农户，所以农户的概念应当

大于家庭。由于中国具有婚后另立户籍、分开居住的传统，加上长期实行严格的户籍管理制度以及家庭联产承包责任制，在中国大部分农村地区，农户与家庭往往具有一致性，又可以等同使用。传统意义上的农户主要依靠农业维持生计，家庭劳动力主要从事农业生产，较少参与市场。现代意义上的农户，也强调农户是生产与生活的统一体，但更强调开放环境下家庭成员参与完全市场竞争的风险和收益以及承担的家庭责任和义务。农户成员在生产和生活中相互依存，具有共同的经济利益和目标，并以共同的经济利益和目标指导生产、消费和投资决策，共担市场风险，共享收益，共同决定消费结构和层次。

2. 农户经济与农户行为

农户经济行为包括农户经济与农户行为两个方面的内容。农户经济是以家庭为单位占有生产资料，独立自主开展经济活动，家庭成员分担劳动，家庭总收益由家庭平均生产力来确定，生产剩余由家庭成员共享的一种经济形式。农户经济区别于其他经济形式的典型特征是，各家庭成员之间的婚姻血缘关系往往高于经济关系，经济关系服从血缘关系，有时甚至以牺牲公平和家庭经济效益来维持亲情和血缘关系。

行为是行为主体为了满足自身需要所确定的目标以及为了实现这个目标而采取的活动。农户是一种生活组织和生产组织的统一体，农户的行为不只是个体生产和消费行为，而且是有组织的群体生产和消费行为。就农户经济行为而言，它包括经济行为目标、行为模式和行动结果三个组成部分。作为一种生产组织，农户内部存在共同的利益关系，并以此作为生产经营活动的共同目标和行为准则。作为经营单位，农户不仅不能解雇多余的劳动力，还需要为相对剩余家庭劳动力承担必要的社会保障责任，在有限条件下通过自我发展不断提高其经济和社会地位。作为消费单位，家庭消费不仅只是物质消费，还包括文化消费和精神消费，农户必须设法满足所有家庭成员的基本消费需要，并努力增加消费支出、改善消费结构和消费方式，提高消费水平和生活质量。

3. 贫困农户经济行为

由一般农户经济行为分析可知，农户经济行为是基于某种经济上的欲望和需求而产生的一系列活动，它包括生产、交换、分配和消费的整个经济过程，以及与此密切相关的其他反应和行动，是相互联系、相互制约、相互调节、相互促进的，能够维持基本平衡的家庭经济行为系统。

贫困农户除了具有一般农户的经济行为，也有自身经济行为的特殊表现。对贫困农户经济行为含义的表述，至少应包括以下四个方面：一是研究对象是农户中的特殊群体，即贫困农户；二是贫困农户以贫困程度划分为绝对贫困户、边缘贫困户、一般贫困户；三是贫困农户经济行为涉及投资、消费、储蓄与借贷、技术应用等方面，是包括行为目标、行为过程、行为调节、行为后果的行为系统；四是行为结果的评价，评价指标涉及收入水平，资产数量、质量与结构，受教育程度，市场与合作组织的参与度，等等。所以，贫困农户经济行为的含义是一般农户经济行为的共性、普遍性与贫困农户经济行为的特殊性、个性的统一，这种矛盾的多样性，决定了贫困农户经济行为的复杂性。

（二）贫困农户经济行为的特点

贫困农户的经济行为目标存在层次性和上升性，经济行为发自理性认知，但受内外因素制约，往往也伴随非理性行为过程，最终导致贫困农户经济行为过程和结果都存在较大的不确定性。

1. 理性预期和非理性经济行为并存

关于贫困农户经济行为是否理性以及理性的程度，主要有三类观点。第一类观点强调贫困农户是完全经济理性。即贫困农户也是权衡长期利益及风险之后，最大限度地利用有利可图的生产机会和资源，追求最大利益并做出合理抉择的人，他们的行为是完全经济理性的。第二类观点认为，贫困农户的经济行为是非理性的。贫困农户经济行为的主要目标是在既定收益下实现劳动付出的最小化或者一定劳动强度下实现所创造产品的最大化，行为目标是为了最大限度地满足家庭衣食住行需求，而不是利润最大化，他们的行为是非理性的。第三类持有限理性观点。有限理性观点认为，贫困农户具有在既定约束条件下追求效用最大化的行为表现，但这种行为并非高效的经济行为，或者说，在短期来看是理性的，从长期来看可能是非理性的，因而是有限理性行为。

国内对于贫困农户经济行为是否理性的认识还缺乏一致性。对贫困农户现实经济行为的分析结果表明，贫困农户经济行为往往是有限理性，而理论分析往往首先假定贫困农户的经济行为是完全理性。有限理性认为，贫困农户自身都是理性的，是贫穷但有效率的人，农户的非理性行为源于外部环境的非理性，只要消除不良的外部环境，贫困农户经济行为也将趋于完全理性，收入结构也将渐趋合理。所以，贫困农户经济行为的优化，应从能力培育和扶贫政策引导两方面实现突破。

2. 行为目标具有层次性和上升性特征

根据马斯洛的需求层次理论，人的需求存在如阶梯形状的上升趋势，其中生存需求（如生理的需求、安全的需求）是较低层次的需求，也是最基本的需求，只有在生存需求得到满足以后，才会逐步上升到较高层次的需求。不同层次的需求给农户带来的满足感不同，贫困农户作为经营主体，其经济行为目标存在层次性和变动性。

对尚未解决温饱问题的贫困农户来说，经济行为发生的领域主要是农业，且以传统种植养殖业为主，生产规模较小，与市场发生联系也较少，兼业行为不活跃，经济活动的首要目标依然是追求基本生存需要满足。贫困农户的储蓄和投资更少，当一项经济行为具有较高收益期望值，又存在收益的不确定性时，他们总是偏好选择风险较小、传统但可靠的生产方式和技术进行生产活动，并持有一定量现金，以保证家庭食物充足和满足农业简单再生产需要。

对脱离贫困线的低收入农户而言，由于具备了一定的资源基础，兼业化程度较高，收入来源趋向多元化，他们在一定程度上能够按照自己的意愿选择投资、生产与消费的方向和结构。因具有一定的风险抵御能力，他们重视新产品应用，能够权衡利益与风险，做出追求家庭整体收益最大化的选择。这一层次的农户，经济行为具有双重目标，即追求收入增长和收入稳定。当二者出现矛盾时，往往舍弃收入增长而追求收入稳定，所以收入稳定是低收入农户收入增长的限制条件，这也是脆弱性脱贫农户经济行为目标的典型表现。

对稳定性脱贫的农户而言，其家庭基本需求已得到满足，接受新信息和应用新技术的能力有了较大提高。能力和信心的增加，改变了以往完全依靠经验的决策行为。生产组织的目标转向提高资源配置效率，产品销售接受互联网媒介和新型农业合作社。家庭活动目标由生存需要、安全保障逐步向追求社会荣誉、社会地位和履行社会责任转变。虽然这个转变过程比较缓慢，但稳定脱贫农户曾经受益于自身努力和国家、社会帮扶，其脱贫以后往往感恩于国家、集体和社会，其经济行为将出现有利于和谐社会建设和传承社会帮扶优良传统的因素。

3. 经济行为具有短期性和趋同性特征

贫困农户的经济行为具有理性特征，追求效益最大化，并以风险最小作为生产经营的主要准则。但总体来看，贫困农户的经济行为具有短期性特征，求稳是贫困农户生产经营决策的首要选择，缺乏独立的经营判断能力和真正的经营方向，容易跟风，容易出现行为趋同。短期性、趋同性的经济行为往往蕴含较大的收入不确定性，贫困农户追求稳定的目标，往往因经济行为的短期性和趋同性而落空。

贫困农户追求目标稳定，源于小农意识的存在和经济信息的不完全。贫困农户对教育和培训的消费支出较少，缺乏真正的专业技能和超前的市场意识，只能随行就市，随意转换经济行为。经济行为的短期性导致贫困农户收入波动大，也导致市场经济行为趋同现象严重。短期经济行为的发生弱化了专业性经济行为，同质化产品充斥市场，很容易导致市场饱和。贫困农户如果不改变经营项目，产品就更难以满足市场需求，危及其农业生产经营收益乃至家庭的生存，加剧贫困家庭的贫困积累。

4. 经济行为整体趋于优化

贫困农户作为社会主体，其最终目标是通过改善自身状况而使自身需求得到满足，社会地位得以提高。每个农户都会因为追逐特定的利益目标而引起自身行为的转变。贫困农户经济行为的改变正是以脱贫致富目标导向为前提的自我修正。不同历史时期，贫困农户经济行为的表现有差别，同一历史发展阶段，不同贫困农户的经济行为也存在较大差异，引起经济行为变化的原因也不完全一致，但整体上贫困农户的经济行为在向优化方向发展。

改革开放之前，绝对贫困是贫困的主要形式，制度性贫困是贫困的主要原因，农户没有严格意义上的经济行为发生。改革开放以后，家庭联产承包责任制使贫困农户拥有了土地经营权，且随着市场的开放，具有了更广泛的生产、投资、融资、市场交易和消费的自主权，贫困人口的经济行为呈现多样化并快速发展，绝对贫困人口数量快速下降，但由于农村整体生产力水平较低、市场发育不完全以及制度性障碍，贫困人口经济行为也出现从理性愿望出发但以非理性行为终结的情况，即外部环境对贫困农户的经济行为影响较大，反向导致贫困农户经济行为不优。

全面深化改革时期，市场在经济调节中的决定性作用逐步渗透到了反贫困领域。随着贫困农户整体素质的提高和外部环境的积极变化，贫困农户出现了积极应对市场挑战、多样化兼业、有意识地增加生产技术含量的主动性经济行为，同时贫困农户的经济行为也因市场风险的不确定而呈现较大波动性。一方面，脱贫致富和提高社会地位的愿望不断把农户推向市场，推动贫困农户适应市场需求调节自己的生产、消费、投资等经济行为。另一方面，市场风险的难以预计和对失败后果的较弱承受能力，又迫使贫困农户畏缩不前。对部分贫困农户而言，若扶贫救济的收入和积极经济行为的收益相比较的差别不是很大，那么贫困农户宁愿选择被动增收，也不愿意采取主动性经济行为，这也是扶贫政策对部分贫困农户失灵的原因之一。

（三） 贫困农户经济行为的多重制约

贫困农户往往收入来源单一，产品剩余较少，消费层次偏低，消费结构不良。基于收益预期和脱贫愿望，贫困农户也在不断追求收入持续增长，但受资金、技术、土地、人力资本等各种资源条件限制，贫困农户的经济行为结果往往不理想甚至失败，特别是反复贫困家庭，其家庭经济行为极不活跃。贫困农户的经济行为受到多重因素的制约。

一是生计资产制约。贫困农户或者缺乏创业经验和能力或者缺少本金，生计资产投入不足，经济活动失败的或低水平运转的多，成功的少。大多数贫困农户的兼业行为选择外出务工而非创业，由于贫困地区能够充分吸纳农村劳动力的现代工业部门不多，而且由于市场、体制等方面的原因，经济效益并不高，加上贫困户户均劳动力数量整体偏少、职业技术含量普遍较低的事实，贫困人口从事的兼业领域以本地建筑业、运输业、餐饮服务业为主。多是替代性极强的简单的体力劳动，缺乏竞争力，工资报酬相应较低，即使高劳动强度的高工资在扣除季节性歇工以后的平均工资收入也不高，贫困农户兼业行为选择范围较窄。

二是基础设施制约。在新农村建设、连片特困地区规划和整村推进项目的推动下，虽然各行政村已基本完成村村通公路的目标，但贫困户对村内入户道路的建设仍存在较大需求，尤其连片特困地区的入户到户道路设施还很不完善。虽然产业扶贫项目是推动贫困农户收入增长的重要思路，但区位劣势、道路、水电等基础设施的滞后仍是农村产业扶贫的制约。在市场较远、运输成本较高的情况下，贫困户农业生产的产出效益并不高，甚至不如外出务工。所以，会出现政府对有些最贫困农户提供扶贫投资，而这些农户却将扶贫资金用于增加消费，而不是用于生产投入的现象。

三是经营的规模化制约。贫困农户参与社会组织主要是考虑加入组织后的规模收益。从统计资料来看，贫困地区农业合作组织发育不足，贫困户仍处于分散经营阶段或规模化经营的起步阶段。在此生产方式下，分散的农户不能产生较多农业剩余，无力投资新品种。同样地，没有参加合作社，没有合作产品，就意味着不能从经济合作组织中获取分红收益。

四是自然灾害和市场风险制约。社会主义市场经济条件下，贫困农户具有对利益最大化的理性判断，享有经济行为的主动选择权，但同时也面临风险因素的考验。贫困农户面临的风险是多样性的，既有农业生产中的自然风险，又有农产品销售的市场风险，也有交易他方短期行为带来的社会风险，也存在政策性约束风险。市场风险主要是农产品市场需求或供给波动引起的农产品价格涨跌，如果价格出现波动或者销售出现问题，会导致贫困农户收入出现较大的不确定性，甚至加深贫困程度，从而加大扶贫难度。

二、贫困农户经济行为优化的重要意义

需要是动机产生的先导，动机引起行为发生。了解贫困农户的根本途

径就是了解农户的行为尤其是经济行为，这是中国制定反贫困政策特别是精准扶贫政策的先决条件。研究贫困农户的经济行为，揭示贫困农户的经济活动规律，了解其行为特点及主要影响因素是解决农户脆弱性贫困、实现家庭稳定脱贫的根本出发点。

（一）经济行为差异是农户贫富差距的重要根源

按照行为经济学理论，效果由行为决定。正确的行为能产生良好的效果，错误的行为必然造成不良的结果。在同一政策、近似相同的生产资料情况下，有的贫困农户不能解决温饱问题，有的贫困农户反复贫困，有的贫困农户长期处于脆弱性贫困的边缘，而有的贫困农户则顺势而为，收入稳定增长，实现持久脱贫。除了不可抗拒的原因，产生上述现象的根源就在于贫困农户经济行为的差异。

实践调研也发现，但凡积极利用扶贫帮扶政策，发挥自身特长，对有限的资源进行整合，及时改变自己的经济行为，按照市场需求调整产业和产品结构，种植或生产具有资源优势的特色产品，就可获得较高的利润。或者，利用教育和科技扶贫机会，提高自己利用先进的适用性强的技术的能力，降低生产成本，提高生产效率，就可以在价格竞争方面处于领先地位，获得超额利润。而与之相反的是，有些贫困农户，墨守成规，不愿意接受新事物或者接受新事物比较缓慢，即使付出了艰辛劳动，但经济效益并不理想。可见经济行为的差异，最终导致贫困农户贫困程度的差异和贫困农户与非贫困农户之间收入差距的扩大。以收入增加和能力增强为目标导向，干预贫困农户经济行为，提出预防性措施，修正其经济行为过程，有利于贫困农户摆脱贫困陷阱，缩小收入差距。

（二）经济行为优化是贫困家庭稳定脱贫的基础

农户经济具有亲缘性特征，追求家庭效用最大化目标。在效用最大化目标调控下，农户自觉调节生产、消费、投资之间的关系，实现经济行为的最优组合。研究贫困农户经济行为特点，正是为了优化贫困农户的经济行为，实现贫困家庭的整体脱贫。贫困农户的经济行为是否合理、是否最优，也是判断扶贫措施是否真正着眼于贫困农户内生能力培育的重要指标。

优化的贫困农户经济行为，具有以下特征：贫困农户随收入的增加，逐渐增大生产性投资在总投资中的比重，并逐步降低对自给性投资的依赖；消费支出的增加建立在收入增加的基础上，贫困农户初步具备了平衡当前消费与超前消费的能力；贫困农户更加重视教育、技术培训对经济目标实现的影响，能力培养支出是支出预算中的常态化部分；外部环境与贫困农户经济行为良性互动，农户积极利用外部有利环境，降低风险危害；农户在追求经济目标的同时，考虑社会效益和生态效益。这些具体的指标，是衡量贫困农户是否实现稳定脱贫的重要参考，也是对贫困农户经济行为的积极导向。贫困农户充分利用扶贫帮扶政策和措施，提高自生能力，发展特色产业，积极参与市场竞争，不但能实现收入增加，还能实现稳定脱贫。

（三）优化农户经济行为有助于全面小康社会建设

现有贫困农户贫困程度深，反复贫困次数多，致贫原因复杂，是全面建成小康社会的最大难点。贫困农户科技利用率低，生产方式单一，市场参与度不强，融资机会和社会资本较少，风险抵御能力弱等共性特点反映了贫困农户经济行为的不合理性。要想实现“十三五”脱贫攻坚目标，建成较高质量的、全面的小康社会，除了消除现有贫困人口，还要预防新的贫困人口产生，其中也包括预防脱贫人口因脆弱性返贫。从全面小康社会的角度讲，贫困农户经济行为优化的意义在于如何实现精准施策，如何巩固扶贫成果，减少返贫概率和新的贫困人口产生。

对贫困农户生产、销售、消费行为特征的准确判断，有助于识别贫困农户的真实需求，发现贫困农户的资源优势和竞争优势，识别贫困农户参与扶贫开发的驱动因素以及影响农户经济行为合理化的原因。结合扶贫攻坚任务和全面小康目标，合理规划好国家、区域、乡村和贫困人口扶贫开发战略，采取针对性的帮扶措施，进行对口的政策性安排，进一步激发贫困农户积极性，增加其市场主体地位，降低贫困农户交易成本，提高贫困农户市场参与度，最终增强贫困农户依靠合理化经济行为获取收入稳定增长的能力，对于高质量地建成全面小康社会以及后小康社会时期的国家反贫困战略具有长远的影响。

三、基于贫困农户经济行为的家庭脱贫

贫困农户经济行为和收入之间存在直接相关关系，扶贫开发应结合贫困农户经济行为特点，采取针对性帮扶措施，消除影响贫困家庭脱贫致富的限制性因素，提高脱贫实效。

（一）增强贫困农户经济行为中的主体意识

《中共中央国务院关于打赢脱贫攻坚战的决定》提出，扶贫攻坚要坚持以群众为主体，充分调动贫困群众的积极性和创造性，激发贫困群众主动脱贫、积极脱贫意识，依靠他们自身的辛勤劳动改变贫困落后面貌。

一是提高参与意识。参与的核心思想是主动发展，参与不是简单的介入，而是要参与整个项目过程。由于贫困和信息闭塞，一些贫困农户接受新生事物十分缓慢，他们虽然付出了艰辛的劳动，但经济效益并不理想。从社会学的视角分析，农户行为具有目的性、差异性、可调节性和可塑造性，当前，需要借助参与式、开发式国家扶贫的优惠条件，鼓励贫困农户自立自强，提高其主动参与扶贫开发的意识，同时要借助第三方评估，以保证贫困农户参与扶贫的真实性和可靠性，避免用简单的签字盖章形式使贫困农户的参与流于形式。

二是提高市场经济意识。由于缺乏市场经济意识，贫困农户的产品绝大多数用于维持家庭成员基本生存需求和简单再生产，商品转化率低。生产要素的价格变动，造成生产成本的不确定和产品价格的不确定，直接影响其生产成本和未来收益。生产规模小，信息不灵，产业化程度低，产业服务组织不完善，也使刚刚步入市场的农户很难抵御市场带来的风险。培养贫困农户在市场经济条件下寻找具有可替代性且价格便宜的生产要素的意识，培养贫困农户风险预期和防范理念，是增强贫困农户市场经济意识的关键。

三是提高主体意识。调查研究显示，贫困农户对扶贫政策的关注度较高，而认知程度却偏低。认知的来源主要是村干部，其次是亲戚，最后是新闻媒体。贫困农户对扶贫政策的导向存在弱认知，弱认知又导致脆弱性

经济行为发生，具体表现为生产行为、消费行为、储蓄借贷行为的强烈从众性和依赖性，其主动行为无法获得自发、有效的提升，需要借助外部推动力来实现。目前，这种外部推动力仍以政府行为为主，需要进一步加强基层党组织建设，加强脱贫政策和致富典型经验的宣传，结合地方实际和农户需求出台更多优惠政策，对贫困人口赋权，逐步培养贫困农户自我发展的主体意识。

（二） 引导贫困农户经济行为多样化

积极的经济行为是实现经济发展的基础。贫困农户的经济行为可以简单地划分为生产行为、再生产行为和消费行为，也可以直接划分为农业经济行为和非农业经济行为。较复杂的划分方式是，把贫困农户的经济行为细分为生产行为、消费行为、投资行为、储蓄与借贷行为、新技术应用行为、信息处理行为。无论哪一种划分方式，这些行为都是贫困农户生计活动的组成部分，贫困农户都是在既定资源约束下使用和配置资产。经济行为的多样化是贫困农户生计可持续策略的重要组成部分，生计资本的数量和质量约束贫困农户经济行为的发生，优化的生计资本结构和多样化的经济行为，能在一定程度上弥补贫困农户生计资本的不足。

不同的经济活动对投入要素的数量、质量和结构的要求不一样。贫困农户经济行为的多样化，是在既定市场条件，既定物质资本、人力资本、社会资本、金融资本条件下的农业和非农业经济行为的多样化。既定约束条件下，贫困农户应当坚持经济行为多样化的方向，而不能过分追求经济行为多样化的形式。如以农业种植养殖为主业的贫困农户，可以利用贫困地区潜在自然资源优势，由传统种植发展到种植养殖结合，实现经济行为的多样化。对人均拥有土地数量不高、质量一般的贫困农户而言，可以从事副业、农产品加工业等非农产业来增加家庭经济收入，或者依靠劳动力外出务工来增加收入。拥有土地又不能依赖土地，土地资源的稀缺倒逼农户兼业行为发生，兼业行为与农业相关但平均收益高于农业，是贫困农户经济行为多样化的主要形式。未来政府和社会帮扶的一个重要职责，就是通过各种方式，引导贫困农户走出传统的经济活动领域，或者对传统经济领域进行现代化改造，在引导贫困农户经济行为多样化中逐步实现经济行为优化。

（三）促进贫困农户生产要素流转

促进贫困农户生产要素流转，是将贫困农户有限的资金、资源和劳动力集中起来，通过组织力和规模化推动以土地为基础的现代农业和农产品加工的产业化发展，实现贫困人口脱贫和贫困地区的整体减贫。2017 年中央一号文件再次提出，大力培育新型农业经营主体和服务主体，通过经营权流转、股份合作、代耕代种、土地托管等多种方式，加快发展土地流转型、服务带动型等多种形式的规模经营。

一是积极稳妥推行农村土地承包经营权流转，探索土地入股等合作经营模式。缺少劳动力的贫困农户可将自己的土地入股，有劳动力的贫困农户还可以参与土地流转后的规模经营。通过土地流转，城镇获得了用地新空间，农村释放了闲置土地资源，农民拿租金、股金、薪金，实现了脱贫致富和多方共赢。

二是充分发挥贫困地区龙头企业示范带动作用。龙头企业采用合营模式开展农业产业化经营，农户提前获得了未来的土地增值收益，政府增加了财政收入，企业有了稳定回报，既发挥了企业家的才能，又实现了农业生产的规模效益，同时也从根本上解决了贫困农户产品商品化程度低、不能产生有效农业剩余的问题。

三是建立益贫的利益分配机制。对大多数贫困农户而言，其基本生活保障由土地来承担。在土地流转中，应建立合理的要素利益分配机制，适当提高贫困农户要素分红比例，充分保障弱势贫困农户的合法收益。此外，也要建立利益分成机制，激励规模生产中劳动力的生产热情，确保贫困农户的劳动力在成为被雇用劳动力以后仍然能够积极劳动。

（四）推动贫困农户合作行为发生

贫困农户发生合作行为的主要动因是获得组织依靠，获取规模化经营效益，增强抵御风险的能力。加入农业合作组织是农户合作行为发生的主要形式，中国的农业合作组织主要有两种：一种是按单一产品或行业来组织的合作社，如生产合作社、服务合作社、信用合作社等；另一种是既涉及生产，也涉及生活服务、信用、购销等的综合性合作社，如农民社区合作社、农信联合社。农户经济合作的方式主要是资金、劳动力、技术或生产资料入股。合作组织的职能是为贫困农户提供物资采购、产品加工与销售、技术培训、生产指导等方面的服务，加强分散生产的农户与复杂多变的市场之间的联系，提高农户的市场谈判能力，降低弱小分散农户面临的市场风险。

贫困农户经营规模较小，抵御风险的能力低，对组织化的需求大，对合作社的依赖程度较高，合作社一旦组织起来，将形成对贫困农户经济行为的规范化引导。在实践中，合作社往往由生产大户发起组建，大户具有更科学的产业选择、更优秀的生产经验以及更完备的技术支撑，这些可以为贫困农户带来一定的示范效应，贫困农户通过仿效适用技术和发展门路，促进自身增产增收。贫困农户参与农业合作组织比重偏低的主要原因是贫困地区的农业合作经济组织发育不良，贫困人口对经济合作组织还不够信任，对预期收益存在顾虑。成功的农业合作组织的介入，能降低贫困农户对合作风险的评估，增加贫困农户参与合作组织的概率。加强农民专业合作社规范化建设，积极发展生产、供销、信用“三位一体”的综合合作社是“十三五”时期，中国实施农业供给侧结构性改革，培育农业农村发展新动能的重要途径。

第十四章　从脆弱性脱贫转向可持续脱贫

贫困农户的脱贫，有可能是脆弱的，称为脆弱性脱贫。脱贫具有脆弱性，表示贫困人口在脱贫后具有较高的返贫可能性。在精准扶贫、脱贫攻坚中，必须促进与实现可持续脱贫。可持续脱贫关注脱贫的稳定性，关注脱贫后的发展，注重提高贫困人口脱贫致富的能力。预防脆弱性脱贫，实现可持续脱贫，是精准扶贫、脱贫攻坚的重要要求，是巩固脱贫成果、全面建成小康社会的现实需要。

一、脆弱性脱贫的含义、界定与意义

生计脆弱是贫困的典型特征，也是导致贫困的主要原因。脆弱性脱贫延长了脱贫周期，增加了脱贫难度。科学界定脆弱性脱贫的含义，准确识别脱贫中的脆弱性因素，采取预防性的措施，有利于从根本上消减贫困，有利于完善当前的精准扶贫政策。

（一）脆弱性脱贫的含义

脆弱一词最早源自哲学领域，此后在经济学、社会学等领域广泛运用。在反贫困领域，一般认为脆弱性是指农户面临危险、冲击和压力时所表现出的抵御能力不足、不安全和易受灾的程度，内容涉及环境脆弱和能力脆弱两个方面。世界银行在2000年的《世界发展报告》中提出，脆弱性是个人或家庭面临某种风险，风险后个人或家庭的财富损失或生活质量下降到某一社会公认的水平之下返回贫困的可能，当受到的风险相同时，抵御能力强的贫困户脆弱性低，抵御能力弱的贫困户脆弱性高。

脆弱性脱贫，是贫困人口因其自身资产、能力或外在环境脆弱，导致脱贫状态难以持续的现象。对于刚刚脱贫的农户而言，内在的脆弱性决定了其在遭受外界不良环境冲击时极易再次成为风险冲击的受害者，如果没有外界的帮助，就会重新回到贫困，甚至陷入慢性贫困中，表现为脱贫状态的较大不稳定。从性质上分析，脆弱性脱贫属于临时性脱贫，若受到的干预不当，则演变为长期贫困。从本质上判断，脆弱性脱贫属于未真正脱贫。在现象上，脆弱性脱贫表现为在某一时间段（通常3～5年为一个周期）内脱贫和返贫处于交替状态。而在可能性上，脆弱性脱贫包括低预期脱贫脆弱性和高预期脱贫脆弱性。从演变过程上看，脆弱性脱贫是从临时性脱贫到轻度贫困、由轻度贫困到深度贫困、从暂时性贫困到长期性贫困、从相对贫困到绝对贫困某一两个阶段或多个阶段上的反复转变。

（二）脱贫脆弱程度的界定

脆弱性脱贫是一种度，表示已脱贫家庭再次陷入贫困的可能程度。脆弱性脱贫外在的表现为贫困进出的波动性，即群体在贫困与非贫困之间来回波动。对脱贫脆弱程度的界定，至少有以下三个方法。

一是从收入方面界定脆弱程度。从收入角度讲，一个家庭的总收入要足以维持家庭人口最基本的生存需求。中国虽然对贫困的定义是多维的，但实际对贫困和脱贫的界定，仍主要使用传统的收入标准。2011年中央扶贫开发工作会议按照2010年不变价，把农民人均年收入2300元定为新的国家贫困标准线，超过2300元即脱贫，脱贫后再次低于2300元就意味着脱贫状态具有反复性和不稳定性，即脱贫具有脆弱性，低于贫困标准线越远，脆弱程度越高。

二是从能力角度界定脆弱程度。因病返贫、因教返贫、因灾返贫、因失业返贫、因婚返贫、创业失败返贫的本质，是贫困农户获取生计资产、运用生计资产和应对各种风险的能力较低，缺乏可持续发展的最关键因素。而与能力直接相关的机会和权利，也是脱贫是否具有脆弱性的参照。低收入贫困人口的基本机会、基本能力和基本权利的缺失程度达到的公认的“最低达到程度”就是返贫尺度，缺失程度越高，脆弱性越高。

三是以返贫后的持续时间衡量脱贫脆弱程度。返贫的原因有多种，在贫困陷阱中维持的时间也不一样。通过短期扶持即能走出贫困陷阱的，其脱贫脆弱性较低，反之，在贫困陷阱中维持的时间越长，甚至陷入长期贫困，则其脱贫的脆弱程度越高。一般而言，资产存量少的农户，短期内难以通过生计重建走出贫困陷阱，需要通过长期的生计积累才能再次脱贫。无论是理论分析，还是现实感受，用一两年时间就实现的脱贫至多算是早期恢复，具有较高脆弱性。国际经验也表明，一个深度贫困的群体需要5~10年的时间才有可能实现可持续脱贫。

（三）预防脆弱性脱贫对反贫困治理的意义

脆弱性脱贫，实际上是对未来贫困状态的一种判断和预测，包括从不贫困状态进入贫困状态或继续维持原有低收入状态的可能性。从农村反贫困的实际情况来看，中国仍存在脱贫不稳定、发展不可持续问题，尤其多发于西部欠发达、地理位置偏远和生态环境恶劣的农村地区。预防脱贫农户因生计脆弱而返贫是巩固精准扶贫成果，顺利实现全面小康社会建设目标的重要举措。

第一，促使扶贫开发政策更多地关注导致家庭贫困的脆弱性因素。目前中国实行的农村最低生活保障制度，已经有了事前干预的政策含义，但预防脆弱性返贫的扶贫政策覆盖范围仍然偏窄，存在明显缺陷。例如，通过补助，可以迅速提高贫困家庭的人均收入，其家庭收入的人均水平已经在贫困线之上，就可以脱贫出列。如果纳入了脆弱性分析，则这个家庭还是贫困家庭，也还应该是扶贫开发对象，因为它再次陷入贫困的可能性很大。所以，未来的扶贫开发政策，应更多地关注导致贫困农户脆弱性脱贫的因素。

第二，强化扶贫开发事前干预力度。传统的贫困测量和贫困消减政策是一种事后干预。存在贫困，第一考虑的是提供生活物资和资金援助，显然，这是一种事后干预。从与脆弱性相关的诸多研究来看，脆弱性脱贫的预防实现了基于“贫困事实”的事后干预向“事前预测与防御”的转变。对于一个贫困家庭，如果能事先预计出其返贫的可能性，在宣布脱贫之前采取预防性的政策支持和重点干预，利于减少其出现脆弱性脱贫的可能性，在很大程度上能减少脆弱性脱贫家庭的增加，同时也能降低减贫的政策成本。

第三，指标体系中增加脆弱性衡量指标，增强了扶贫干部和基层政府的责任意识，有效避免“假脱贫”和“数字脱贫”的发生。扶贫干部和基层政府受制于扶贫资源限制和脱贫指标考核压力，往往不去考虑贫困家庭脱贫后的发展问题，采取的措施多偏重于“短、平、快”项目，脱贫成绩册背后一直潜藏着数量不少的隐性贫困家庭。把脱贫脆弱性的识别和评价指标加入考核体系，既强化了扶贫干部和基层政府的责任意识，也在无形当中提高了他们服务地方经济发展的能力和对社会实施综合治理的能力。

部分脱贫人口重新陷于贫困，属于不可避免现象，随着贫困标准的提高，返贫率预计还会上升，返贫与脱贫如影随形也是客观规律。从返贫的顽固性来看，掌握贫困农户存在的返贫隐患和脱贫本身一样重要。从这方面来说，反贫困治理应着眼于减轻贫困程度而不是意图完全消除贫困，关注脆弱性脱贫的诱导因素并采取预防性措施，更符合人类治理贫困的规律。关注脆弱性脱贫的诱导因素，采取预防性措施，更符合反贫困治理规律，具有较强的理论意义和现实意义。

二、可持续脱贫的基本要求与制约因素

与脆弱性脱贫相比较，可持续脱贫以增加贫困人口可用资产为基础，以增强贫困人口可持续发展能力为核心，使原有贫困人口的人均收入能够提高到既定贫困标准线以上，并在一个相当长的时期内处于相对稳定状态，从根本上实现贫困人口向非贫困人口的转变。

（一）可持续脱贫的含义

可持续发展的基本要义，一是发展，二是可持续，即发展能满足当代人们需求，又不对后代人满足其需求的能力构成威胁。可持续脱贫是可持续发展理念在扶贫领域的应用，其宗旨是通过各种扶贫措施阻断贫困的代际传递，帮助贫困人口从根本上摆脱贫困，并走上富裕文明的发展之路。可持续脱贫的含义包括以下三个方面内容。

第一，可持续脱贫关注脱贫的稳定性问题。为脱贫而脱贫，只管扶贫，不管扶持；只管温饱，不管致富，降低了扶贫质量，导致贫困人口处

于返贫边缘，随时可能返贫，难以做到脱贫效果的可持续。可持续脱贫注重防止低收入贫困者“返贫”，为他们走向富裕创造条件，实现稳定脱贫。

第二，可持续脱贫关注脱贫后的发展问题。从理论上讲，脱贫不等于致富，脱贫只是为致富创造条件，脱贫者未必能致富，有的还会返贫。反过来讲，致富才是稳定脱贫的保障，致富是贫困人口温饱型脱贫以后的发展问题。所以，扶贫不能止于解决贫困人口温饱问题的浅层次，而要关注脱贫后的发展问题。

第三，可持续脱贫治标也治本。脱贫者要把自己当作发展的主体，树立艰苦奋斗、自力更生的观念。作为脱贫实施者，也要树立可持续脱贫理念，把脱贫与致富、温饱与全面小康、生存与发展结合起来，变救济式扶贫为发展式扶贫，变物质扶贫为能力扶贫。

可见，可持续脱贫是在分析贫困人口脱贫发展制约因素和发展机会基础上，揭示机会和制约因素之间的关联关系，找到解决问题的突破口，以巩固和提高脱贫效果。政府和社会为贫困人口提供了脱贫致富的条件，贫困人口要充分利用这些有利条件，最大可能地消除不利因素影响，才能最终实现可持续脱贫的目标。

（二）可持续脱贫的基本要求

在以人为本和可持续脱贫理论指导下，中国的反贫困治理取得了举世瞩目的成就，积累了丰富经验。但客观地讲，基层扶贫单位在贫困、灾害、风险和脆弱性预防方面的知识、经验、能力还比较欠缺，贫困人口可持续发展的基础还不牢固，脱贫存在不稳定性，返贫现象时有发生。在扶贫实践中，提高对脆弱性脱贫、贫困和扶贫开发内在规律的认识和把握能力，是实现扶贫治理能力和扶贫开发治理体系现代化的基本要求。

第一，注重提高贫困人口的自我发展能力。提高贫困人口的自我发展能力，既是扶贫开发的核心目标，也是可持续脱贫的内在要求。尽管救济式扶贫、区域性扶贫和直接到户扶贫的每一阶段都在吸收农户参与，在培养农户能力方面有所进步，但并未真正解决农户自身发展能力不足的问题。能力提升渠道狭窄、能力培育平台不够、外部和自身对能力投入偏少，是导致贫困农户能力不可持续的主要矛盾所在。可持续扶贫要求扶贫开发以消除贫困人口的“能力贫困”为核心，以提高贫困人口的能力为首要目标，创造条件增加贫困人口未来可持续发展的潜在能力，保障他们实现稳定脱贫。

第二，注重减贫数量，更注重脱贫质量。产业的培育需要一定的周期，扶贫治理结构的完善也需要时间，贫困人口自我发展能力的提高更不是一朝一夕的事情。作为一项长期性战略，可持续脱贫需要权衡扶贫开发速度与质量的关系，要注重消减贫困人口数量，更要注重扶贫开发的质量。到2020年实现贫困人口全部脱贫的目标，确实含有加快减贫速度的要求，但这并不意味着可以追求没有质量的脱贫。实现可持续的脱贫，就是要建立起保障脱贫成果的技术、组织和制度保障。精准扶贫，不仅要实现精准脱贫，还要为未来的扶贫开发建立可持续的制度和工作基础。

第三，注重绿色扶贫和方式创新。可持续脱贫是可持续发展观在扶贫工作中的具体体现，也是国家生态文明建设和绿色发展的需要。在扶贫战略的选择上，要善于利用生态资源，又不能以破坏环境换取脱贫成绩。需要在实践中不断创新扶贫方式，把资源开发利用与保护管理结合起来，把就地扶贫与生态移民搬迁有机结合起来。

第四，注重全面扶贫和协调扶贫。致贫原因的多重性，决定了扶贫内容也必须是多方面的。可持续脱贫是一项综合性的减贫战略，既要解决贫困人口的生存问题，还要考虑脱贫以后的发展问题；既要持续增加贫困人口的资产数量、改善他们的资产质量，还要持续改善贫困人口的脆弱性环境；既强调各级政府的主导地位，也注重发挥社会扶贫的力量，更强调贫困人口的主体地位，以形成合理的扶贫治理结构。

（三）可持续脱贫的制约因素

20世纪八九十年代以来，国内学者在研究返贫现象时，从内因和外因两个方面对造成农户脆弱性脱贫的制约因素进行了概括。从已有研究成果和中国扶贫政策、实践结果看，资本不足、能力欠缺、外在环境脆弱、基层扶贫政策失灵等都是脱贫不可持续的制约因素。

一是生计资产不足。缺乏赖以生存和发展的资产是脆弱性脱贫的直接原因。脱贫农户人均纯收入达到2300元以上，就要退出脱贫攻坚帮扶行列，但跟踪数据显示，大多数刚刚脱离脱贫线的农户，用于进一步发展的资产依然非常有限。脆弱性较高的脱贫户，其资产甚至仅能维持家庭成员基本生活需求和简单再生产需要，物质资源、社会资源、金融资源尤其不足，如果缺乏连续性的资源帮助，而只是享受扶贫优惠政策，最终结果是生计资产低水平重复。实践中，脱贫脆弱户也是扶贫部门容易忽视的群体，在扶贫干部和基层组织看来，他们已经脱贫，而他们自身又明显感觉资金短缺、可利用资源不够、信心不足。生计资产的短缺和外界的忽视，极易挫败刚刚脱离贫困线人口自我发展的信心，导致再次返贫，陷入一种低水平的贫困循环。

二是公共服务供给不足。依据可持续发展理论，贫困人口的发展能力主要体现为持续增收的能力。科学文化素质、价值观念、生活方式以及社区的文明开化程度，直接决定着贫困人口摆脱贫困的命运。根据对返贫户的跟踪调查，无论是返贫率高的地区，还是返贫率低的地区，在返贫户身上普遍都存在着身体健康状况差、受教育程度低、观念落后和个人素质偏低等问题，这反映了返贫户的一般特征。教育、科技、卫生等公共服务供给的不足，形成了贫困农户持续脱贫的外在制约。

三是生计环境脆弱。生计环境包括自然环境、市场冲击和产业周期等因素，是贫困人口自身难以控制或无法控制的。脆弱的自然环境直接或间接地影响贫困人群收入的提高；产品市场需求的变化、教育收费标准的提高，均会减弱其生计资产的积累速度。尽管部分外部环境的变化趋势可以预测，但贫困人口固有的脆弱性使得他们无法有效应对这些新变化的挑战，只能被动接受，其结果是生计状况越来越脆弱。

四是扶贫政策基层失准。一些地方政府及其工作人员把扶贫当作政治任务，无视脱贫任务的长期性，将扶贫作为一个阶段性工作来抓，选派单位能力较弱者做驻村干部。部分驻村干部更换频繁，导致贫困人口的精准识别和帮扶政策、措施执行不连续。在帮扶措施上，扶贫单位也没有把贫困者当成脱贫主体而是把他们当作脱贫的工具，习惯于实物救济，注重短期内的脱贫人数，忽视扶贫质量，这种治标不治本的脱贫措施很难保证贫困户能够稳定脱贫。脱贫脆弱者总是徘徊在贫困与脱贫的边缘，一遇天灾人祸，就会再次陷入贫困。

三、从脆弱性脱贫向可持续脱贫转变

可持续脱贫既要解决绝对贫困人口的生存问题，也要防止低收入人口因生计脆弱返贫。增加公共服务供给为可持续脱贫创造条件；引入适度普惠的竞争机制，促使贫困人口主动提高自生能力；以乡村资源主导扶贫项目引进，提高扶贫项目的针对性和需求满意度；协调扶贫资源投入主体的扶贫行为，提高扶贫资源使用效率，是实现脆弱性脱贫向可持续脱贫转变的基本路径。

（一）增加公共服务供给

精准扶贫政策的设计虽包括经济扶贫和能力扶贫等多维手段，但实践中依然以现金和实物救济为主，未能真正实现扶贫手段的“能力导向”转换作用。政府扶贫绩效评价目标的“短期性”与能力扶贫目标的“长期性”也存在矛盾。农村基本公共服务的缺失或不到位，尤其是教育和医疗类公共服务的质量直接影响贫困人口人力资本的基数和增量，造成贫困的根源性产生、积累甚至是代际传递。无论从当前的精准扶贫攻坚任务看，还是从全面小康社会建成以后的相对贫困看，为贫困地区和贫困人口提供均等化的公共服务，对解决发展中的矛盾、减轻返贫压力、保持社会稳定都具有全局性意义。

第一，加大教育扶持力度。教育与减贫呈正相关关系，教育扶贫能有效提高贫困地区和贫困人口人力资本水平，阻断贫困代际传递。多维贫困视角的出现，促使人们更加重视反贫困中教育的减贫效应。教育扶贫是减贫的最基础领域，早已是学界和政策决策者的共识，但具体到教育扶贫政策的制定和实施，还有许多问题有待解决。对于政府而言，就是要在公共资源有限的约束下，根据经济社会基本结构和贫困的动态变化，及时调整教育投资重点领域，精准识别教育投资对象，优化教育投资区域布局，充分调动公共和私人部门教育资源，创新教育扶贫的供给方式。

第二，增加科技支农项目和农业科技人才供给。引导贫困人口掌握先进的生产技能和知识，是科技扶贫区别于其他扶贫方式的本质特性。科技扶贫需要精准对接贫困人口的科技需求，以项目落实带动先进的实用技术的转化和应用推广，提高脆弱性脱贫人口的创新创业能力和内生发展动力。

第三，加大对脆弱性脱贫人口的就业支持力度。要特别重视脆弱性脱贫家庭新生劳动力的就业培训，结合就业途径安排岗前适应性培训和相应的技能培训。培训内容的设计要突出实用性和针对性，并将技能培训与创业意识、创业能力培养结合起来，以解决就业的稳定性问题。政府有关部门要综合运用财政、金融工具以及其他制度手段，帮助计划就业的扶贫对象解决诸如资金短缺、就业限制等方面的问题。

第四，推进农村公共服务均等化。将教育、医疗、卫生、健康等非收入维度的公共服务指标纳入扶贫综合考评体系。扩大公共财政覆盖贫困村的范围，在财政支农资金的支出结构上，逐步加大对教育、公共卫生、医疗服务等方面的投入，并把基本公共服务投入与新型农民培育、传统农业改造、农村基层社会治理相结合，共同构造新型减贫综合性体系，促进公共服务“质量均等化”的全民覆盖。

（二）普惠扶贫向适度普惠转变

普惠式扶贫开发政策整体上有利于提高人民福利水平，增强贫困村、贫困人口抗风险的能力，但在一定程度上也加大了部分贫困家庭的脆弱性。适度普惠扶贫通过扶贫资源的“竞争式获取”提高扶贫资金使用效率，提高扶贫对象的主人翁精神和脱贫致富的积极性，减轻非贫困人口的“相对剥夺感”，减少贫困户确认中的“优亲厚友”不正之风和攀比心理导致的不满情绪，减轻基层政府扶贫压力，维护农村社会稳定。

第一，实施差别化政策。因各地贫困标准存在较大差异，中东部地区相对贫困人口居多，绝对贫困人口较少，且社会保障基本实现了较高标准覆盖。分布在西部地区和集中连片特困地区的贫困人口所处的生态环境比较脆弱，产业结构单一，公共服务供给不足，贫困程度深，增收难度大，长期贫困所占比重大，返贫与脱贫如影随形。对脱贫特别困难的农户和生计资产偏少、发展极不稳定的脱贫脆弱户应当采取特殊政策，予以重点扶持。

第二，有条件给予。实践中比较成功的扶贫做法，往往都不是大包大揽，而是有条件地给予。例如，通村公路、小型农田水利建设，扶贫或其他帮扶部门出资金、出技术、出材料，当地农民负责筹工筹劳，即使劳动能力十分欠缺的贫困农户，也愿意提供力所能及的帮助。这样，就把外界的支持和农民的行动结合起来，克服了以往单纯提供容易使农民依赖的弊端，让农民在项目中成长。这一原则同样适合对脱贫脆弱户的救助，在提供援助的同时，设定前提条件，以压力促动力，促使脱贫脆弱户转型发展。

第三，整合贫困家庭和乡村内部资源。传统的贫困概念是缺吃少穿，后来发展到能力贫困、机会贫困和权利贫困等。贫困的概念在不断发展，但扶贫的方式依然还倾向于物质帮扶和外来援助。造成这种现象的原因，一个是传统方式的惯性，以收入为主的贫困线标准又延续了这一方式。另一个是这种方式见效快，容易出政绩。有限普惠扶贫政策的一个目标就是首先整合贫困家庭和贫困村内部资源，挖掘其发展潜力，而不是一味地紧盯外部资源。当然，整合的前提是普及固有资产的类型和价值观念，如物化的、精神上的、有形的、无形的资产，把这些零散的甚至没有意识到的资源整合在一起，提高贫困农户依靠自身资源脱贫致富的意识，逐步减少对外界资源的依赖。

（三） 乡村资源主导扶贫项目引进

扶贫者以自己的想象来推测贫困农户的愿望，以自己的主观认识来确定扶贫项目，这在实践中并不鲜见。基于乡村资源引进外来要素的要求是，扶贫者要善于归纳贫困农户的真实需求，基于乡村资源找到可行的项目，而不是人为虚构需求、盲目嫁接项目。

第一，扶贫项目的引进以需求为基准，统筹短期需求和长期需求。对需求的判断，一是看此类需求是否是贫困农户和乡村发展的短板；二是这种需求能否融入到当地村民现有生产与生活方式中。只有最紧迫和与农户生活联系最密切的需求项目，才是最有效的扶贫项目。

第二，帮扶项目实行村级立项。精准扶贫强调对贫困农户建档立卡，因人、因致贫原因施策，同时也强调区域发展和精准扶贫联动。贫困人口脱贫和乡村的整体发展是相辅相成的关系，乡村持续发展是个体稳定脱贫的基础，没有乡村整体发展，单个贫困农户彻底摆脱贫困十分困难，甚至不可能脱贫。以村为单位，集中扶贫资源，贯彻先壮大集体经济后扶贫贫困人口的思路，虽然短期脱贫人口数量不多，但从长远看，形成了贫困户稳定脱贫的保障。

第三，农户以入股方式参与扶贫项目开发。与农户生产生活联系紧密又满足有效需求的项目，对农户的吸引力最大。如何保障项目惠及每个农户，让贫困农户和低收入农户都能积极地参加到项目建设和运营当中，在获得收入增加的同时提高生计能力，最有效的方式就是资本入股，包括资金入股、土地入股、技术入股、劳动力入股，甚至房屋、树木都可以入股。参股对象涵盖一般户、贫困户和脱贫脆弱户，资本的组织形式则采用百姓相对熟悉、最容易接受的农村专业合作社方式。

（四）扶贫资源配置主体多元化

任何单一的力量都难以完成贫困人口的可持续脱贫目标，需要人力、物质、财政、自然和社会等多种形式资本的共同合作。同时，要提高涉贫部门分工合作的效率，防止“一堆机构不恰当地凑在一起，各个组织以一种恶性的方式进行竞争并且毫无必要地重复行动”①。实现贫困户可持续脱贫的目标，需要在扶贫资源配置中引入市场机制，强调政府主导作用，注重贫困人口的主体地位，发挥企业、非政府民间组织帮扶的灵活性，以形成科学的扶贫治理结构。

第一，引入市场机制，提高扶贫资源使用效率。中国的扶贫开发已存在资源传递效率下降、边际效应递减问题。市场配置扶贫资源的优点是配置成本低、需求满意度高。自党的十八届三中全会做出关于“市场在资源配置中起决定性作用”的新定位以后，扶贫开发领域也越来越重视扶贫资源的市场配置，在确保公平和穷人受益的前提下，加大扶贫资源市场配置的作用领域和范围，以提高扶贫资源使用效率。

第二，政府在扶贫中的主导作用，逐步由直接资助转向为有劳动能力

---

① ［英］安东尼·哈尔、詹姆斯·梅志里著，罗敏等译：《发展型社会政策》，社会科学文献出版社 2006 年版，第 136 页。

的贫困户和贫困地区创造摆脱贫困的基础条件。市场“效益最大化”的原则，能够提高扶贫资源的使用效益，但不利于脆弱性较高的贫困人口或家庭、社区、区域的稳定脱贫。市场的竞争和逐利机制决定了扶贫资源很难充分流向贫困地区和脆弱性较高的贫困人群中。中国特色社会主义的扶贫战略坚持政府主导，需要继续发挥政府集中扶贫资源，保障打赢扶贫攻坚战的优势。此外，政府还要在扶贫制度创新、扶贫政策完善上下功夫，通过新的制度安排，为扶贫资源效益的提高创造条件，促进各种要素流向贫困地区，并确保贫困人口能够公平地利用各种资源。

第三，明确各扶贫主体相互之间的权利与义务，实现“互助共济”治理制度的定型与可持续发展。制度化、条例化和网格化的扶贫工作机制，能实现政府、市场、社会非营利组织和贫困家庭之间的“四对接”，即发展意愿对接、发展方案对接、发展决策对接、执行过程对接。社会组织履行“组织公民行为”的责任，能弥补政府行政吸纳资源能力的不足。刚脱离贫困线的低收入人口通过扶贫开发参与，表达了发展需求和愿望，利用了发展资源和机会，提升了风险规避和资源承接能力，为稳定脱贫和可持续发展奠定了坚实基础。

第十五章 金融扶贫的作用、供求及举措

金融是现代经济的核心，货币是经济的血液，精准扶贫、脱贫攻坚离不开金融的支持。金融扶贫是精准扶贫、脱贫攻坚的“重头戏”，加大金融扶贫的力度是解决脱贫攻坚资金投入问题的客观需要，是创新脱贫攻坚资金投入的重要举措，是如期实现脱贫攻坚的重要保障。

一、金融扶贫的主要作用

要实现脱贫，首先要清楚贫困产生的原因。贫困产生的原因主要有以下三个方面：一是由于存在“社会排斥”，所谓社会排斥可以理解为社会把某些人或者群体排斥在一定的规范体系或者制度之外，使之“边缘化”。[①] 而“社会排斥”在金融上的主要表现就是贫困人口难以获得社会资本，因此要实现贫困人口脱贫，必须打破“社会排斥”，促进贫困人口资本的积累和形成，进而使贫困人口融入社会，共享社会发展成果。二是由于精神和身体等方面能力不足导致贫困，从这个意义上来说，消除贫困就是要提升贫困人口的能力，促进人力资本的形成。三是贫困地区经济增长缓慢造成贫困的产生，经济增长缓慢影响居民收入水平的提高，进而造成贫困发生率上升。从贫困产生的原因出发，金融扶贫的作用主要包括促进贫困人口资本形成、提升贫困人口能力及促进贫困地区经济增长等。

① 林卡：《绝对贫困、相对贫困以及社会排斥》，《中国社会保障》，2006 年第 2 期。

（一）促进贫困人口资本形成

根据纳克斯的“贫困恶性循环”理论，资本缺乏成为贫困产生的重要原因，该理论认为，贫困是由于存在着若干个相互联系、相互作用的“恶性循环系列”，即“低收入→低储蓄能力→低资本形成→低生产率→低产出→低收入”的循环，这个恶性循环使贫困在封闭圈内徘徊，使贫困人口无法走出贫困。贫困不仅造成贫困人口资本积累无法形成，同时由于存在“社会排斥”，使贫困人口很难取得其他社会资本的帮助，所以贫困产生的重要根源就是资本积累不足，进而难以实现贫困人口的脱贫。金融扶贫可以打破资本的“社会排斥”，能促进贫困人口资本形成，为贫困人口脱贫和实现可持续的发展提供资本支撑，进而实现“高资本形成→高生产率→高产出→高收入→高储蓄能力→高资本形成”的良性循环。

因此，在脱贫攻坚中，发挥金融扶贫的作用，就要发挥金融的信贷功能，通过贷款产品创新和利息优惠等政策，提高金融机构对贫困人口的信贷扶贫覆盖面，满足贫困人口的信贷要求，帮助贫困人口促进资本形成，进而实现贫困人口脱贫。主要途径是通过建立互助合作金融、小额信贷业务和发展普惠制金融，彻底解决贫困人口“贷款难”的问题，打破“贫困的恶性循环”，加快促进资本形成，使脱贫攻坚进入良性循环。例如，金融扶贫中的由尤努斯首创的小额贷款是促进贫困人口资本形成的重要机制。尤努斯认为：“如果我们把给予富人的相同或相似的机会给予穷人的话，他们是能够使自己摆脱贫困的，穷人本身能够创造一个没有贫困的世界，我们所需做的只是解开我们加在他们身上的枷锁而已。”[①] 通过小额贷款可以为贫困人口提供基本生产资料，使其摆脱高利贷剥削，实现自我雇用，自我发展，进而走出贫困。

（二）促进贫困人口能力提升

阿玛蒂亚·森的“权利贫困”理论指出，贫困产生的根本原因是能力

① ［孟］穆罕默德·尤努斯著，吴士宏译：《穷人的银行家》，生活·读书·新知三联书店2006年版，第94页。

的缺乏，其理论的主要特点是突破了传统的将贫困等同于低收入的狭隘观点，把能力纳入贫困的衡量标准，其主要政策建议是通过重建个人能力来使贫困人口走出贫困。此外，根据舒尔茨和贝克尔的“人力资本”理论，人力资本差异是形成地区发展差异最重要、最活跃的因素，经济发展主要不是取决于自然资源或者资本的存量，而主要取决于人力资本。因此，金融扶贫要以提升贫困人口能力为核心，通过满足贫困人口金融供给，使其具备自我发展、自我提高的能力，这就对金融扶贫提出了更高的要求。因为促进能力提升，不仅要解决贫困人口基本的温饱问题，还要使其具备获得更好生活和实现自我发展的能力。也可以认为，金融扶贫中的能力提升是贫困人口资本形成的一个深化，它要求金融扶贫在促进贫困人口资本形成的基础上，为贫困人口提供一个可持续的发展体系，促进贫困人口彻底摆脱贫困。

在脱贫攻坚中发挥金融扶贫作用，要发挥金融促进贫困人口提升的功能。首先，金融扶贫要通过关注对贫困人口的教育、培训和医疗等，为贫困地区教育和医疗事业等的发展提供资金支撑，为贫困人口能力提升提供各项服务，培养他们走出贫困、提升生活品质的能力，进而促进贫困人口彻底脱贫。其次，金融机构还可以充分发挥信息灵敏的优势，为贫困人口提供信息和技术服务，把它们从政府和市场获得的信息和技术传递给需要贷款的贫困人口，既降低了贷款农户的经营风险，又提高了金融机构贷款的安全性。最后，金融扶贫要注重贫困人口的社会性帮助，通过帮助贫困人口建立社会参与网络，提升社会交往能力，进而使他们获得社会资本。

（三）促进贫困地区经济增长

根据西蒙·史密斯·库兹涅茨的倒 U 形发展理论，经济的增长和收入分配的不平等程度之间存在着倒 U 形发展关系，即随着经济的增长，收入分配不公平程度加剧，但是这种不公平程度在经济增长达到中等水平之后，又开始下降。中国现在正处于从中等收入阶段向高收入阶段迈进的时期，因此随着经济增长，收入分配不公平程度将降低，进而有利于脱贫攻坚的实现。因此，在脱贫攻坚中发挥金融扶贫的作用，就是要充分发挥金融促进贫困地区经济增长的功能，以经济增长带动贫困地区发展和贫困人口收入水平的提高，这是从宏观层面对金融扶贫提出的要求。金融支持经济发展进而实现脱贫攻坚的具体作用机制是：通过金融支持贫困地区三大产业的发展和结构优化、贫困地区设施建设及基本公共服务发展等，促进贫困地区经济增长，进而实现居民收入增加，使原来处于贫困线以下的人口由于收入增加而达到贫困线以上，实现贫困发生率的下降，达到金融扶贫的目的，进而实现脱贫攻坚的目标。

二、金融扶贫的供求状况

近年来，随着经济的发展，中国金融取得了巨大的进步。但是，目前中国金融发展现状仍然不能满足脱贫攻坚进程中贫困农户资本形成、能力提升和经济增长的需要，金融欠缺仍然是实现精准扶贫、脱贫攻坚的短板和制约因素。

（一）脱贫攻坚中金融供给状况

在金融供给方面，由于存在金融机构体系不完善、金融功能体系不健全和金融生态亟待优化等问题，造成在精准扶贫、脱贫攻坚过程中金融促进贫困人口资本形成和能力提升及促进贫困地区经济增长的作用不能有效发挥，金融供给不足的问题突出，主要表现在以下三个方面。

第一，服务于脱贫攻坚的金融机构体系不完善。金融体系发展滞后，远远不能满足精准扶贫、脱贫攻坚的需要，主要表现在：一是金融机构数量少。出于自身经济利益的考虑，四大国有银行的网点从贫困地区不断撤出，其他金融机构也不愿意在贫困地区增加经营机构，使得服务精准扶贫、脱贫攻坚的金融机构数量减少。二是金融机构种类单一。在精准扶贫、脱贫攻坚进程中，金融机构主要是存款与信贷金融机构，缺乏保险、投资、担保、租赁、信托等非银行金融机构；同时在精准扶贫、脱贫攻坚进程中的金融机构主要是政府主导型的金融机构，合作性的、民营的、区域性的中小金融机构缺乏，这就导致贫困地区和贫困人口的多样性和分散化金融需求很难得到满足。三是非正规金融机构发展存在严重问题。虽然各种非正规民间金融机构弥补了正规金融机构的不足，为精准扶贫、脱贫攻坚提供了部分资金支持，但是非正规民间金融机构缺乏引导、监管和法律保护，导致了高利贷盛行，严重扰乱了脱贫攻坚进程中的金融秩序，从长远来看也不利于贫困地区经济发展和脱贫攻坚的实现。

第二，服务于脱贫攻坚的金融功能体系不健全。由于精准扶贫、脱贫攻坚进程中的金融需求一直被认为是成本高、利润低、风险大的业务，加上中国金融改革的市场化导向，在脱贫攻坚进程中的金融体系功能日益弱化。一是金融机构把从贫困地区吸收来的资金主要投向风险低、效益高的发达地区，这就形成资金的“倒吸”现象，从而造成金融支持脱贫攻坚的资金不足；二是金融服务程序烦琐，中间环节多，办事效率低，影响金融扶贫作用的发挥；三是目前在精准扶贫、脱贫攻坚进程中的金融机构提供的金融业务单一，金融产品主要还是以信贷为主，并且信贷业务也是以质押信贷和担保信贷为主，同时保险、租赁、投资、担保、信托等业务发展滞后。

第三，服务于脱贫攻坚的金融生态有待完善。金融生态指金融市场运行和金融机构经营所面临的外部环境。金融体系的效率不仅跟金融体系自身的状况有很大关系，同时也跟金融生态有很大的关系。良好的金融生态，能够充分发挥金融市场的资源配置作用，提高金融体系运行效率，降低金融交易成本，促进金融和经济的发展。而在精准扶贫、脱贫攻坚进程中，金融生态在经济基础、信用体系建设、法治环境、中介组织建设、金融监管等方面还存在很多问题，造成精准扶贫、脱贫攻坚进程中金融供给严重不足，所以金融生态亟待完善。

（二）脱贫攻坚中金融需求状况

为了早日实现精准扶贫、脱贫攻坚的目标，就要充分发挥金融的功能，促进贫困人口资本形成和能力提升，促进贫困地区经济增长。因此，脱贫攻坚进程中金融需求状况主要包括以下三个方面。

第一，资本形成的金融需求。随着中国扶贫开发深入推进，金融扶贫资本形成的需求仍然是以信贷为主要方式，但是信贷需求的主体日益多元化，主要的信贷需求有以下三个方面：一是农户信贷需求以资本形成为主要目的。在扶贫开发初期，贫困人口的融资需求主要是结婚、买房等消费性的需求，但是随着扶贫开发的深入，在精准扶贫、脱贫攻坚阶段，贫困人口开始从事附加值较高的种植养殖业、工商业等，因此这方面的信贷比例开始上升，并且随着贫困人口实现脱贫，他们所从事的产业也会日益开拓发展，贫困人口信贷需求会更加注重资本形成，反映了扶贫开发不断深入的必然趋势。二是农村贫困地区中小企业融资需求越来越强烈。农村贫困地区的中小企业主要集中在农产品加工与流通领域，因此这些企业融资需求与农业生产的性质相关，许多融资是季节性的，并且风险极大，因此既要满足贫困地区中小企业的融资需要，又要降低金融机构贷款风险，是我们在脱贫攻坚中实现金融支持所要面临的主要难题之一。三是农村专业合作社成为农村新型融资主体。农村专业合作社是贫困地区资本形成提供的重要的融资主体，也是脱贫攻坚进程中金融机构的重要服务对象。随着中国农村专业合作社的完善和发展，农村合作社的融资成为贫困地区资本形成的重要途径。《农民专业合作社法》明确指出："国家政策性金融机构应当采取多种形式，为农民专业合作社提供多渠道的资金支持。具体支持政策由国务院制定。国家鼓励商业性金融机构采取多种形式，为农民专业合作社提供金融服务。"这条法律规定为金融机构满足中国农村合作社融资需求提供法律依据，将进一步推进贫困地区的资本形成，加快脱贫攻坚进程。

第二，能力提升的金融需求。贫困地区由于教育落后造成贫困人口文化程度低，接受新观念和新技术的能力差，同时，贫困地区卫生等公共事业不发达，造成贫困人口身体综合素质比较差。由于上述原因，贫困地区虽然劳动力丰富，但是人力资本并不丰富。因此，在脱贫攻坚进程中，为了实现贫困人口个人能力提升和人力资本形成，就需要大力促进贫困地区基础教育、职业教育、高等教育和文化卫生等公共事业的发展，这些事业的发展需要大量资金的投入，而仅仅依靠政府和其他社会力量是远远不能满足这些资金需求的，迫切需要金融参与其中，从而形成新的金融需求。

第三，经济增长的金融需求。要促进贫困地区经济增长，必须加快改善贫困地区产业结构调整，促进三大产业协调发展；必须加快贫困地区基础设施建设，增强贫困地区经济增长后劲；必须加快贫困地区公共服务建设，促进贫困地区可持续发展；等等。无论是产业结构调整，还是基础设施和公共服务建设都需要大量的资金，仅仅靠政府财政拨款是远远不够的，必须通过金融来提供，这样金融需求必然产生。另外，在脱贫攻坚进程中生态保护、移民搬迁、社会保障等方面也会产生大量的资金需要，要满足这些资金需要，金融服务也是重要的手段。

（三）脱贫攻坚中供求失衡原因

从精准扶贫、脱贫攻坚进程中金融需求和金融供给的状况分析可以得出在金融扶贫过程中存在着金融供求失衡的现象，突出表现在金融供给不能满足金融需求。而在脱贫攻坚进程中金融供求失衡的原因是多方面的，我们主要从信息不对称，贫困地区的特点和政府服务缺位、越位三个方面进行分析。

第一，信息不对称造成脱贫攻坚中金融供求失衡。按金融学理论的解释，在脱贫攻坚进程中金融市场存在“信息不对称”现象，即在贫困地区的金融市场中，贫困人口对自己的实力、资金、风险等真实情况有更清楚的认识，而各个金融机构由于某些因素的限制，较难获得贫困人口的真实信息，或者获得贫困人口的真实信息需要付出的成本太高。因此，在脱贫攻坚进程中，金融市场会出现“逆向选择”和“道德风险”。在“逆向选择”和“道德风险”的作用下，贫困地区的金融市场就产生了供求失衡。

第二，贫困地区的特点造成脱贫攻坚中金融供求失衡。从社会角度来看，贫困人口在脱贫过程中，面临巨大的制度变迁，加之目前中国社会保障制度不完善，造成贫困人口的风险和不确定性增大；从经济角度来看，贫困人口主要从事农业生产，而中国农业大多数都是小农生产模式，这就使农业生产具有低收益、高风险和低效率的特点，同时造成中国农业基础薄弱、农业生产效益低、农业抗风险能力差。而以追求利润最大化为目标的正规金融机构和民间借贷，不愿意投资高风险、低收入的行业和地区，不愿向贫困地区和贫困人口提供金融服务，造成脱贫攻坚进程中金融需求难以得到满足。

第三，政府服务缺位、越位造成脱贫攻坚中金融供求失衡。目前，在脱贫攻坚进程中，由于政府没有很好地履行职责造成金融市场存在严重金融供求失衡，主要表现在：脱贫攻坚进程中，政府仅仅通过放松对贫困地区金融市场的管制并不能满足贫困地区和贫困人口的金融需求，反而会造成供求失衡进一步加剧，这是政府缺位造成的贫困地区脱贫攻坚中金融供求失衡。因此，政府必须积极创造条件，并积极引导金融资源向贫困地区和贫困人口流动，为脱贫攻坚提供相应的金融资源和金融服务。同时，在脱贫攻坚进程中，如果政府无视经济规律，盲目干预市场，其结果也会造成贫困地区金融市场混乱，进而影响贫困地区金融供求平衡，这是政府越位造成的贫困地区脱贫攻坚中金融供求失衡。因此，政府要正确履行自身职责，按经济规律办事，既不缺位，也不越位，推进贫困地区金融健康发展。

三、金融扶贫的重要举措

金融扶贫是反贫困的重要手段之一，要实现精准扶贫、脱贫攻坚的目标，任务非常繁重，必须通过完善金融机构体系、健全金融功能体系、优化金融生态及加强金融创新来促进金融发展，进而助力脱贫攻坚。

（一）健全金融机构助力脱贫攻坚

政府要通过出台相关政策措施引导鼓励各类商业性、政策性、开发性和合作性金融机构加大对脱贫攻坚的支持力度，形成各类金融机构既互相竞争又各负其责的金融支持脱贫攻坚的态势。

第一，商业性金融机构要下沉服务重心，主动对接脱贫攻坚。商业性金融机构本质上是追求利润最大化的金融企业，其承担的社会责任相对较少，但是并不意味着商业性金融机构没有社会责任。大中型商业性金融机构要通过优化网点布局、强化基层网点营业能力、增强农村贫困地区的金融供给来积极主动服务脱贫攻坚；尤其是中国农业银行和中国邮政储蓄银行要发挥网点分布广泛的特点，不断优化金融服务，在脱贫攻坚中要大有作为。中小股份制银行、城市商业银行要加强脱贫攻坚业务创新，改进贷款流程，简化审批手续，利用批发贷款、委托贷款等方式，不断加强服务贫困地区和贫困人口的能力。

第二，政策性、开发性金融机构要优化业务设置，积极服务脱贫攻坚。政策性、开发性金融机构经营的最大目的是追求社会效益的最大化，因此它们在助力脱贫攻坚过程中的地位是不可替代的。要通过适当的政策安排，让财政贴息资金和金融机构部分富余资金向政策性、开发性金融机构流动，拓宽它们资金来源渠道；要特许国家开发银行、中国农业发展银行发行专项用于脱贫攻坚的金融债券，同时政府要给予银行贴息补助；国家开发银行、中国农业发展银行要创新机构设置，建立专门的扶贫开发事业部，来开展脱贫攻坚业务，同时可以依法享受国家税收优惠。总之，政策性、开发性金融机构要通过不断加强自身经营管理，强化自身业务素质，在保障资金安全的前提下，不断提高投放资金的使用效率，不断发挥政策性、开发性金融机构服务脱贫攻坚的效用。

第三，合作性金融机构强化服务基层的职能，积极服务脱贫攻坚。合作性金融机构中的农村合作社、农村商业银行和农村合作银行要充分发挥服务“三农”、联系“三农”的优势，充分发挥网点、业务、人员等资源贴近农村的优势，继续发挥好农村金融主力军的作用，服务于脱贫攻坚的社会发展大局；要坚持服务“三农”原则，加强自身改革，完善法人治理机构，提高资本充足率，建立激励约束机制，优化自身业务流程，在服务脱贫攻坚中，不断发展壮大自己。

第四，创新金融机构以增加贫困地区资金供应。新设金融机构要以脱贫攻坚为中心任务，坚持面向“三农”，为贫困地区和贫困人口提供特色化、精准化的金融服务；要优先支持贫困地区建立村镇银行、互助银行、小额贷款信用公司、农民合作银行等，用金融机构创新发展来弥补传统金融在相关业务方面的空白，实现金融机构在贫困地区和贫困人口中的全覆盖。

（二）健全金融功能助力脱贫攻坚

要健全金融功能体系，必须以金融需求为导向，不断满足贫困地区和贫困人口的资本形成、能力提升和经济增长等方面的金融需求，这样才能提高金融扶贫的针对性和实效性。

第一，以促进贫困人口资本形成为导向。金融机构要不断满足贫困人口、中小企业和农村合作组织的融资需求，加快贫困地区资本积累，助力脱贫攻坚。

一方面，金融机构要精准对接贫困人口贷款需求，促进贫困人口资本形成，提升贫困人口自我发展的能力。各个金融机构对建档立卡的贫困户发放小额信用贷款，提升贫困户自我发展能力；建立健全金融精准服务贫困人口的担保制度，建立贫困人口互保、联保制度，破解贫困人口贷款难的问题；各个金融机构要根据贫困人口特点进行金融创新，开发符合贫困人口资金需求特点和需求额度的金融产品以满足贫困人口的金融需求。另一方面，金融机构要扶持中小企业和农村合作组织的发展。现阶段，我们脱贫攻坚的主要着眼点是建档立卡的贫困户，而贫困地区中小企业和农村合作社并不是金融扶贫的重点对象。但是，没有贫困地区中小企业和农村合作社的发展，即使扶持了农村贫困户零星分散的创业项目，其作用也微乎其微。要实现贫困地区彻底脱贫，就必须促进贫困地区中小企业和农村合作组织的发展，通过他们的引导和扶持，扎实推进农业产业化进程，建立现代农业，进而带动贫困人口实现脱贫。在金融助力脱贫攻坚过程中，金融机构要注重向中小企业和农村合作组织，尤其是中小企业提供融资需求，破解它们“贷款难”的问题，促进它们资本的形成，打破“贫困恶性循环”，推进脱贫攻坚早日实现。

第二，以促进贫困人口能力提升为导向。贫困人口是脱贫攻坚的重要力量，如果没有贫困人口主动参与，脱贫攻坚必然达不到预期效果。而要实现贫困人口主动参与，就必须注重贫困人口自身能力提升，开发贫困人口的人力资源。而对于“一方水土不能养育一方人”的地区的贫困人口能力提升，主要措施是实施易地搬迁。

一方面，金融支持脱贫攻坚，要把金融资金投向基础教育行业，来促进贫困人口的基本素质发展；要用金融支持职业技术教育行业的发展，来提升贫困人口的就业能力和创业能力，比如各个金融机构要开展贫困人口助学贷款业务，帮助解决贫困学生上学的困难；要通过金融保险的发展，增强贫困人口防范风险的能力，比如各个金融机构要开发针对贫困人口普惠性的医疗保险业务，防止贫困人口“因病返贫”现象的发生。另一方面，要提升“一方水土不能养育一方人”的地区贫困人口的自我发展能力，就要求金融精准对接易地扶贫搬迁需求，支持贫困人口易地搬迁脱贫。各个金融机构要坚持保本微利的原则，向易地搬迁的贫困人口发放长期的、低成本的贷款，同时财政要给各个金融机构贷款补贴；国家开发银行、中国农业发展银行要进行金融创新，优化贷款流程，简化贷款手续，降低贷款成本，主动对接易地搬迁扶贫；要加强贷款管理，做到专款专用，防止易地搬迁的贷款挪用和流失；各个金融机构要加强对易地搬迁后续工作的金融支持力度，确保贫困人口搬得出、留得下、富起来。

第三，以促进贫困地区经济增长为导向。金融机构要精准对接贫困地区产业发展、公共基础设施建设和公共服务建设等方面的金融需求，通过加快贫困地区产业发展、公共基础设施建设和公共服务建设，来带动贫困地区经济增长，助力脱贫攻坚。

一方面，金融机构要精准对接特色产业需求，带动贫困人口脱贫致富。各个金融机构要根据贫困地区的特点，对接贫困地区的休闲农业、绿色产业、旅游产业等特色产业的发展，用金融服务精准对接贫困地区产业发展；各个金融机构要支持贫困地区特色农业基地、现代农业基地和产业园区建设，为贫困地区特色产业发展提供有效载体；积极稳妥推进农村土地制度改革，推进农村承包土地和农村集体建设用地等农村产权抵押、质押的发展，为金融助力特色产业发展提供信用担保支持。另一方面，金融机构要精准对接公共基础设施和基本公共服务领域需求，为贫困地区公共事业发展提供资金支持。各个金融机构要进行金融创新，发展多样化的金融工具，重点支持人居环境整治、农村危房改造、新农村建设等民生工程建设；重点支持贫困地区水利、电力、交通、能源、生态环境等基础设施建设；重点支持贫困地区文化、医疗、卫生等基本公共服务项目建设。

（三）优化金融生态助力脱贫攻坚

良好的金融生态能够促进金融健康持续的发展，金融的健康发展，又可以促进金融生态的优化，进而推进经济的发展和社会的进步。我们要不断营造良好的金融生态，以良好的金融生态助力脱贫攻坚任务的实现。

第一，要加强金融支持脱贫攻坚的舆论宣传。要利用报纸、广播、电视、网络、移动终端等多种形式，对金融机构支持脱贫攻坚进行大力宣传，让贫困地区和贫困人口对脱贫攻坚的金融服务政策有充分了解，增强贫困地区和贫困人口利用金融政策的意识和能力。同时对于金融服务脱贫攻坚的典型案例和成功经验要加强宣传推荐，营造金融支持脱贫攻坚的“学、赶、超”的舆论氛围。

第二，要加强贫困地区金融基础设施建设。要大力发展贫困地区金融基础设施建设，尤其是互联网建设，推动新的支付方式和结算方式在贫困地区广泛应用；对贫困地区的金融网点不能“一撤了之”，要优化贫困地区金融网点布局，为贫困地区和贫困人口提供基本的金融供给。同时要进行法治化建设，制定或修改相关金融法规制度，促进金融发展进入法治化轨道，从而促进金融支持脱贫攻坚的法治化建设。

第三，要加强贫困地区信用评级创新。要以精准识别和精准定级为基础，建立一套涵盖农村机构的生产能力、发展前景、资产负债、信用状况的全新的、针对贫困地区的、实现动态管理的信用评价体系；要实现农村贫困人口的信用信息与建档立卡贫困户信息对接，建立由金融机构、农村基层组织、村委会成员和致富带头人等多方参与的金融信用信息数据库。

第四，要对贫困地区实行差异化的金融监管政策。由于贫困地区的金融风险与普通地区不一样，在制定贫困地区金融监管政策时，要坚持差异化的政策。要改革金融机构考核指标，在贫困地区实行尽职免责的贷款制度；要根据贫困地区的金融机构风险、成本及收益的具体情况制定差异化的监管目标，在设定呆坏账核销率、资本充足率时，既要考虑金融机构的实际情况，更要考虑到贫困地区用款企业的特殊性；有关部门同时要严厉打击金融诈骗、非法融资、使用假币等金融违法犯罪行为，维护正常的金融市场秩序，在贫困地区营造良好的金融生态环境。

第五，要加强金融与财税政策的配合。金融和财税政策可以互相协调，互相促进，共同助力脱贫攻坚。财政要通过财政补贴、税收优惠、资金支持、信用担保、风险承担等方式，继续加大对金融机构服务贫困人口金融业务的支持，引导金融资源更多地服务于精准扶贫、脱贫攻坚；金融机构要通过支持各级政府建立政府扶贫产业基金、设立政府融资担保机构及发行地方债券等，不断加大财政资金扶贫力度。

（四）加强金融创新助力脱贫攻坚

政府要通过出台各种优惠政策，支持贫困地区金融创新，同时各类金融机构要通过实施金融产品创新工程，增加对贫困地区的金融供给，进而助力精准扶贫、脱贫攻坚。

第一，政府可以通过制定金融政策创新多种金融货币政策工具，鼓励和引导金融机构的资金支持脱贫攻坚。一是政府设立扶贫再贷款基金，用更加优惠的利率甚至可以用无息的方式向金融机构发放定向贷款，重点扶持金融机构的扶贫金融业务，重点鼓励金融机构支持贫困地区发展特色产业，重点鼓励金融机构支持贫困人口就业创业；二是设立贫困贷款风险补偿基金，重点开展扶贫担保业务，以便增加贫困地区和贫困人口的信用等级和贷款能力，消除金融机构的“信息不对称”现象，增加贫困地区和贫困人口贷款业务；三是建立政府贴息贷款机制，对于专项投入贫困地区和贫困人口的贷款资金，通过贴息的方式，补偿金融机构因为低息发放贷款造成的损失；四是政府支持金融企业发行扶贫政策性金融债券，筹集的资金坚持专款专用的原则，主要用于易地搬迁、产业扶持、就业培训等脱贫攻坚中。

第二，金融机构要根据扶贫攻坚的需要，实施金融产品创新工程，通过个性化的金融产品设计达到精准扶贫、脱贫攻坚的要求。一是信贷产品要进行创新，各个金融机构要组织专门的调研队伍，到贫困地区进行调研，根据贫困地区的产业特点、资源条件、信贷需求和经济状况来开发专门的信贷产品，以满足贫困地区特殊的信贷要求，发挥金融助力精准扶贫、脱贫攻坚的作用。二是抵押贷款要进行创新，各个金融机构，尤其是地方性金融机构，在做好农户联保贷款、农户小额信用贷款的同时，要积极开展新的抵押贷款创新，做好农村土地承包权和农村住房抵押权的试点工作，并且积极开展针对大学生、农民工、乡镇企业等的质押贷款创新，努力实现抵押贷款创新，发挥金融助力精准扶贫、脱贫攻坚的作用。

第三，保险产品要进行创新，精准对接脱贫攻坚多元化的保险需求。金融保险机构要根据贫困地区和贫困人口的特点，实现保险创新，开发特色的农产品保险、健康保险及创业保险等，为贫困地区经济发展提供坚强的保障。一是要加大对贫困地区农业保险需求的供给力度，积极开发新的保险业务，以满足贫困地区农业生产需要的多样化需求；二是要加大对贫困地区健康保险的供给，着力解决贫困人口“因病致贫、因病返贫”的问题，大病医疗保险要逐渐向贫困人口倾斜；三是建立健全贫困地区创业保险，积极发展小额信贷保险制度，为贫困人口创业脱贫建立信用支持，增强贫困地区和贫困人口可持续发展的能力；等等。

第十六章　财政扶贫的依据、优势及重点

财政是政府配置社会资源、参与分配社会产品、调节经济活动的重要手段。在精准扶贫、脱贫攻坚进程中，要积极发挥财政资源配置、收入分配和稳定经济发展的职能，通过财政扶贫着力满足贫困地区精准扶贫、脱贫攻坚的资金需求，促进贫困地区经济社会可持续发展。

一、财政扶贫的基本依据

扶贫开发的历史和经验都表明，政府在扶贫开发中一直扮演重要角色，而在政府主导扶贫开发过程中，财政扶贫又是核心和关键。开展财政扶贫不仅有历史依据，而且还有深刻的理论依据，因为同其他扶贫手段相比，财政扶贫在精准扶贫、脱贫攻坚进程中的定位明确，作用与优势明显。

（一）财政扶贫的定位

根据财政学理论，财政的职能定位是以政府和市场的关系为基础的，市场失效的范围及程度决定了财政的职能范围及程度。要明确财政在脱贫攻坚中的定位，首先应该明确市场与政府的关系。

如何处理好政府与市场在资源配置中的关系一直是经济学家们关注的焦点。关于如何处理好政府与市场在资源配置中的关系的理论最早可以追溯到重商主义，他们认为政府要进行经济干预，扩大商品出口，尽量减少进口，促进金银货币流入国内。而重农主义则认为社会经济活动及其发展存在自身的规律性，人类的经济活动要遵循“自然秩序”，以此来反对重

商主义的经济干预的思想，认为要发挥好市场在资源配置中的主导作用。之后亚当·斯密在其代表作《国富论》中阐述了“看不见的手”原理，认为市场要在资源配置中发挥完全性的作用，政府仅仅充当“守夜人”的角色，在亚当·斯密之后，他的理论得到继承和发展，亚当·斯密和他的继承者一致认为经济发展应该是一个自由竞争、自发调节的过程，无须政府干预。然而，到 1929 年至 1933 年世界经济大危机打破了市场的“神话”，为了挽救资本主义，凯恩斯政府干预理论出现，形成凯恩斯主义。后来，资本主义社会又出现“滞涨”，凯恩斯主义陷入难以自圆其说的困境，因此，新自由主义、货币主义、理性预期学派、新古典综合派等，对于在资源配置过程中市场和政府的关系都提出了自己的主张。从经济学家对市场与政府关系的认识的演进来看，在现代社会，市场和政府都是资源配置的重要手段，要处理好市场和政府的关系，必须是“发达的市场和强大的国家”相结合。① 经济理论的发展和经济实践的结果都表明，政府对经济发展的作用至关重要，诺斯曾指出：“国家的存在是经济增长的关键，然而国家又是人为经济衰退的根源，这一悖论使国家成为经济史研究的核心。在任何关于长期变迁的分析中，国家模型都将占据显要的一席。”②

但是政府调控经济的作用不是无边界的，作为政府调控经济的重要手段之一——财政的职能范围是由市场失效的范围决定的。在市场经济条件下，由于存在信息不对称、公共产品与服务、外部性、自然垄断等方面的原因，会产生市场失效。为了弥补市场失效，需要发挥政府的宏观调控作用，需要发挥财政的宏观调控职能。

贫困的产生是市场失效的一个具体表现，因为市场机制以追求效率为目标，按照市场规律，创造不同价值的人应该得到不同的收入，这必然产生收入水平的不同，而收入水平的不同进一步发展就会产生两极分化和贫困。可见，仅仅依靠市场调节收入分配并不能解决贫困问题，甚至会使贫困问题加剧。因此，消除贫困需要政府干预，需要发挥财政扶贫的作用：

---

① 郑秉文：《市场缺陷分析》，辽宁人民出版社 1993 年版，第 315 页。

② ［美］道格拉斯·C. 诺斯著，陈郁、罗华平译：《经济史中的结构与变迁》，上海人民出版社 1994 年版，第 20 页。

从短期来看，财政扶贫可以通过财政直接补贴等方式，给贫困人口以物质上的帮助，满足其基本的生存和生活需要，帮助他们暂时摆脱贫困；从长期来看，财政扶贫可以通过税收优惠等方式，促进贫困地区产业发展，提高贫困地区经济自我发展能力，可以通过财政向教育、医疗、就业、养老等方面进行政策倾斜，提升贫困人口自我发展的能力，从而实现贫困地区经济发展和贫困人口真正脱贫。

（二）财政扶贫的作用

财政学家马斯格雷夫提出财政主要有三大职能，即资源配置、收入分配和经济稳定。根据“财政三职能”论①，在精准扶贫、脱贫攻坚进程中的财政扶贫作用机制可以从以下三个方面进行。

从资源配置方面看，在市场机制调节下，社会资源配置的原则就是资源向使用效率高的地区流动，这就造成在市场经济条件下，资源向发达地区和富裕人口流动，进而使贫者更贫，富者更富，贫富差距进一步拉大，形成所谓的“马太效应”。因此，通过市场自发调节，无法实现社会资源的优化配置。财政扶贫可以通过财政资源配置的职能，促进社会资源向贫困地区和贫困人口转移，为贫困地区和贫困人口提供公共产品和公共服务，进而实现扶贫的目标。在社会资源配置方面，财政具有较强的扶贫取向：一是财政扶贫可以加强贫困地区基本农田建设、植树造林、保持水土流失等生态建设；二是财政扶贫可以在贫困地区促进社会保险、社会救济、失业保障等社会公共事业的发展；三是财政扶贫可以加快贫困地区道路、水利、电力、通信等基本公共基础设施建设；四是财政扶贫可以加快贫困地区教育、文化、科技、卫生等基本公共服务建设；等等。总之，财政扶贫可以通过促进社会资源向贫困地区和贫困人口转移，实现资源的优化配置，进而促进贫困地区经济发展和贫困人口收入增加，完成精准扶贫、脱贫攻坚的任务。

从收入分配方面看，在市场机制调节下，社会价值取向是追求利益的最大化，因此市场进行分配收入主要侧重于初次分配，更加关注效率问

① 闫坤：《中国农村减贫财税政策研究》，中国财政经济出版社2008年版，第40页。

题；而财政具有公共性的特点，其基本目标就是满足社会公共需要，因此财政分配收入是主要侧重于再次分配，更加关注公平问题。财政扶贫可以通过发挥其收入分配职能，缩小收入分配差距，提高贫困人口的收入水平，来达到扶贫的效果：一是财政扶贫实行转移支付和直接补贴等方式，直接用财政资金对贫困地区和贫困人口进行补贴，促进贫困地区经济发展，提高贫困人口收入水平和自我发展能力；二是财政扶贫可以实行税收调节，对高收入地区和群体实行较高的税率，对贫困地区和贫困人口实行较低税率，甚至实行免税措施；三是财政扶贫可以建立财政兜底的社会保障，向贫困人口提供基本的教育、医疗、养老等社会服务，促进贫困人口实现自我发展；等等。总之，财政扶贫可以通过发挥收入分配职能的作用，促进贫困地区经济发展，提高贫困人口的收入水平，进而缩小收入差距，完成精准扶贫、脱贫攻坚的任务。

从稳定经济发展方面看，市场自发调节社会资源配置，会造成经济的波动，而经济的稳定发展是解决贫困问题的基本要求。财政履行稳定经济发展的职能的目标就是促进经济、社会、生态、资源等全面、协调、可持续地发展，财政的这一职能具有明显的扶贫取向：首先，只有经济的稳定发展，才能为脱贫攻坚提供坚实的基础条件；只有减轻或者消除贫困，才能提高经济发展的效益，促进经济稳定发展，经济稳定发展与扶贫二者相互促进，相互影响，共同发展。其次，财政扶贫还可以在保障贫困人口基本生存权利的前提下，重视生态保护、资源节约，促进贫困地区经济、社会、资源、环境、人口等方面协调发展，从而从根本上解决贫困问题。最后，经济稳定发展的本质和核心就是坚持以人为本，实现人的全面发展，而贫困问题是制约人全面发展的重要障碍，财政扶贫强调经济稳定发展和人的全面发展相统一，并最终实现经济发展和个人全面发展的统一。总之，财政扶贫可以通过发挥稳定经济发展的职能，实现贫困地区和贫困人口的自我发展和提升，达到精准扶贫、脱贫攻坚的目标。

（三）财政扶贫的必要性

开展财政扶贫是中国完成脱贫攻坚任务的客观要求，是弥补市场失效的重要抓手，是形成脱贫攻坚合力的重要保障，也是全面建成小康社会的重要战略部署。

第一，开展财政扶贫是完成脱贫攻坚任务的客观要求。精准扶贫、脱贫攻坚现在已经到了啃硬骨头、攻坚拔寨的决胜阶段，扶贫成本高、难度大、见效慢、成效小。在精准扶贫、脱贫攻坚阶段，开展财政扶贫是完成脱贫攻坚任务的重要手段，对于脱贫攻坚目标的实现具有重大意义，我们党和政府也高度重视财政扶贫。2015 年 6 月 18 日，习近平总书记在贵州召开的部分省区市党委主要负责同志座谈会上指出，要加大中央和省级财政扶贫投入，坚持政府投入在扶贫开发中的主体和主导作用，吸引社会资金参与扶贫开发。财政扶贫可以充分发挥财政的公共性职能，满足脱贫攻坚的资金需要，从而促进脱贫攻坚的实现；可以引导带动金融资金、社会资金投入到脱贫攻坚过程中，形成促进脱贫攻坚的资金合力；可以满足贫困地区和贫困人口差异化需求，从而实现精准扶贫，定向施策，促进精准扶贫、脱贫攻坚的实现。

第二，财政扶贫是弥补市场失效的重要抓手。现代经济理论认为，由于不完全竞争、外部效应、信息不充分和交易成本等原因，市场无法完全有效地配置资源，这就造成市场失效现象存在。在市场经济条件下，市场失效会导致贫富两极分化，进而使贫困问题更加突出。而如果仅仅依靠市场自发调节来解决贫困问题，可能会导致贫困越来越严重，因此就必须完善宏观调控，充分发挥财政扶贫的效果。财政扶贫可以通过财政手段为贫困地区提供充足的公共产品和服务，实现社会公共资源向贫困地区转移；可以逐步实现贫困地区生活水平提高，缩小收入差距，从根本上就是要解决收入分配差距过大的问题，从而达到共同富裕；可以促进贫困地区基础设施建设，促进贫困地区社会公益事业发展，带动贫困地区经济的整体发展，最终实现精准扶贫、脱贫攻坚的目标。

第三，财政扶贫是形成脱贫攻坚合力的重要保障。财政在经济社会中的地位非常重要，发挥着引导驱动作用，它是政府履行职能的重要手段，体现政府的施政方向和预期目标，对社会各个主体具有很强的导向作用。政府扶贫可以充分调动各种资金投入到脱贫攻坚中，形成脱贫攻坚的合力，进而为脱贫攻坚合力提供坚强的资金保障。随着财政扶贫的深入推进，必将带动社会资金投入力度的加大，带动促进精准扶贫、脱贫攻坚早日实现。同时，进行精准扶贫、脱贫攻坚伟大事业的出发点和落脚点就是满足贫困地区人民的需要，提高贫困地区人民的生活水平。因此，财政扶贫的出发点和落脚点必须坚持以人为中心，只有坚持维护广大人民群众的利益，财政扶贫才能真正落地生效，才能真正吸引社会各个主体参与到脱贫攻坚的进程中，才能发挥财政扶贫的重要作用。

二、财政扶贫的主要优势

财政具有公共性、灵活性和直接性的特点决定了财政扶贫的全面性、灵活性和直接性，使得财政扶贫与其他扶贫手段相比具有明显的优势，其在精准扶贫、脱贫攻坚进程中的地位是不可替代的。

（一）财政扶贫具有全面性

扶贫开发是一个系统工程，涉及经济、社会及生态等方方面面，不可能仅仅依靠一个方面的改善就实现脱贫的目标。因此，扶贫开发过程中，要综合考虑贫困地区和贫困人口的方方面面，采取综合性的措施，这样脱贫攻坚才能取得实效。而产业扶贫、生态扶贫等扶贫手段，虽然各具优势，但往往重点关注扶贫的某个领域，扶贫的综合性和全面性考虑不够，这样会在扶贫开发过程中造成一系列问题。而财政扶贫具有全面性和综合性的特点，具有其他扶贫方式并不具备的优势，这就使财政扶贫在脱贫攻坚进程中的作用独一无二。

财政扶贫的全面性是由财政的公共性决定的。从财政的公共性来看，财政扶贫需要全面地关注和解决贫困问题。财政的公共性决定财政的目标就是满足包括贫困人口在内的全体社会成员的公共需要，为包括广大贫困人口在内的全体社会成员提供全面的公共产品和公共服务。贫困人口基本的公共需要之一就是要消除贫困，提高生活水平。因此，财政在履行职能过程中，首先要更加关注和解决贫困问题，这就要求财政扶贫首先要为贫困人口的基本生活提供保障，为贫困人口的自我发展和能力提升提供支撑；其次要为促进贫困地区经济发展提供资金支持，为贫困地区的基础设施建设和公共服务建设提供资金支持；最后要为教育扶贫、产业扶贫、生态扶贫等其他扶贫方式提供资金支持。总之，财政扶贫的全面性体现在可以为脱贫攻坚各个方面提供必要的资金保障，进而推动脱贫攻坚目标的实现。

（二）财政扶贫具有灵活性

中国扶贫开发进入新的历史时期，贫困人口分布呈现“大分散、小聚居”的特点，并且造成贫困的原因也千差万别且不断变化，这些贫困的新特点要求我们在脱贫攻坚阶段改变过去那种“大水漫灌”的扶贫方式，要实行精准识别、精准扶贫和定向施策的扶贫方式。而在脱贫攻坚过程中，要实现精准识别、精准扶贫和定向施策的目标，扶贫方式的选择必须具有一定的灵活性和针对性。财政扶贫与其他扶贫方式相比具有这方面的优势，能够在脱贫攻坚过程中发挥更大的作用。

财政扶贫的灵活性是由财政的灵活性决定的。从财政的灵活性来看，财政扶贫可以利用的方式多、职能范围广。财政是由财政收入、财政支出、财政信用、财政政策和财政体制等构成的有机体系，财政扶贫可选择的方式多、职能范围广，在扶贫方面可以根据扶贫的具体特点采取不同的扶贫方式，具有很强的灵活性。例如，财政扶贫可以通过税收收入、债务收入、国有资产收益等多种形式取得财政收入，为精准扶贫、脱贫攻坚提供坚实的资金基础；财政扶贫可以通过购买性支出和转移性支出，为贫困地区和贫困人口提供多种形式的资金帮助；等等。由于财政职能具有灵活性，可以使财政扶贫对贫困地区和贫困人口在精准识别的基础上，根据脱贫攻坚的阶段、重点和具体任务结合贫困地区和贫困人口的实际情况，进行精准扶贫、定向施策，制定有针对性的脱贫攻坚手段和措施，防止出现“大水漫灌”式的扶贫，进而增强财政扶贫的效果，促进脱贫攻坚目标早日实现。

（三）财政扶贫具有直接性

在扶贫开发过程中，虽然通过教育扶贫、产业扶贫等方式能够打破“贫困的恶性循环”，增加贫困地区和贫困人口的内生发展动力，但是如果仅仅依靠贫困地区和贫困人口自身的积累和发展，将很难在初始阶段打破“贫困的恶性循环”，这要求在扶贫开发初期对贫困地区和贫困人口进行直接的帮扶，利用初始外力帮助其打破“贫困的恶性循环”，然后通过增强贫困地区和贫困人口的内生性发展动力，促进贫困地区和贫困人口脱贫。财政扶贫的直接性正好可以满足打破“贫困恶性循环”的需要，这样就可以使财政扶贫成为打破“贫困恶性循环”的初始外力，从而促进精准扶贫、脱贫攻坚的实现。

财政扶贫的直接性是由财政的直接性决定的。从财政的直接性来看，财政扶贫可以直接发挥扶贫作用，促进脱贫攻坚。在精准扶贫、脱贫攻坚进程中，可以通过产业扶贫、教育扶贫、科技扶贫、生态扶贫和金融扶贫等方式来促进贫困地区实现脱贫攻坚的目标，但是这些扶贫手段的扶贫作用都是间接的，并且有的手段还要通过财政扶贫的配合才能真正发挥作用。而财政扶贫的直接性主要表现在，财政可以通过直接影响社会总供给和总需求，来达到合理配置社会资源，促进达到社会资源向贫困地区流动的目的；财政扶贫政策还可以通过补贴、税收、救济和直接投资等方式，直接影响贫困人口的收入，提高贫困人口的收入水平；财政扶贫政策还可以直接增加贫困地区财政收入水平，促进贫困地区政府增强自我发展、自我服务的能力，进而加快精准扶贫、脱贫攻坚的进度。

总之，财政扶贫具有全面性、灵活性和直接性的特点，使财政扶贫与其他扶贫方式相比具有明显的优势。同时，财政扶贫的特点也符合新时期脱贫攻坚的客观要求，这使财政扶贫的优势更加明显。因此，在精准扶贫、脱贫攻坚阶段，我们要不断发挥财政扶贫的优势，明确脱贫攻坚的主攻方向，促进脱贫攻坚早日实现。

三、财政扶贫的重点内容

随着精准扶贫、脱贫攻坚的推进，扶贫开发的难度越来越大，财政扶贫的效果也呈现边际递减规律的特点，财政扶贫存在的问题更加突出，主要表现为资金投入不足、精准度不高、分配不规范、管理体制不完善等。为此，在精准扶贫、脱贫攻坚进程中，财政扶贫要继续加大对脱贫攻坚的资金投入、精准对接扶贫需求、确保财政资金流向重点领域、建立财政资金利用协调机制和监督考核制度等，保障贫困地区脱贫攻坚的资金需求。

（一） 加大资金投入支持力度

完成精准扶贫、脱贫攻坚目标的前提条件是加大政府财政投入力度。从未来几年精准扶贫、脱贫攻坚的深度和难度来看，财政投入不足问题将继续存在，因此要通过财政政策的调整来不断加大中央政府和各级地方政府对扶贫开发的财政投入力度，为按时完成精准扶贫、脱贫攻坚任务提供坚实的资金支持。

第一，中央财政要加大支持力度。改革开放以来，随着国家经济的发展，中国的中央财政收入大幅增长，中央财政对于扶贫的投入也大幅增加。但是由于中国在经济建设方面的财政投资比较多，其他社会事业开支也比较大，造成中央财政资金对脱贫攻坚支持力度不够，所以要求中央财政继续加强对精准扶贫、脱贫攻坚的投入。一是中央政府要继续加大对贫困地区的转移支付力度，实现中央财政扶贫专项资金和其他民生资金的投入向贫困地区和贫困人口倾斜；二是要发挥好彩票公益金的作用，彩票公益金是政府非税收入的形式，是国家发行彩票取得的净收入，在脱贫攻坚中，要发挥彩票公益金的公益性质，扩大彩票公益金对精准扶贫、脱贫攻坚的支持力度，进一步加大中央集中彩票公益金对于精准扶贫、脱贫攻坚的支持力度。

第二，地方财政要加大支持力度。中央财政扶贫资金下达时多数要求地方政府有相应的配套资金，但是贫困县由于自身财力方面的原因，申请中央财政资金的积极性并不高，这也造成地方财政投入扶贫的资金并不大。地方各级财政在自己财政能力范围内，要继续加大对脱贫攻坚的支持力度，并结合中央投入的地区和项目进一步调整地方财政支出结构，形成财政资金投入合力，共助精准扶贫、脱贫攻坚。

第三，要建立财政扶贫资金正常增长机制。要通过制度化和法治化建设，加大财政扶贫资金投入规模，加强财政扶贫资金投入的制度建设，为财政扶贫投入提供制度保障。通过制度的刚性约束来要求各级财政必须根据财政收入的增长规模和速度，同比例地增加财政扶贫资金的投入规模。只有建立财政扶贫资金正常增长机制，通过制度化的措施，才能真正保障财政扶贫资金的投入规模。

（二）实现资金精准对接需求

为了提高财政扶贫的针对性和精准度，财政扶贫必须精准对接脱贫攻坚过程中贫困地区和贫困人口的特殊需求，满足不同贫困地区、不同贫困人口多样化的扶贫需求。

一方面，要完善财政扶贫的精准识别机制。建立精准识别机制是实现财政精准扶贫的前提和基础。一是要实现对象的精准识别。将符合贫困条件的人口精准识别出来，并对其建档立卡，减少贫困人口的遗漏。在此基础上建立贫困人口动态管理机制，根据贫困人口实际情况，对建档立卡的贫困人口实时调整更新，全面、准确、实时地掌握贫困人口的变化情况。二是要实现需求的精准识别。对已经建档立卡的贫困人口进行需求的精准识别，分析和考察不同贫困人口的不同需求。只有实现对象和需求的精准识别，才能为财政精准扶贫提供前提和依据。

另一方面，要完善项目精准对接机制。在财政精准扶贫过程中，由于贫困人口自身技能等原因，使扶贫项目并不能惠及特困人口，因此完善扶贫项目精准对接机制是实现精准扶贫的必然要求。在财政扶贫项目选择上，要选择符合贫困地区和贫困人口特点的项目，真正实现扶贫项目惠及贫困人口的目标；在财政扶贫项目实施上，尊重贫困地区和贫困人口参与的积极性和主动性，使贫困人口真正进入项目的实施过程中，使贫困人口真正享受到项目实施带来的收益；在财政扶贫项目资金使用上，加强群众监督，防止财政扶贫项目资金被侵占，防止财政扶贫项目资金使用目标偏离，保障财政扶贫项目资金真正精准惠及贫困人口。

（三）确保资金流向重点领域

在财政资金投入相对有限的情况下，财政资金使用不能面面俱到，而要按照精准扶贫、脱贫攻坚的要求，精准发力，重点投放，充分发挥财政资金的引领、带动作用，让财政资金向基础设施建设、特色产业发展和教育发展等重点领域倾斜。

第一，财政扶贫资金重点支持贫困地区基础设施建设。基础设施建设是一个地区经济社会发展的提前和基础，由于历史和地理等方面的原因，使得贫困地区基础设施建设落后，这成为贫困地区经济发展最大的“瓶颈”之一。因此，财政扶贫资金要重点关注提高贫困地区基础设施，大力促进贫困地区道路、水利、燃气、电力和互联网等建设，以基础设施建设带动贫困地区经济发展。

第二，财政扶贫资金重点支持贫困地区特色产业的发展。贫困地区产业落后会造成贫困地区人口就业困难、地方政府财政收入不高等问题。财政扶贫资金支持贫困地区产业发展是开发式扶贫的重要内容，它可以发挥财政扶贫资金“四两拨千斤”的作用，进一步增强贫困地区的“造血”功能，促进贫困地区的可持续发展，从而实现脱贫攻坚的目的。

第三，财政扶贫资金重点支持贫困地区教育发展。要从根本上铲除贫困的根源必须转变贫困人口的思想观念，也就必须重点发展教育，所以财政扶贫资金要重点向教育倾斜，提高贫困地区教育服务水平。一是要加强贫困地区的基础教育的财政投入，提高贫困地区总体教育水平，让贫困家庭子女享受高质量的基础教育，从而提高贫困人口的科学文化素质；二是要加大对贫困地区人口的职业教育财政投入力度，扩大贫困人口的职业教育规模，提高贫困人口的劳动技能和就业能力，进而扩大贫困人口的就业规模，提高贫困人口就业的收入水平，从而促进贫困人口摆脱贫困。

第四，财政扶贫资金重点支持集中连片特困地区实现脱贫。我国经济社会发展不平衡，贫困地区主要在中西部，尤其集中在革命老区、边疆地区、少数民族地区等，形成集中连片特困地区现象。在精准扶贫、脱贫攻坚阶段，集中连片特困地区是扶贫开发的重点，财政扶贫尤其是中央财政扶贫资金要加强对集中连片特困地区经济发展、生态保护等方面的投入，充分发挥当地资源优势，促进区域协调发展，实现集中连片特困地区共同脱贫。

（四） 完善资金利用协调机制

由于脱贫攻坚的财政资金来源是多渠道、多部门和多层次的，如何使各种脱贫攻坚财政资金发挥最大效益，使各种脱贫攻坚资金的使用实现“1+1>2”的效果，是我们在用好脱贫攻坚财政资金方面面临的主要难题。要解决这个难题，我们要树立“大扶贫”的理念，建立多部门的协调机制、上下联动机制及内外联动机制等，统筹综合利用各种资金，充分发挥各种资金的效益，为脱贫攻坚提供资金保障。

首先，要建立多部门协调机制。按照权责一致、功能整合、效益最大的原则，整合多部门的资金，打破财政资金使用的部门分割。要建立财政资金使用的多部门协调机制，以重点扶贫项目为平台，将目标相近、性质相似的扶贫资金集中使用，发挥各种扶贫资金的合力作用，实现财政资金的横向整合，全力助推扶贫攻坚。

其次，要建立上下联动机制。要建立激励机制，充分调动中央和地方两个积极性，在加大中央政府财政资金投入力度的基础上，地方政府尤其是省级政府要加大财政资金投资的力度；同时要严格落实公益性扶贫建设项目在县级和西部连片特困地级市取消配套资金政策，真正实现财政资金使用精准发力，精准扶贫；通过建立上下联动机制，实现财政资金纵向整合，助力精准扶贫、脱贫攻坚的实现。

最后，建立内外联动机制。在扶贫开发中，除了要建立财政资金横向和纵向的结合体制机制，还要建立财政资金与社会资本的合作，通过财政资金购买服务、政府财政资金引导社会投资、政府财政资金补贴社会资本等方式，建立财政扶贫资金内外协调机制，整合财政资金和社会资金，充分发挥财政资金和社会资金的合力，助力脱贫攻坚。

（五） 健全资金监督考核制度

建立财政扶贫资金使用监督考核制度的主要目的是杜绝贪污腐败和提高资金使用效率。强化监督执纪主要目的就是要在财政扶贫过程中坚决杜绝腐败，通过对财政扶贫的违法犯罪行为进行严厉的打击，建立风清气正的政治生态；建立资金绩效考核制度主要目的是提高财政扶贫资金使用效率，规范财政扶贫资金使用的评价和奖惩，对财政扶贫资金使用效率高、扶贫成效突出的地区，给予适当奖励；对财政扶贫资金使用效率低、扶贫成效不突出的地区，给予适当惩戒。

一方面要强化监督执纪。扶贫资金在项目申报审批，资金的分配、管理和应用等过程中存在虚报冒领、资金闲置、挤占挪用等问题，甚至还出现了个别人员涉嫌贪污侵吞扶贫资金的现象，因此我们要强化监督执纪，杜绝脱贫攻坚财政资金使用过程中的腐败行为。一要加强审计监督。现阶段，中国审计部门对扶贫资金的审计还存在绩效审计并未成为重点、审计范围有限、审计深度和力度不够、审计并未形成合力及审计结果影响力不大等问题，因此，要强化审计意识，深化绩效审计力度，整合审计资源，加大审计结果公开，进一步推动审计工作的改进。二要加强纪委监察部门监督。在推进脱贫攻坚过程中要加强反腐倡廉建设，在脱贫攻坚资金使用领域建立健全预防职务犯罪体系，各级纪检监察部门要对脱贫攻坚领域的违法违规问题从严惩处，尤其是对于贪污挪用、挥霍浪费财政扶贫资金的现象加大惩处力度。三要加强社会监督。建立财政扶贫资金流向公示制度，引导人大、政协、新闻媒体及社会组织等对财政扶贫资金流向进行监督，保障财政扶贫资金运用公开透明。

另一方面要建立资金使用绩效考核制度。随着社会对脱贫攻坚越来越关注，财政扶贫资金如何使用也将成为关注焦点，同时加强对财政扶贫资金的监督也是提高财政扶贫资金使用效率的关键所在，因此，要建立严格的财政扶贫资金绩效考核制度，确保扶贫资金使用效果。要通过建立财政扶贫资金绩效考核制度，提高扶贫资金使用效率，使财政扶贫资金最大限度地发挥效果。同时，要用好考核结果，在绩效考核的基础上，要对财政扶贫效果突出的单位和个人给予一定的奖励，对财政扶贫效果不明显的单位和个人给予适当的问责。

第十七章　精准扶贫、脱贫攻坚中的政府失效与行为优化

党的十八大以来，各级扶贫开发部门认真学习习近平总书记精准扶贫战略思想，深入理解和把握打赢脱贫攻坚战的思想方法、精神内涵、实施方略，切实把思想和行动统一到中央要求和部署上，全面贯彻落实到脱贫攻坚的各项工作中，不断加大扶贫投入，创新扶贫方式，使扶贫开发取得巨大成就。但是政府主导的脱贫攻坚在一些领域也存在因政策偏差导致的政策失效，基层扶贫寻租空间较大，寻租行为不同程度地存在，精准扶贫存在“马太效应”等。政府失效导致扶贫脱贫中的诸多问题，要通过政府行为的不断优化去完善和解决。

一、扶贫开发进程中的政府失效

政府失效是农村贫困治理中脱贫与返贫交织的重要原因，通过对政府失效表现的深入分析，是政府行为优化的前提。

（一）政府失效的表现

政府在公共物品供给上拥有垄断权，在克服市场失效的过程中由于公共选择的失误，不同程度地存在低效率、弱效能、差效益的状况，即政府失效。扶贫开发中的政府失效是指扶贫部门等扶贫主体对贫困地区的公共产品满足程度较低，在提供公共产品时存在资源浪费、效率过低、未达到预期效果或没有效果的现象。尽管扶贫开发政策的密集出台，对脱贫攻坚

起到了很好的支撑作用，但随着扶贫开发的不断推进，政策的效用不断递减，甚至失效。政府失效在扶贫开发中具体表现为减少脱贫效应的现象，如扶贫产业同质化、农村基层的腐败等，因与百姓生产生活息息相关，有些甚至成为减贫的阻力，不断削弱减贫的效果，阻碍着减贫的进程。政府失效是农村贫困治理中脱贫与返贫交织的重要原因，深入分析失效的原因，是政府进行行为优化的前提。

第一，政府的政策偏差造成的政策失效。政策的好坏取决于一项政策对社会的贡献与社会为它付出的代价之间的差值。政策偏差会造成社会中一部分人的额外满足小于为支持这种政策的制定与实施所付出的代价。政策失效包括两个方面：一方面，政策制定不接近实际情况，无法执行和实施。贫困地区的情况千差万别，有些政策执行时执行者自主掌控的空间太少，所以在执行过程中存在很大困难。扶贫对象的识别就存在这样的问题，政府的政策初衷是通过量化收入指标来精准识别，结果派出专家组还不如左邻右舍的群众了解情况，再加上群众的逆向选择心理，造成在实际操作过程中很难得到真实数据。另一方面，政策制定得很好，但基层在执行过程中出现偏差，在一些扶贫项目及其资金使用上，往往是信息灵通的人、有关系的人、较为富裕的人争取到的机会较大，得到的好处较多，而真正的贫困户，由于能力不足反而收益较少，见效较慢，扶贫资金和项目往往落不到真正需要的人身上。

第二，频频出现的基层扶贫腐败。腐败问题的频发，从物质与精神两方面严重影响了扶贫脱贫的效果。中央的反腐败工作已形成高压态势，对大多数高层官员形成了一定的震慑作用，但是贫困地区尤其是部分贫困乡、贫困村，仍有大量的小微腐败存在。2016 年 11 月，中央纪委对 9 起典型案例进行了公开曝光①，根据中央纪委公布的涉及扶贫的案件中，大多发生在镇村一级基层组织，扶贫“最后一公里”成为腐败重灾区，虽然贪腐数额不大，但是严重侵蚀了贫困农户的利益，损害了政府的公信力，打击了贫困群众的脱贫信心，污染了脱贫攻坚的环境，造成了极坏的影响。

① 《中央纪委公开曝光九起扶贫领域腐败问题典型案例》，《人民日报》，2016 年 11 月 8 日第 7 版。

第三，基层政府组织软弱涣散。这种情况主要集中在贫困地区基层组织软弱涣散村，具体表现也不尽相同，村“两委”班子不健全、配备不齐、长期缺职、工作处于停滞状态，一些干部不胜任现职、工作不在状态、严重影响班子整体战斗力，班子不团结、内耗严重、工作不能正常开展。尤其是换届选举拉票贿选问题突出、宗族黑恶势力干扰渗透严重、村务财务公开和民主管理混乱、社会治安问题和信访矛盾集中的村①，表现更为突出。

第四，多方交叉考核浪费人力物力。用好考核指挥棒，精准扶贫、脱贫攻坚就事半功倍。但是过于频繁地考核，效果便会适得其反。“上面千条线，下面一根针”，基层扶贫目标远不止一个，每个目标都要考核。由于各级各部门考核过于频繁，面对考核，基层扶贫干部不断地填写各种表格，甚至发动群众疲于应付，形成了“白天应付考核，夜里加班工作”的模式，没有时间学习、思考与谋划本地发展。上级部门的轮番检查，一定程度上干扰了基层扶贫工作的开展，考核越多，让基层干部感觉到上级对其越不信任，脱贫攻坚的干劲就越发削弱。

第五，脱贫目标压力下扶贫短视化行为显现。一方面，在重视脱贫政绩的指挥棒下，各级部门在下达任务时不断加码，工作任务逐级加重，各地也开始自我加压，倒排工期，很多地区宣布将提前完成脱贫目标。短期化的急躁行为频频出现，严重影响了脱贫效果，也埋下了脱贫农户返贫的潜在风险。由于扶贫任务加重，脱贫标准重数量而轻质量，重物质手段而轻能力建设，重政府主导而轻市场机制，一定程度上弱化了贫困农户的可持续发展能力。另一方面，由于政治报酬增高与扶贫干部短期任职的并存，导致扶贫干部的短期利益与长远目标之间严重脱节，过度消耗远期的资源来实现近期的目标，忽视长期利益的成本与收益，夸大短期的成本与收益。脱贫攻坚军令状的签署，加大了一些地方提前完成任务目标的冲动与意愿，出现“数字脱贫”和“表格脱贫”也就不难理解了，脱贫的质量与效益也就很难得到保证。

---

① 《关于做好选派机关优秀干部到村任第一书记工作的通知》，国务院扶贫办网站，2015 年 5 月 13 日。

（二）政府失效的成因

对于贫困农户来说，政府扶贫的公正性并非必然。政府干预贫困的一个前提条件就是政府作为公共利益的化身，公正无私地推进精准扶贫，保证每一个贫困农户都能公平公正地均衡脱贫发展，但现实中由于诸多因素的影响，并不能实现这些目标。

第一，扶贫资源约束条件下政府行为目标与社会公众利益之间的差异。政府具有“理性经济人”特点，以自身福利和效用最大化为原则，通过不断调整自己的行为，有意无意地追求自身利益最大化。在同一时期，政府有多个目标需要实现，而在资源相对稀缺的条件下，政府也不得不做出有利于自身福利最大化的选择，精准扶贫进程中表现为选择对上负责，而忽视扶贫对象的利益，而这种偏好的选择被目前脱贫攻坚中正式或非正式的制度固定下来。此外，政府公务人员并不是无所不知、无所不能的，鉴于自身知识与能力限制，再加上信息的不对称，主观上想把事情做好，但现实中不可能做到对所有贫困农户进行公平均衡的扶贫，总是会出现脱贫速度、脱贫质量、脱贫能力的差别，甚至有时会出现好心办坏事的结果。

第二，扶贫多层委托－代理关系。中国的扶贫工作是由中央负责统筹，省、市、县、镇、村五级政府负责落实的，存在着典型的多层委托－代理关系。[①] 第一层委托－代理关系是中央政府作为贫困群众的代理人，中央的顶层设计、政策方针均代表着贫困群众的利益。在委托—代理的第二个层次上，地方政府作为中央政府的代理人，实施中央政府的政策措施推进精准扶贫。在第三个层次上，基层政府作为地方政府的代理人，在脱贫攻坚一线攻坚拔寨。在这个委托代理的链条中，地方政府与基层政府是扶贫公共服务的垄断性供给者，而精准扶贫这一公共服务的资助者和委托者是中央政府，地方政府与基层政府需要用精准扶贫的产品来与其委托者——中央政府交换资源预算，而精准扶贫公共服务产品的消费者是贫困群众。贫困群众作为中央政府的委托人，而不是基层政府或地方政府的委托人，不能直接作用于地方政府或基层政府。中央政府如何通过合理的制

① 林毅夫：《再论制度、技术与中国农业发展》，北京大学出版社2000年版，第52页。

度安排有效地激励地方政府，如何让基层政府有效地作用于贫困群众使之成为脱贫攻坚的关键。这种层层委托代理关系制约着政府行为的优化。

第三，政府扶贫资源的垄断行为与贫困群众的依赖性。精准扶贫的大部分资源都在各级政府的垄断下传递和使用①，导致很多贫困农户对资源使用的参与率较低。现阶段的扶贫是直接的物质扶贫与间接的能力扶贫相结合的，直接物质扶贫不利于激发贫困农户脱贫的内生动力，而以项目开发为依托的产业扶贫等主要是政府主导、企业介入、农户被动参与，虽在脱贫中能立竿见影，但是对培养农户脱贫与可持续发展能力的作用有限。在精准扶贫过程中，过度依赖政府的现象时有发生，部分贫困人口“等、靠、要”的思想固化，认为自己脱贫完全是政府的事情，自己不脱贫是政府的责任，对政府寄予了过高的期望。

第四，由于监管盲区的存在产生的寻租活动。精准扶贫、脱贫攻坚进程中，寻租活动是指为维护扶贫脱贫中既得经济利益或对既得精准扶贫相关经济利益进行再分配的活动，寻租活动可以采取合法的与非法的两种形式。精准扶贫、脱贫攻坚进程中，既存在合法的寻租活动也存在非法的寻租活动，寻租活动是造成政府失效的主要原因。扶贫资源牢牢掌握在政府手中，扶贫的项目与资金的投放，不可避免地会导致寻租行为发生。政府在精准扶贫中，集资源掌控者、分配者、管理者、实施者、监督者于一身，拿到了扶贫资源的贫困村与贫困户，相当于得到可以无偿或低偿使用的资源，得到了远远高于一般资源使用效率的租金，得到了潜在的利益，脱贫的动力转向了对扶贫资源分配的争取，对后续资源利用监管不到位，浪费了大量扶贫资源。从 2016 年中央纪委公开曝光 9 起扶贫领域腐败问题典型案例来看，精准扶贫还存在监管盲区，扶贫领域腐败案件具有涉及诸多环节、形式多样、关联性强、涉案群体基层化、涉案金额总量大等特点。扶贫资源都在镇村一级汇集，通过基层扶贫干部精准“滴灌”到贫困户，由于基层扶贫开发的资金管理环节存在漏洞、监督监察机制不完善、权力寻租隐蔽性强且杜绝难度大，非法寻租活动频发，腐败现象难以杜绝。

---

① 刘冬梅：《对中国农村反贫困中市场与政府的作用探讨》，《中国软科学》，2003 年第 8 期。

第五，扶贫措施不精准导致政府失效。精准扶贫的顶层设计一般都比较宏观，地方政府都会出台相应的实施细则，在实施细则的基础上贫困一线干部群众再因地制宜，实施相应的扶贫脱贫举措。这就对负责具体落实的一线干部提出很高的要求。精准扶贫是一个不断摸索适宜当地脱贫道路的过程，既要求扶贫干部拥有一定的知识技能储备、较为宽广的视野，又要有不断学习勇于创新的能力，发挥“干中学”效应。在这一过程中，做出的决策与实施的措施往往不能有效减贫。扶贫措施不精准在发展产业脱贫中表现得尤为突出，不同地区的产业同质化严重，市场供给过剩，价格不断下跌，大量产品滞销，造成很大损失。

第六，贫困农户的人力资本存量不足。贫困农户人力资本存量长期不足，导致低收入、低消费、生活水平长期低于满足基本生存需求的生活标准，生活处于困苦的境地。疾病、知识技能的缺乏、文化素质的低下等都是导致农户贫困的重要因素。由于扶贫项目不能正常落地，扶贫举措不能顺利实施，扶贫过程中缺乏有效监督，都会导致政府扶贫行为失范，扶贫目标出现偏差。出现这些问题的重要原因是贫困农户的人力资本存量不足，缺乏相应的健康素质、胜任工作的知识技能、维护自身权益的意识。

二、政府行为优化的重点内容

政府的行政化在精准扶贫的过程中起到了主导作用，使精准扶贫绩效不断提升，取得了一系列的成就，但过度行政化导致在部分扶贫领域出现政府失效，在很大程度上影响到了精准扶贫绩效，甚至在一些领域形成了脱贫困境。在脱贫攻坚的决胜阶段，准确定位政府角色，有效提升政府的管理效能，不断优化政府行为，进一步提升贫困治理能力，是解决脱贫攻坚中出现问题的关键。

（一）精准定位政府扶贫角色

政府在精准扶贫中身兼数职，扮演多重角色，对资源利用的掌控、分配、管理、实施、监督等全程主导。这些角色之间也存在着一定的冲突关系：扶贫资金来源单一，腐败现象难以避免，社会精英俘获扶贫资源，贫困群众内生脱贫动力不足，扶贫行为异化等。因此，在脱贫攻坚进程中需要进一步精准定位政府部门的扶贫角色。

第一，做好精准扶贫的引导者。一要引导社会资源参与扶贫。随着经济社会的高速发展，政府之外的社会力量也迅速壮大，无论是企业还是非政府组织，社会责任感越来越强，有能力且愿意参与扶贫的越来越多，政府应顺势而为，将社会资源与扶贫所需资源有效衔接，使贫困者更好脱贫，让扶贫者践行社会责任，各得其所。二要加强舆论宣传，营造良好氛围。坚持正确的舆论导向，准确解读党和国家的政策举措，生动报道精准扶贫、脱贫攻坚的丰富实践与先进典型，一方面引导贫困地区干部群众树立“宁愿苦干、不愿苦熬”的观念，靠辛勤劳动脱贫致富的理念。另一方面要营造扶贫“人人皆愿参与”舆论环境。激发人们扶贫济困、守望相助的积极性和主动性，让扶贫光荣、济困可敬深入人心。让公开透明留住公众的信任，打造好社会扶贫的生命线。三要引入市场力量。把扶贫领域中市场能做好的交给市场，让市场机制充分发挥扶贫资源配置的决定性作用，培育脱贫市场主体，做好精准扶贫事前引导、事中跟踪、事后监管。

第二，做好精准扶贫的协调者。扶贫工作涉及政策、资金、项目、技术、人员等方方面面，各方协调配合工作至关重要，有效运转与相互冲突会使最后的结果大相径庭。首先，要注重各类规划之间的协调对接。精准扶贫要实现纵向与横向的对接。纵向来看，从“一带一路”“京津冀协调发展”“长江经济带”等国家战略规划，到各省的发展规划，再到各个地区甚至基层的发展目标，各个扶贫开发部门要主动融入国家战略、地方发展规划，顺势而为。横向来看，主动积极地与农业、发改、财政、住建、人社、教育、卫生等各个部门的扶贫政策、规划、实施意见等对接，充分利用政策，保障贫困群众的生产、生活以及与其切身利益相关的教育、医疗、住房等方面能够得到切实解决。其次，要协调好各类资金的使用。扶贫资金的渠道来源比较多，来自中央、地方、部队、金融机构、企业、社会捐赠等，扶贫资金最终都会在基层政府汇聚，要避免区域性扶贫资金不均衡，产业、搬迁、教育、基建等扶贫领域的资金错配，避免扶贫项目同质化发展等问题发生。最后，要协调好各种扶贫模式的运作。每一个贫困地区往往采用多种扶贫模式，每一种模式都有所侧重，充分发挥其优势，做到相互补充、相得益彰。

第三，做好大扶贫格局的构建者。为避免精准扶贫中政府绝对主导带来的负面效应，首先，政府应把精准扶贫的主体多元化，构建“专项扶贫、行业扶贫、社会扶贫等多方力量、多种举措有机结合和互为支撑的‘三位一体’大扶贫格局”①，广泛动员社会力量参与，形成人人皆能参与、人人皆可尽力、人人皆愿作为的大扶贫格局。其次，脱贫攻坚的基本动力来自于人民，在实施精准扶贫的过程中充分发挥贫困地区贫困群众的主体作用，要继续激发贫困群众的内生动力，让其全程参与扶贫开发，畅通表达渠道，全程反馈精准扶贫中的问题。最后，要继续完善第三方评估。对第三方评估要充分信任，现在实施的第三方评估虽有待进一步改进，但不能因此进行多方交叉评估，而是着重建立健全第三方评估体系。

（二）强化基层政府扶贫作用

贫困地区镇村一级基层政府部门与贫困群众接触最多，最能代表政府形象，基层政府部门的行为优化是精准扶贫中政府行为优化的主要方面。针对软弱涣散镇村缺乏创造力、凝聚力、战斗力的情况，要加强基层政府组织建设，发挥其战斗堡垒作用。

第一，加强村镇领导班子建设。要不拘一格地以开阔的视野来选人用人，拓宽村干部来源渠道，既要立足本村选拔群众中基础好、致富能力强的带头人，又要鼓励和选派思想好、作风正、能力强、愿意为群众服务的优秀年轻干部、外出务工经商人员、企业经营管理人员、退伍军人、高校毕业生等到贫困村工作，进一步改进大学生村官工作机制，特别注重选拔熟悉乡土人情、现代农业、村镇规划、环境治理等方面的专业人才，真正把那些政治素质好、愿意为村民服务、能在脱贫攻坚一线奋战的优秀人才选进村两委班子，作为后备人才储备。

第二，充分发挥第一书记的作用。管好用好第一书记，加强省级统筹指导力度，落实县（市、区、旗）委组织部和乡镇党委的直接管理责任，加强脱贫攻坚业务培训、工作指导、考核管理。落实派出单位责任，派出

① 《习近平在部分省区市党委主要负责同志座谈会上强调　谋划好“十三五”时期扶贫开发工作确保农村贫困人口到2020年如期脱贫》，《人民日报》，2015年6月20日第1版。

单位要与第一书记联村，加大帮扶力度，定期听取第一书记汇报工作，适时到村调研，督促工作，加强政策、项目、资金、技术等方面的支持，真正让第一书记成为结对联村的桥梁。

第三，发挥党员先锋模范作用。首先，党员要做好党的政策主张的传播者。党员要发挥党联系群众的桥梁和纽带作用，积极宣讲党中央、国务院关于脱贫攻坚的一系列新理念、新思想、新战略、新要求，把党的声音及时传递给贫困地区广大群众。其次，党员要当好脱贫攻坚的先锋军。村看村、户看户，群众看党员，党员要带头。党员的带头作用就充分体现在脱贫攻坚的毅力和顽强拼搏的精神上，要让群众充分感知，让其内心受到启发和震撼。党员要多方寻找脱贫好路子，积极带头创办、领办农民专业合作社、家庭农场，发展特色产业、农产品电子商务等，着力增强带头致富的本领。最后，要做结对帮扶的践行者。党员要主动向贫困群众伸出援手，分析致贫深层原因，帮助制定发展规划，开好祛贫药方，确保药到病除并铲除穷根。要开展形式多样的结对帮扶活动，有帮带能力的党员要结对帮扶建档立卡贫困户，外出务工经商党员要及时为家乡提供信息服务，在外有产业的党员要通过组织群众务工等形式，带领他们发展生产、改善生活，促进家庭增收。

（三）提升政府贫困治理能力

提升贫困治理能力具体表现为提高脱贫质量与效率，政府应通过不断发挥基层制度优势提升基层治理能力、发挥文化宣传职能激发脱贫动力、发挥社会职能营造公平稳定的环境来实现提升贫困治理能力。①

尊重群众主体地位，激发群众内生动力。脱贫攻坚关键在人，贫困群众是贫困的主体，理应成为脱贫攻坚的主体。但在一些贫困地区，部分贫困群众不思进取、安于现状，把救济粮、低保金当成生活来源，把党委政府当成自家粮仓，自己常常以贫困户自居，拿贫困户说事。这种从内心甘于贫穷、被贫穷压垮的人，年年扶贫年年穷。要想根治贫穷，必须从贫困

① 莫光辉、凌晨：《政府职能转变视角下的精准扶贫绩效提升机制建构》，《党政研究》，2016 年第 5 期。

主体入手，改造贫困文化，建构有利于脱贫攻坚的文化价值体系，激发贫困主体的精气神。要重视“走出去”，有条件的要组织村干部、年轻人到扶贫工作较好的地方走一走看一看，提供与外界接触的机会；也要重视“引进来”，大力引进企业等外部扶贫力量，带动贫困人口摆脱贫困。

基层政府治理能力建设。基层政府是国家政权在农村的代理人①，基层政府要架好天线，了解上情；铺好地线，熟悉下情；做好连接线，落实上传下达工作。在精准扶贫、脱贫攻坚进程中，一些基层政府资源聚集能力有限，缺乏足够的公信力与动员能力，没有能力全面回应贫困群众的多样化需求，无力再造基层精准扶贫流程，无法形成有效的治理理念，因此，贫困地区基层政府需要进一步加强基层治理能力建设。第一，要加强基层扶贫开发队伍建设。干部能力决定着基层政府的工作水平、工作质量和工作效率。不断加强培养、开展培训和进行锻炼，提升干部干好工作的能力，不断增强政治意识、攻坚意识、精准意识、改革创新意识，建设一支与精准扶贫工作要求相适应的基层一线扶贫开发队伍。第二，基层政府要树立现代治理理念，不断完善社会治理职能。“十三五”时期的精准扶贫与基层政府传统意义上的社会管理不尽相同，是政府给社会特定群体提供的公共产品，基层政府的任务向为贫困群众提供优质的公共服务转变，治理方式向集体谈判、民主协商、多方协作、市场购买等转变，治理体系向构建以政府为协调人的多主体网络化体系转变，意图再造一个机构精简、权责清晰、运转流畅、以人民为中心的服务体系。第三，提升减贫资源的整合与配置能力。基层镇村政府要在充分利用国家财政金融扶贫资金的情况下，积极主动地拓展企业、社会公益组织、社会能人的技术、资金、信息等多元、稳定、可持续的扶贫资源渠道。运用信息化手段公开公正及时准确地配置资源。第四，要发挥基层党组织在贫困治理中的核心作用。提升基层政府的动员能力关键在基层党组织，基层党组织是地方治理的领导者与组织者，是精准扶贫细化政策的设计者与实施者，是党联系群众、服务群众的桥梁与纽带。基层党组织要带领贫困群众在实践中形成脱贫致富的共识，更好地落实精准扶贫的方针政策。

---

① 周铁涛：《基层政府主导农村法治化治理的困境与路径》，《湖湘论坛》，2016 年第 3 期。

优化贫困治理的环境。精准扶贫、脱贫攻坚需要有良好的环境，包括人文环境与生态环境等。一方面，要营造良好的扶贫脱贫人文环境。传统文化是一个国家或一个地区治理体系的一部分，是人文环境的重要载体。贫困地区要处理好文化建设与脱贫攻坚的关系。通过发扬传统文化等文化建设增强贫困群众的自信心，贫困地区的文化建设要有思想性，弘扬社会主义核心价值观；要有群众性，以群众喜闻乐见的方式表达，拒绝形式主义；要有经济性，少花钱，多办事；要有大众性，符合贫困群众的口味。唯有如此，方能建构贫困地区的良好人文环境。另一方面，要保护贫困地区良好的生态环境。良好的生态环境是精准扶贫的应有之义，绝不能以牺牲环境来消除贫困，要统筹处理好当前与未来、近期与长远、经济与环境的关系，破解保护与发展的难题，为贫困地区留足持续发展的生态资本，让绿水青山变成金山银山，走出一条发展经济、消除贫困、环境优美的新路子。

三、政府行为优化的机制完善

制度具有根本性、全局性、稳定性和长期性的特征。政府失效导致的政府行为失范在一定程度上是由于某些领域的制度不完善。政府行为的不断优化需要制度支撑，制度完善是政府行为优化的主要方面。从政府层面来看，确保脱贫攻坚各项政策举措落到实处，精准扶贫、脱贫攻坚需要做好上下衔接、域内协调、内外协作的各项工作，无论是实施“五个一批”工程、加快基础设施建设，还是加强政策支持脱贫的力度、广泛动员社会力量参与脱贫攻坚，都要减少政府行为失范，不断从制度层面优化政府行为。

（一）推进扶贫开发法治建设

法律是治国之重器，良法是善治之前提。推进扶贫开发法治建设，使扶贫工作走上法治化、规范化道路，提高扶贫开发工作的权威性，是贫困地区干部群众的热切期盼，是打赢脱贫攻坚战的迫切要求，是中国特色法制体系的重要组成部分，是实现国家治理体系和治理能力现代化的重要内容。

推进扶贫开发法治建设，首先要深刻认识中国贫穷产生的制度性根源。贫困其实就是特定的社会群体占有社会产品的不足，从这个意义上说，社会总产品分配的制度性不合理是贫穷的制度根源。[①] 中国长期存在的城乡二元结构以及由此带来的差别待遇是农业弱质、农村落后、农民贫穷的又一制度性根源，造成了城乡居民之间法律地位、土地资源利用、收入再分配等方面的不公平。与非均衡的区域发展战略相适应的法律供给的不均衡也是贫困产生的制度性根源。

中国扶贫开发的基本经验为扶贫立法奠定了重要的理论和现实基础。自20世纪80年代以来，党和政府下发了一系列文件。21世纪初先后实施扶贫开发纲要，明确了扶贫开发的重要意义、目标任务、基本方针、对象和重点、内容和途径、政策保障、部门任务、社会动员、领导责任等。地方扶贫立法也有力支持了扶贫立法，先后有十几个省出台了扶贫开发条例。同时还借鉴了国外的相关法律。

扶贫开发法治建设需要着力解决扶贫开发工作对象与范围的问题、扶贫标准的问题、执法主体的问题。第一，要善用法治思维和法治方式推进扶贫开发工作，基于法治的固有属性与法治的信念来认识精准扶贫中的事物、判断是非曲直、解决扶贫问题，做到程序合法、内容合法、手段合法、结果合法，让贫困群众有更多获得感。第二，要健全法制化工作机制，让法制贯穿精准扶贫的各个环节。依法识别、依法帮扶、依法使用资金、依法退出、依法建立项目责任制等。第三，完善贫困地区公共法律服务制度。党的十八届四中全会强调，完善公共法律服务供给机制，才能建成包括贫困地区在内的全民遵法守法护法的法治社会。完善贫困地区法律援助制度，建立统一的国家司法救助制度，设立司法救助基金，确保困难群众的权利在受到侵害时能获得及时有效的法律帮助。[②] 第四，要加快扶贫立法进程。确定适用范围、厘清适用对象、明确法律责任、配套相关制度，让扶贫开发顶层设计与分层政策设计有效衔接。

---

① 孟庆瑜：《反贫困法律问题研究》，《法律科学》，2003年第1期。

② 何平：《我国精准扶贫战略实施的法治保障研究》，《法学杂志》，2017年第1期。

（二）健全精准扶贫工作机制

精准扶贫、脱贫攻坚进程中一些政府部门错位、越位、缺位等现象时有发生，应通过健全精准扶贫工作机制，提高政府在精准扶贫中的管理效能，更好地契合脱贫攻坚决胜阶段的目标任务。

完善精准扶贫大数据平台，健全扶贫脱贫动态管理机制。有效整合扶贫各方信息资源，完善精准扶贫大数据管理机制，实现对脱贫攻坚工作的精准化管理。建设大数据平台是一项纷繁复杂的任务，牵涉许多相关部门，需要打通和整合各个平台，尤其要保证基层数据采集的准确性与有效性。要严格按照中央的部署，遵循“数据完善、纵向到人、横向比对、操作便捷、直观展现”的思路，坚持全国统一规范的原则，逐级抓好、抓实、抓细，做到信息准确、不错不漏、经得起检验。加强部门之间数据互联互通、开放共享，不断提高平台建设质量，为监管精准扶贫资金项目、行业部门和社会各界参与扶贫、开展扶贫工作考核、科学决策等提供服务。扶贫开发大数据涉及国家信息安全与贫困群众个人隐私，一定要加强信息安全管理。在贫困对象识别、扶贫起始、扶贫中期、脱贫后全程监测农户状态，将信息监测融入农户生产生活各个方面，通过驻村工作队、村基层党组织等定期联系制度，及时有效收集信息，精准开展工作。要与教育、卫生等部门联网及时反馈贫困农户重大支出变化，以便做到实时进行精准扶贫。

完善人力资本投资机制，提升贫困主体脱贫能力。贫困农户的致贫原因中，健康素质差、教育欠缺排在前面，尤其是影响人力资本载体的健康，是至关重要的，是脱贫的前提条件。贫困地区患病两周未就诊比例居高不下，一是由于贫困农户收入太低，没钱看病；二是因为贫困地区的医疗卫生资源匮乏，无处看病；三是因为贫困农户长期以来的习惯所致，不想看病。由于贫困地区教育投资长期欠缺，贫困农户的孩子更不愿意读书，造成贫困代代相传。从未“走出去”和缺乏相应的培训导致贫困地区的劳动力缺乏技能。人力资本投资是形成扶贫长效机制的重要途径。首先要增大医疗资源供给，提高医疗保障水平，解决贫困地区看病难、看病贵的问题。近期通过东西部扶贫的援助增加医疗资源的供给，长期通过政策倾斜不断向贫困地区加大投入，吸引人才。同时提高医疗保障水平，提高报销比例，解决看病贵问题。其次要加大教育培训投入，阻断贫困代际传递。在贫困地区推行高中阶段义务教育，建立从学前到研究生的教育补偿机制，降低贫困家庭的教育成本。发展职业教育培训，为贫困地区的劳动力增加市场需求的一技之长，实现就业。

通过实施“六个精准”完善精准扶贫脱贫机制，严格执行贫困退出与评估认定制度。发挥政府主导作用，广泛动员社会资源，健全扶贫资源动员机制，构建政府、市场、社会协同推进的大扶贫开发格局。激发贫困地区贫困群众内生动力，提高贫困群众参与市场竞争的自觉意识和能力，畅通贫困群众利益与需求表达渠道，充分发挥贫困地区党员干部的引领作用和致富带头人的示范作用，全方位建立健全贫困人口参与机制。以脱贫攻坚目标为引领，以重点扶贫项目为平台，以脱贫摘帽为导向，统筹和整合使用财政涉农资金，不断创新资金项目管理机制，发挥社会监督作用，让资金项目在阳光下运行，让资金使用安全、有效、精准。

（三）优化精准扶贫考核机制

成效考核是脱贫攻坚的“指挥棒”和“风向标”，考核的内容很大程度上决定领导干部工作的重心与方向。对贫困地区的考核，要紧密结合贫困地区的发展状况，大幅度提高减贫成效、民生、生态等方面的权重。发挥考核的作用，把党政领导班子和领导干部的工作重点转移到精准扶贫上来，把他们的主要精力聚焦到脱贫攻坚上来。考核机制要秉持信任与支持的理念，减少明察暗访的次数，杜绝交叉考核，加强信息化平台的自动督促和提醒，给基层扶贫干部脱贫攻坚的时间与空间。

扶贫成效考核机制应建立在精准扶贫大数据信息平台上，用信息技术和智能系统提高考核效率。为使成效考核工作进一步科学化、规范化，且富有针对性、有效性，必须在精准扶贫信息平台上明确考核范围、考核时间、考核方式、考核内容、考核步骤、督查问责等。在信息平台上对每一个具体项目、资金都设置考核指标，设定完成时限与检查节点，执行方按照时间节点上报进度，上传材料，注重考核工作成效。信息平台向社会开放，发动驻村干部与利益相关方群众，上传项目的相关监管信息，充分发挥社会监督作用，无论是监管方、执行方还是贫困群众等只要通过终端入口登录，就能看到项目进展情况、资金使用情况、脱贫进展总体情况，充分发挥平台的自动提醒与监督功能，在线上实现了民主化、透明化。重要信息要在村内张榜公示、线上推送等，让扶贫干部、贫困群众明明白白，不留死角与盲区。

让人民群众全程参与成效考核。精准扶贫成效好不好，贫困群众心里最清楚，脱贫没脱贫，群众最有发言权。因此，要倾听贫困群众呼声，让贫困群众参与成效考核。2015 年 11 月，习近平总书记在中央扶贫开发工作会议上强调，“要实行逐户销号，做到脱贫到人，脱没脱贫要同群众一起算账，要群众认账”①。精准扶贫、脱贫攻坚的目标是实现贫困地区贫困群众脱贫，贫困群众对脱贫成效的满意度就是衡量脱贫成效的标尺。

（四） 建构精准扶贫反腐机制

建构精准扶贫的反腐机制是顺利实现脱贫目标的应有之义，是净化脱贫攻坚政治环境的必然要求，为此要建立不能腐的约束机制、不敢腐的惩戒机制、不想腐的自律机制。②

一是要建构精准扶贫的腐败约束机制。“明者防祸于未萌，智者图患于将来”，建立腐败预防约束机制，使扶贫部门的相关人员在思想上敲响警钟，在行动上有所规制。首先，要不断完善扶贫权力监督与制约机制。要实施精准扶贫、脱贫攻坚的全链条监管，内外联动，形成高压态势，坚决遏制腐败增量，坚决查处腐败存量。用现代信息技术填补监管漏洞，提高反腐败制度的有效性。2016 年出台的《脱贫攻坚责任制实施办法》旨在通过层层落实责任，层层传导压力，层层监管来最大限度地预防腐败。对扶贫领域出现的苗头性问题，做到早发现、及时惩戒制止，构建一个良好的政治生态环境。其次，要完善扶贫资金的动态管理机制。在精准扶贫信息系统上构建精准扶贫资金明细库，采集每项资金使用的具体信息，

---

① 《习近平在中央扶贫开发工作会议上强调　脱贫攻坚战冲锋号已经吹响　全党全国咬定目标苦干实干》，《人民日报》，2015 年 11 月 29 日第 1 版。

② 李雪勤：《扎实构建不敢腐不能腐不想腐的有效机制》，《求是》，2017 年第 5 期。

保证每一项资金都能进行风险管控与用途查询，做到可追溯、能核对，明确每笔资金使用的责任人。对于非法挪用资金、占用扶贫基金要依法查处，杜绝任何形式的违规操作。最后，拓宽并畅通群众举报贪腐行为的渠道。贫困群众是精准扶贫的对象，广泛发动群众的主人翁意识，鼓励支持引导群众行使监督权利，开通线上、线下举报渠道，利用网络信息平台、移动互联技术等点对点地将群众举报反馈到监管部门，并实时跟踪反馈给群众。

二是要建构精准扶贫的腐败惩戒机制。法网再密，也会漏水。惩治已经发生的腐败行为至关重要。不仅使腐败分子受到严厉制裁，为国家挽回损失，而且对于扶贫一线干部也有警示作用，达到敲山震虎的效果，形成反腐败的高压态势。首先，要建立严格的问责制度。扶贫腐败往往牵一发而动全身，涉及的环节比较多，一项扶贫政策的落实、一个扶贫项目的审批往往要经过省、市、县、乡的层层审批与落实，腐败行为的发生往往不是某个人某个环节的问题，因此要一查到底，“老虎苍蝇”一起打。其次，要强化执纪问责的力度。通过加强惩治的力度来大幅度提高违法乱纪的成本，一旦涉及扶贫领域的腐败则罪加一等，营造不敢腐的氛围。

三是要建构精准扶贫的激励自律机制。首先，完善扶贫干部的考核晋升制度。对那些长期在脱贫攻坚一线工作且成效显著、落实脱贫攻坚责任到位、做出突出实绩的部门和个人进行表彰，符合条件的优秀干部可以就地提级，不断充实领导班子。改进贫困地区干部选拔任用机制，把脱贫攻坚实绩作为干部选拔使用的重要依据，对不负责任、造成不良影响违法行为的，坚决撤换，追究相关部门和人员责任。其次，完善扶贫一线干部的薪酬体系。建议国家设立精准扶贫工作专项补贴与绩效考核奖励，同时允许各地区各部门结合本地区实际，突破现行机关事业单位工资调控水平，提高扶贫一线的工作人员待遇。切实保障包括村两委干部、大学生村官、驻村第一书记、驻村工作队等扶贫一线人员的物质生活，解决其后顾之忧，激发其工作热情。

第十八章　精准扶贫、脱贫攻坚中的基层组织建设

在精准扶贫、脱贫攻坚中，迫切需要加强农村基层组织建设，以此来增强农村的凝聚力和活力，从而为精准扶贫的推进以及为贫困地区脱贫后的长期发展提供坚实的组织保证。

一、精准扶贫中基层组织建设的要求与作用

农村基层组织建设是中国国家政权建设的重要组成部分，也是开展精准扶贫和乡村治理的组织基础，做好基层组织建设工作具有重大意义。在精准扶贫全面铺开和乡村治理深入推进之际，加强农村基层组织建设可以有力地推动精准扶贫工作，确保各种扶贫资源得到有效利用，确保扶贫政策得到落实，确保各种乡村治理的力量得到整合。

（一）加强基层组织建设是精准扶贫的重要要求

《中国农村扶贫开发纲要（2011—2020年）》指出：要“加强基层组织建设。充分发挥贫困地区基层党组织的战斗堡垒作用，把扶贫开发与基层组织建设有机结合起来”，形成“以党建带扶贫，以扶贫促发展”的“双推进”工作模式，把基层党组织建设成为服务于扶贫开发工作的先锋组织。2013年2月，习近平总书记视察甘肃时指出：“贫困地区党委政府要把主要精力放在扶贫开发上。”在贫困村派驻第一书记作为开展精准扶贫工作的领头人和责任人，把扶贫工作的开展情况纳入到考核之中。党的十八大报告指出要“创新基层党建工作，夯实党执政的组织基础。党的基层组织是团结带领群众贯彻党的理论和路线方针政策、落实党的任务的战

斗堡垒”。

2015 年 6 月 18 日，习近平总书记在贵州就加大推进扶贫开发工作讲话中提出“四个切实”，即“切实落实领导责任，切实做到精准扶贫，切实强化社会合力，切实加强基层组织”。习总书记指出：“做好扶贫开发工作，基层是基础。要把扶贫开发同基层组织建设有机结合起来，抓好以村党组织为核心的村级组织配套建设。”要吸纳更多的优秀人才服务贫困农村，“鼓励和选派思想好、作风正、能力强、愿意为群众服务的优秀年轻干部、退伍军人、高校毕业生到贫困村工作”，要发挥基层党组织的先锋模范作用，“真正把基层党组织建设成带领群众脱贫致富的坚强战斗堡垒”。在精准扶贫工作中，要做到因村派人（第一书记）精准，所以“选派扶贫工作队是加强基层扶贫工作的有效组织措施，要做到每个贫困村都有驻村工作队、每个贫困户都有帮扶责任人。工作队和驻村干部要一心扑在扶贫开发工作上，有效发挥作用。”

2015 年 11 月 29 日，中共中央、国务院发布的《关于打赢扶贫攻坚战的决定》中的第一条“基本原则”就是要“坚持党的领导，夯实组织基础”。坚持党的领导，就是要“切实加强贫困地区农村基层党组织建设，使其成为带领群众脱贫致富的坚强战斗堡垒”。并且，要“充分发挥各级党委总揽全局、协调各方的领导核心作用，严格执行脱贫攻坚一把手负责制，省市县乡村五级书记一起抓”。夯实组织基础是为了给精准扶贫工作的顺利展开提供组织依托，同时坚强的组织后盾可以为精准扶贫效果的可持续化提供内生动力。因此，在扶贫攻坚中，尤其是在脱贫后的长期可持续发展方面，基层党组织、自治组织、人民团体、传统乡村组织，以及新型社会组织等发挥着关键作用。

（二）基层组织建设对精准扶贫的助推作用

中国农村的基层组织内涵十分丰富，不仅是乡村“两委”（村党支部与村委会）。1982 年 1 月，《全国农村工作会议纪要》中指出：“落实党在农村的一切方针、政策和完成各项工作任务，都必须依靠农村基层组织，它包括党的组织、政权组织、经济组织和群众团体。”随着农村体制改革的推进和村民自治制度的实施，农村基层组织的内容不断丰富，政权组织有村民委员会、村民会议、村民代表会议、村民组等，经济组织有村经济组织、农业专业合作社等，群众团体如传统社会组织、宗族组织、各种专业协会、民间社团等，以及一些非正式组织如民间自发性草根组织、新型社会组织 NGO 等，它们各自在维护农村的稳定及促进农村的发展方面发挥着相应的作用。

农村基层党组织建设有助于实现精准扶贫中的因村派人（第一书记）精准。中国是由中国共产党领导的多党合作和政治协商制度下的社会主义国家，在农村设立基层党组织是具有中国特色的组织制度安排。1999 年 2 月 13 日，中央委员会颁布实施的《中国共产党农村基层组织工作条例》第二条规定："乡镇党的委员会和村党支部委员会是党在农村的基层组织，是党在农村全部工作和战斗力的基础，是乡镇、村各级组织和各项工作的领导核心。"农村最基层的党组织是村党支部，它是党联系广大农民群众最直接的桥梁和纽带，是农村基层组织的核心，应该在精准扶贫、乡村治理等农村各项工作中发挥战斗堡垒作用。俗话说"火车跑得快，全靠车头带"，精准扶贫工作的成功推进必然需要基层党组织发挥战斗堡垒的作用，而第一驻村书记则是具体执行者与领头羊。

农村基层政权组织建设有助于实现精准扶贫中的扶贫对象识别的精准。精准识别是精准扶贫的首要环节和基础性工作，以往的扶贫过程中会存在村干部指定贫困户、贫困户信息不公开、贫困户"等靠要"而不愿意脱贫等一系列弊病，造成了村民对政府扶贫工作的不信任，扶贫成效难以持续的现状。通过村民委员会、村民会议、村民代表会议、村民组对精准识别的参与，可以了解到贫困户的真实情况，在村民当中形成民主监督的氛围，从而有效保证村民的权益，确保扶贫资源用到最需要的地方。

农村基层经济组织建设有助于实现精准扶贫中的项目识别精准和资金使用精准，可有效避免在项目安排和资金使用过程中政府的行政干预和强势主导，同时也有利于对项目的后期管理和维护。习近平总书记指出："要实施精准扶贫，瞄准扶贫对象，进行重点施策，不能眉毛胡子一把抓，用手榴弹炸跳蚤，钱花了不少却没有见到应有效果。"农村中已有的村经济组织、农村合作社等可以很好地结合本地的实际和以往的经营经验，利用现有的土地、技术、资金资源进行产业开发。

农村基层群团组织、公益组织建设有助于实现精准扶贫中的措施到户精准和精准帮扶。2015 年 10 月 16 日，习近平总书记在 2015 年减贫与发展高层论坛上指出："通过扶持生产和就业发展一批，通过易地搬迁安置一批，通过生态保护脱贫一批，通过教育扶贫脱贫一批，通过低保政策兜底一批，广泛动员全社会力量参与扶贫。"其中，除了国家自上而下的帮扶外，还可以积极发挥各类社会组织、专业组织、民间自发性草根组织、新型社会组织 NGO 对农民提供技能培训、社会救助、信息指导服务等的帮助。

二、精准扶贫中基层组织建设面临的问题

精准扶贫的推进必须有基层组织做保障，但基层组织建设中仍然存在不少问题，诸如基层党组织发挥的战斗堡垒作用不够、。村民自治组织自治能力不足、部分群团组织虚化、部分传统社会组织缺位或畸形发展、新型社会组织 NGO 难以本土化等。

（一）部分基层党组织发挥的战斗堡垒作用不够

一是农村基层党组织设置模式单一，难以适应农村经济社会的发展现状。农村基层党组织仍然是以传统的行政村为单位设立党支部，没有考虑到农村新兴的经济、社会组织中党组织的建设。二是农村基层党组织管理方式落后、效率低下，尤其是对城乡之间流动的党员缺乏有效管理，导致党员队伍涣散，缺乏凝聚力和战斗力，弱化和影响了党员干部服务村民、村务的作用。三是农村基层党组织与村委会之间的关系界定不清，产生了与村委会争利，相互内耗的严重后果。四是农村基层党组织人员队伍整体素质不高、发展理念落后，尤其是贫困地区留守农村的党员队伍老化、思想僵化、小农意识强，缺少对经济市场的把控，把握不住脱贫致富的机遇。这都使得村级党组织的影响力和工作能力下降，无力发挥战斗堡垒的作用。

（二）部分基层自治组织的自治能力发挥不足

影响部分村民自治组织的自治能力发挥的因素主要来自 4 个方面，分

别是村委会、村民、村党支部以及乡镇政府。第一，村委会还存在着明显“行政化”色彩，承担着许多上级委派的政务工作，从而弱化了基层群众性自治组织的本质和行使村民自治权的职能。同时，一些村干部存在民主管理意识不够、思想观念落后、工作能力不足等问题，难以带领村民进行自我管理、自我教育、自我服务。在一些扶贫资源多、土地潜在开发价值较大的贫困村，还产生了村委会干部贿选、贪污等职务犯罪的问题。第二，村民的权利意识、民主意识不强，参政的积极性不高。贫困村庄多是留守的空心村，大部分农民外出务工，尽管在外打工开阔了眼界、增加了权利观念，但是他们更加注重现实的经济收益，而且长期生活在外使得他们对村庄情况不了解、不关心。第三，村党支部对村民自治进行干预，甚至代替村委会行使各项村务管理职能。第四，乡镇政府出于政务执行、经济收入等各方面的需要而对村级事务进行行政干预，把村委会看成是乡镇的一个下属机构，没有保障村委会的自治权。

（三）部分群团组织的虚化、边缘化、官僚化现象

群团组织是“群众性团体组织”的简称。2015 年 7 月首次召开的中央党的群团工作会议指出：“我国群团组织主要有青年团、妇联、工会、工商联、残联、文联、关工委等，是党联系这方面群众的桥梁和纽带。群团组织帮助党联系群众，帮助做好他们的思想工作，并向党反映这些群众的愿望和要求。”然而，目前部分群团组织出现了虚化、边缘化、官僚化、功能弱化、脱离群众等问题。首先是群团组织的弱化。一方面是群团组织代表面狭窄，没有涵盖到特定群体的所有或者说大部分成员，现有的成员也并不积极参与群团组织的活动；另一方面是群团组织的影响力和公信力下降，日常工作安排内容空泛，没有真正发挥实际的作用。其次是群团组织的边缘化。主要是指群团组织在社会管理中处于边缘地位，无法有效地参与国家政治生活和社会公共事务的管理。《中共中央关于加强和改进党的群团工作的意见》中指出：“当前有的地方和党委对群团组织不够重视，对群团工作缺乏研究，也缺少支持。”最后是群团组织的行政化、官僚化。由于群团组织内部与行政单位一样具有行政级别和科层机构设置，同时经费来源和人员安排受制于主管行政单位，所以群团组织极易出现官僚作

风，出现唯上不唯下、公共服务意识淡薄、工作缺乏效率等问题。

（四）部分传统社会组织处于缺位或畸形发展状态

改革开放的深入进行、政府职能的转变以及“小政府、大社会”的社会治理格局的提出给中国社会组织的发展提供了良好的空间，它们在促进社会公平正义、提供公共服务、调节资源分配等方面发挥了重要的作用。然而，过快发展的同时也给一些传统的社会组织带来了一些负面的问题。一是部分传统社会组织处于缺位或畸形发展状态。主要表现为一些社会组织本职工作缺失，有的常年不开展工作也不组织活动，还有一些社会组织受到市场经济的影响，唯利是图，畸形发展。二是一些宗族组织家族化、黑社会化。在一些贫困落后地区，村干部很可能直接来自大的家族，即使因为当上村干部无利可图而放弃竞选，日后村里的工作如果稍微侵犯到这些大家族的利益就会受到他们的暴力干预。一些农村地区还存在着家族之间为了争夺土地、水利等资源而进行的械斗，严重影响了农村的社会治安和农业生产。三是一些宗教组织在农村偏远地区肆意传播，夸大自身解决社会问题的作用，让农民产生消极的避世观，影响了科学文化、农业技术知识在农村的传播，干扰了农村正常的生产生活。有的宗教组织甚至对村民进行舆论误导，曲解党在农村实施的各项方针政策，煽动信教群众对党和政府产生不满情绪。

（五）新型社会组织 NGO 难以本土化

NGO 是英文 Non-Governmental Organization 的缩写，译为“非政府组织”，是指具有非政府性、非营利性、志愿性等特点的非政府组织。主要包括非政府部门的协会、社团、基金会、慈善信托、非营利公司或其他法人等。改革开放以来尤其是进入 21 世纪，各种国际、国内的 NGO 在中国繁荣兴盛，它们在扶贫、救孤、助残、助学、环保等方面发挥着重要作用。然而，作为西方的舶来品，这种新型社会组织 NGO 在中国本土化的过程中还面临着诸多问题。一是管理体制不适应，表现出官民两重性的特征。在中国，非政府组织的登记注册和日常管理受到政府部门的严格限制与干预，不利于其作为民间组织的自我发展。二是各种 NGO 零散化、个体化发展。随着NGO分工细化和专业化水平的提高，不同类型的非政府组织之间难以进行有效的宏观协调与整合，即使服务内容相似的NGO之间也缺少相互沟通学习的平台，造成资源浪费。三是一些NGO在开展活动时没有结合基层本地文化传统和价值观念，在帮扶的过程中出现了价值观和思想观念上的冲突，没有取得实际的理想效果。四是NGO自身的管理不善造成信任危机和生存危机。一些快速发展兴起的NGO管理混乱，基本的规章制度不健全，没有做到组织管理的制度化、规范化和法治化。加上组织运行不透明、缺少外部的有效监督，有的NGO甚至产生内部腐败，还有的从事违法犯罪等活动捞取利益。

三、精准扶贫中加强基层组织建设的基本内容

在精准扶贫、脱贫攻坚中，基层组织建设绝不只涉及基层党组织建设这一核心问题，而是一个复杂的系统性的重大问题。因此，在进行基层组织建设时需要兼顾到基层多元化的、层次不一的、功能各异的各类基层组织，针对存在的问题，采取灵活多样的方式加以解决。同时，还应在整体上进行宏观的把握与协调，为精准扶贫的顺利实现提供一整套坚强有力的组织保障体系。

（一） 整体：加强基层组织建设的协调性

习近平总书记指出，要高度关注基层政权组织、经济组织、自治组织、群团组织、社会组织发展变化的特点，加强指导和管理，使各类基层组织按需设置、按职履责、有人办事、有章理事，既种好自留地、管好责任田，又唱好群英会、打好合力牌。基层组织建设需要从整体上进行宏观把握，加强相互之间的协调性，这就需要做到四个覆盖。一是基层党组织全覆盖，做到哪里有群众，哪里就有党组织，切实扩大党在基层的组织覆盖和工作覆盖。党组织要密切联系群众，为群众解难题、办实事。习近平强调，党管农村工作是我们的传统，这个传统不能丢。要重视农村基层党组织建设，加快完善乡村治理机制，扩大农村党组织和党的工作覆盖面，加大培养青年党员力度，提高基层党组织为群众服务意识，夯实党在农村的执政基础。二是群众性自治组织全覆盖，从“为民做主”到“由民做

主”。党的十八大报告中指出要完善基层民主制度，保障人民享有更多更切实的民主权利，而基层自治组织就是农民自己做主的组织基础。三是综治维稳组织全覆盖，自己帮自己，自己管自己。建立以村小组为单位的农村维稳组织，安排日常的义务巡逻，及时发现农村里的矛盾，同时请威信高、办事公道的长者、能人来调解纠纷。四是经济合作组织全覆盖，让农民自由地在市场中竞争。要以健全市场机制为目标改革完善农业支持保护政策，以家庭农场和农民专业合作社为抓手发展农业适度规模经营。

（二）夯实：加强基层党组织建设

习近平强调，基层是党的执政之基、力量之源。只有基层党组织坚强有力，党员发挥应有作用，党的根基才能牢固，党才能有战斗力。因此，要抓好以村党组织为领导核心的村级组织配套建设，集中整顿软弱涣散村党组织，提高贫困村党组织的创造力、凝聚力、战斗力。一是要健全基层党组织机构设置，做到基层党组织全覆盖。党中央把2012年作为“基层组织建设年”，并以中央政治局委员李源潮提出的“抓落实，全覆盖，求实效，受欢迎”12字作为总方针，旨在加强基层党组织建设。全覆盖就是要在有需要有条件的农村社会组织、经济组织及其他基层组织中设立党组织，从而更好地发挥服务型党组织的作用。二是要重视党支部书记的选举、委派、选拔工作。《中共中央国务院关于打赢脱贫攻坚战的决定》中指出：“要做好选好配强村级领导班子，突出抓好村党组织带头人队伍建设，充分发挥党员先锋模范作用。”选配政治素质高、工作能力强、熟悉三农工作的干部任贫困乡镇党政主要领导。三是要加强农村基层党组织人才队伍的建设，完善党员培训和考核制度。在根据基层情况和需要开展业务培训的同时要更加注重对基层党员干部进行理性信念的教育，习近平指出：“理想信念就是共产党人精神上的‘钙’，没有理想信念，理想信念不坚定，就会‘缺钙’，就会得‘软骨病’。”四是要做好基层党组织党内民主建设和党外群众监督。在党内要发挥每一位党员的主体作用，充分调动党员参与政治和村务的积极性。在党外要接受群众的监督，贫困地区要建立扶贫公告公示制度，强化社会监督，保障资金在阳光下运行。

（三） 参与：加强村民自治组织建设

习近平总书记在庆祝全国人民代表大会成立60周年大会上指出：“我们要坚持和完善基层群众自治制度，发展基层民主，保障人民依法直接行使民主权利，切实防止出现人民形式上有权、实际上无权的现象。”针对部分基层自治组织的自治能力发挥不足的问题，可以从以下5个方面加以改善。一要正确处理乡镇政府与村级组织之间的关系，实现行政事务与村级事务完全分开。二要正确处理农村党支部与村委会之间的关系，改变村两委“一肩挑”、村委交叉任职的现象，推动两委分立，实现两委的分工合作。三要加强村委会自治能力建设，提高村委会干部带领村民进行自我管理、自我教育、自我服务的能力。四要提高村民参与村务自治的能力和积极性。五要推进村民自治公开透明和完善村民监督机制。

（四） 转型：探索人民团体参与精准扶贫的新途径

《中共中央国务院关于打赢脱贫攻坚战的决定》提出要发挥好工会、共青团、妇联等群团组织的作用。群团组织面向特定的人群开展服务工作，因此在精准扶贫中可以发挥群团优势，更好地结合各类人群的需求把扶贫工作精准落实。共青团组织可以组织青年力量，引导和激励青年学子返乡创业或者担任村官等职务服务乡村，并且给予返乡创业青年资金、技术等各项帮扶。妇联组织可以调动农村妇女参与精准扶贫的积极性，激发她们的主体意识，发挥她们在手工业、教育行业等方面的优势，促进贫困地区妇女创业就业。目前全国已有许多农村试点，由妇联牵头在农村基层组建“留守妇女互助组”28.3万个，引导留守妇女在生产上相互帮助、生活上相互扶持、情感上相互依靠、安全上相互关照。工会组织可以给本地经济组织中就业的农民和外出务工的农民工提供支持。农村合作社的成立应当配备相应的工会组织，发挥工会在保障农民职工的权益、疏导不良情绪、丰富精神生活等方面的积极作用。2014年全国农民工总量达2.74亿人，工会在代表和维护农民工的合法权益，协调劳动关系，关心农民工生产生活等方面具有不可替代的作用。群团组织在发挥自身优势，服务特定群体的同时还应该相互形成整体联动机制，形成扶贫的合力。

（五）引导：对草根组织中的活动进行引导

习近平总书记在2013年中央农村工作会议上指出："要重视化解农村社会矛盾，确保农村社会稳定有序，及时反映和协调农民各方面利益诉求，处理好政府和群众利益关系，从源头上预防减少社会矛盾。"民间草根组织能集中表达基层的诉求、矛盾，所以应对草根组织中的活动进行引导，将之组织吸纳化或转向法律化。一是考虑把部分符合群众、政府需求的草根组织吸纳进行政系统，转化成正规的能与政府进行合作的社会组织。政府通过向其提供资金、人才、政策等方面的支持和优惠，以及通过对其进行能力建设和机构制度的完善，从而完成对原有抗争力量的引导。二是引导草根组织走向合法化、法律化、正规化。草根组织由民间自发组建，大部分没有经过正规的注册登记管理，不具有合法性，政府部门难以对它们进行有效监管引导。因此，有必要完善相关立法，在放宽准入机制的同时严格相关的监管机制和追责惩罚机制，引导草根组织走上规范的发展道路。三是完善信访等机制，及时疏导基层矛盾。习近平强调要综合施策，下大气力处理好信访突出问题，把群众合理合法的利益诉求解决好。《中共中央关于全面深化改革若干重大问题的决定》中指出："改革信访工作制度，实行网上受理信访制度，健全及时就地解决群众合理诉求机制。把涉法涉诉信访纳入法治轨道解决，建立涉法涉诉信访依法终结制度。"

（六）依法：形成乡村组织行为的新规范

一是重拾乡村中积极的村规民约、风俗礼仪，重建乡村文明，形成乡村组织行为的新规范。在基层组织建设过程中发挥村规民约的积极作用，形成监督和完善基层组织的新规范。基层组织也应自觉尊重和符合基层的价值规范及道德习俗，不能违背贫困地区群众的意志。二是培育基层群众的法律信仰，形成乡村组织行为的法制约束。习近平指出："理国要道，在于公平正直"，而法律就是维护公平正义的最好途径。只有用法治取代人治才能避免"100－1＝0"，真正做到"一碗水端平"。《中共中央国务院关于打赢脱贫攻坚战的决定》中指出："推进扶贫开发法治建设。各级党委和政府要切实履行责任，善于运用法治思维和法治手段推进扶贫开发工作，在规划编制、项目安排、资金使用、监督管理等方面，提高规范化、制度化、法治化水平。”

习近平强调，做好扶贫开发工作，基层是基础。他同时指出，要把扶贫开发同基层组织建设有机结合起来，抓好以村党组织为核心的村级组织配套建设。由此可见精准扶贫和基层组织建设是相辅相成、相得益彰的。在精准扶贫的决胜阶段，我们亟须加强基层组织建设来构建扶贫攻坚的组织保障体系，并为农村实现如期脱贫、持续致富提供内生动力。同时，精准扶贫工作的顺利推进反过来可以为基层组织建设提供必要的经济基础和物质保障，从而实现基层组织建设的可持续性，为农村发展增加凝聚力和内生动力。

第十九章　精准扶贫、脱贫攻坚中的乡村治理创新

在精准扶贫、脱贫攻坚的进程中，中国的农村正发生着深刻的变革和转型，从封闭的社会向开放的社会转型，从城乡二元向城乡一体化转型，从传统农村集体经济的产权不清晰向现代新型集体经济的产权清晰转型，从传统的控制型模式向现代的治理型模式转变。这就要求在精准扶贫、脱贫攻坚中，必须推进乡村治理的转型和创新，通过乡村治理促进精准扶贫、脱贫攻坚。

一、精准扶贫中乡村治理主体的创新

（一）乡村治理主体方面的问题

一是乡村治理主体缺位问题。这里的主体包括基层党组织、村委会、乡村社会组织、乡村精英人才、普通农民等。在治理主体多元化、合作共治的呼声之下，乡村的治理主体也趋向多元。然而看似人人都可以参与治理，但往往难以真正实现有效治理，表现为基层党组织涣散、自治组织不自治、乡村社会组织发育程度低、乡村精英流失与人口空心化以及农民一盘散沙式原子化等问题。

中共中央办公厅于2014年5月28日印发的《关于加强基层服务型党组织建设的意见》（以下简称《意见》）中强调“党的基层组织是党全部工作和战斗力的基础，是团结带领群众贯彻党的理论和路线方针政策、落实党的任务的战斗堡垒”，然而在实际工作中，基层党组织出现了涣散无序、缺乏信念和纪律、脱离群众、无作为等问题，对此《意见》中指出：

“选派得力党员干部到软弱涣散基层党组织和贫困村党组织担任书记或第一书记。”诚如习总书记所言：“用一贤人则群贤毕至，见贤思齐就蔚然成风。”希望选派的第一书记能起到风向标和标杆的作用，改善基层党组织涣散无序的局面。

以村民委员会为基础的自治组织不自治现象较为普遍，出现了村民自治制度失灵的现象。由于留任贫困地区村委会的干部大多为中年及以上的村民，他们的文化素质普遍偏低，管理观念保守，难以在短期内做到自我教育、自我管理、自我服务。在农村熟人的社会中，对村庄事务的管理不仅无利可图还有可能得罪人，从而使得村干部们选择去做撞钟的和尚，得过且过。同时，为了从县乡政府争取到资源或者在自己牟取灰色收入时获得上级的默认，村干部还可能成为乡镇在村一级的代理人，失去自我组织的意识和能力。与此同时，乡村社会组织发育程度低，还没有形成规模化的、正式的组织机构和相关制度。

随着城乡二元结构的打破和城镇化进程的加速，农村中的一些文化知识水平较高的人和青壮年进城务工，从而造成了农村人才的流失和农村的空心化，留守下来的农民也像一盘散沙，难以组织起来。户籍制度的改革使得原先候鸟式迁移的农民工群体的城市落户梦成为可能，市民化身份的转变让他们再难回到农村去。未来的发展趋势可以预见农村人口将持续减少，这种农村不断被弱化的现象难以留住精英人才去致力于乡村治理和建设。

二是乡村治理主体错位问题。治理主体错位的原因是各个治理主体、治理目标、治理范围之间的界限不清晰，这导致了越位、越权、越界行为的发生。例如，自治组织与党组织界限不清，“统治”与“自治”界限不清，“乡政”与“村治”界限不清，等等。这些对扶贫攻坚的工作十分不利，容易造成上热下不热、单打独斗、政策偏误等问题，无法培养起乡村治理和农村脱贫发展的内生动力，致使脱贫后的长期可持续发展失去主心骨。

自治组织与党组织界限不清。2010 年 10 月 28 日修订通过的《中华人民共和国村民委员会组织法》规定：“中国共产党在农村的基层组织，按照中国共产党章程进行工作，发挥领导核心作用，领导和支持村民委员会行使职权；依照宪法和法律，支持和保障村民开展自治活动、直接行使民主权利。”然而，在贫困的农村，经济落后、民主制度不健全常常使得村委会和党委的职权混淆不清，“两委”关系难以理顺。该由村委会负责的工作，村委会没有切实地负起责任来，党组织既不能从具体事务中超脱出来，又不能切实地解决具体问题，造成村中事务无人过问，并由此影响了党组织核心作用的发挥。

“统治”与“自治”界限不清。暴力是一种强硬手段，而民主自治则是一种软手段，二者都服务于一个国家的政治统治，而且后者更能给国家带来统治的合法性和服务于民的公信力，所以应该鼓励用乡村的自治来取代对乡村进行中央集权式的“统治”。应该看到，如果对乡村的治理强加了过多的行政控制，则会磨灭村民的创造性和主动性，违背农村经济社会的客观发展规律，导致农业发展的停滞与农村的持续贫困。

“乡政”与“村治”界限不清。从法理上看，乡镇政权与自治村庄是地位平等的、相互独立的、以“指导—协助”关系为基础而互动的基层组织。然而，村委会的成立来自于国家权力的让渡，村民自治的权利也来源于国家的授予，这样使得中国的“乡政村治”体制在运转过程中经常出现乡镇政府凭借其掌握的权力和资源而对村民自治进行干预的情况。由于村民自治是中国共产党农村基层组织领导之下的一种群众性组织建构，带有准行政单位的印记，村委会不得不听令于上级，造成真正应该由村民自治的事务却由乡镇政府越位管理。

（二）实现不同治理主体的权责分明

乡村的治理应由多元治理主体共同完成，主要包括乡镇政府、村（居）民委员会、社会组织、居民、农民等。只有明确不同治理主体的权责，规范各自的行为，发挥各个主体的积极性，促进多元治理主体的多元互动，才有可能实现乡村治理的高效自治模式。2015 年 11 月 29 日，在《中共中央国务院关于打赢脱贫攻坚战的决定》中要求“坚持党的领导，夯实组织基础”，使党组织成为“带领群众脱贫致富的坚强战斗堡垒”；“坚持政府主导，增强社会合力”，既要强化政府的责任，又要联合一切可以联合起来的社会力量，形成脱贫攻坚的合力；“坚持群众主体，激发内生动力”，增强贫困人口脱贫致富的内生动力和自我发展能力。2016 年“十三五”规划纲要中对精准扶贫的工作要求“健全广泛参与机制”，包括“健全东西扶贫协作和党政机关、部队、人民团体、国有企业定点扶贫机制。鼓励支持民营企业、社会组织、个人参与扶贫开发。”

在实现不同治理主体的权责分明中如何厘清乡—村权责关系一直是困扰基层的难题，对此，有的地区进行试点创新探索实现“政社良性互动”。“政社互动”指的是“政府行政管理与基层群众自治有效衔接和良性互动”，也就是说“凡村（居）自治事务，放手其自主管理”“政府部门行政事务不得随意下派”。这表明政府与基层群众自治组织既不是上下级关系，也不是二者各司其职互不干预，而是要相互间进行良性互动，从而促进基层民主发展和有效的治理。根据一些地区的实践，可以进行“政社互动”的探索。

一是签订协助政府管理协议书，实现政社平等合作。可探索签订《村居自治组织协助政府管理事项协议书》（以下简称《协议书》），首先是废止基层政府与村居组织之间签订的行政责任书，将二者的行政隶属关系进行机制切割；然后改签一份政府委托村居协助的事项《协议书》，对协议规定的事项实施契约式管理和项目化运作，村（居）实行“一揽子”承接，政府实行“一揽子”支付。

二是公布行政权力与自治权利两份清单，划清行政权力与自治权利之间的责权边界。两份清单分别是“行政权力限制事项清单”和“自治组织依法履职事项清单”。通过“自治组织依法履职事项清单”清理村居事项，整理出村居组织依法履行职责事项，即村居依法“履职”清单。同时清理出村居依法协助政府管理事项，即村居依法“履约”清单。通过这两份清单来规范行政权力、提升自治能力，同时使政府管理和基层群众自治相互配合，形成良性互动。

三是双向履约评估，改变政府一贯的单向考核方式。一方面由基层政府对照《协议书》对自治组织的年度履约情况进行评估。另一方面由自治组织对基层政府部门的年度履约情况进行评估，内容包括对政府部门的指导、服务、支付、行政干预的情况，评估结果与基层政府及其部门的利益直接挂钩。这样既可以保障政府委托事项在基层的有效落实，又能够促进政府部门依法行政、主动服务和减少对自治组织的不当干预。

“政社互动”符合中央提出来的多元主体治理和依法治理的要求，有助于激发各个参与主体的积极性，明确各自的权利和义务关系，促使各方依法依规办事，既可以提高基层群众自治能力，也能增进民众对政府的信任和理解，推动政府的治理模式从“一元单向治理”向社会“多元互动共治”的转变。

二、精准扶贫中乡村治理资源配置的创新

（一）乡村治理资源配置方面的问题

从内部来看，乡村核心资源分配不均。由于土地收益、扶贫资源等分配不均等可能会导致村治混乱。

在土地收益高、扶贫资源多的村庄，可能会出现小官巨贪、贿选、公权私用等问题，结果导致基层干群关系紧张，无法形成脱贫攻坚合力。中央纪委曾公开曝光了多起典型扶贫领域腐败案例，包括某村党支部原书记、村委会原主任骗取“以奖代补”项目资金、危房改造补助资金等问题，以及某村委会原委员侵占养老保险金问题等，这种对乡村资源的非法侵占严重干扰了乡村正常治理工作。

在土地收益低、扶贫资源少的村庄，可能会出现村干部工作积极性低，身兼数职的情况。村干部的工资收入低，每个月补贴少，有的还不能及时兑现。由于忙于村务管理，难以顾及家庭的生产与生活，有些村干部的家庭收入甚至不及普通村民和农民工。迫于生活压力，村干部只能外出打工，寻找兼职增加收入，对村庄的治理根本就无从谈起。

此外，在传统农村还存在着家族势力控制乡村核心资源的现象。家族资本是以血缘、姻缘为纽带而建构的关系网络，运用这个关系网络可以实现个体、群体追求资源的目的。在这种“差序格局”下，有着亲疏远近之分的家族资本影响着乡村资源的配置。同时，在传统农村向现代农村转型之际还出现了富人治村的局面。先富者在村庄资源分配中更加有眼光和优势，更加容易谋求更多的财富机遇。

从外部来看，乡村公共服务供给有限。这既有乡村内部社会经济发展

缓慢而造成的乡村自身的公共服务供给有限，也有城镇化的加速推进给乡村核心资源分配带来的挑战。

一方面，一些乡村自身的经营性收益缺乏。乡村由于受到自身的地理自然条件限制而难以吸引资本和人才，导致在经济产业发展方面软硬实力先天不足，即使存活下来的一些企业也大都面临着高风险、高投入、投资期长和低收益的难题。

另一方面，中国城镇化的快速推行也给乡村治理以及乡村核心资源分配带来挑战。尽管中国城乡结构正由二元结构向城乡一体化结构转变，新型城镇化也将带动农村的发展、促进农业的产业转型、提高农民的收入，但是短期来看，“重城轻乡”理念至今仍主宰着公共服务资源的配置，导致传统的公共服务供给不足，环境保护等新型公共服务供给更加滞后。全国各地区城乡基本公共服务水平均存在不同程度的差异，推进城乡基本公共服务均等化、完成党的十八大报告提出的2020年要总体实现基本公共服务均等化任务仍然十分艰巨。

（二）促进核心资源分配的公平化

农村的核心资源有多种，包括核心土地资源、生态资源、旅游资源、教育资源、金融资源等，其中涉及乡村治理的核心资源主要指的是农村集体经济。农村集体经济亦称“农村集体所有制经济”。《中华人民共和国宪法》第八条规定：“农村集体经济组织实行家庭承包经营为基础、统分结合的双层经营体制。”随着市场经济的发展和对农村影响的深入，在家庭分散经营与集体统一经营相结合的双层经营体制的基础上，出现了农民专业合作社以及股份制、股份合作制等多种形式的经济组织，活跃了农村经济，提高了农民的收入水平。

由于自然条件、地理区位等条件各不相同，中国农村集体经济发展的状况差异很大。有的农村经济产业化发展较低，农村集体经济收入来源有限，主要依靠上一级政府的财政补助，缺乏发展的动力和激励机制。有的则发展较快，集体资产规模不断壮大，同时也出现了集体经济组织的监管漏洞、农民权益得不到保护等问题。针对这些问题，各地开始进行农村集体产权制度改革的探索。中共中央、国务院印发《深化农村改革综合性实施方案》，提出在进行农村集体产权制度改革、组建农村股份合作经济组织的地区，探索剥离村“两委”对集体资产经营管理的职能，实行“政经分开”试验。东部某省份B区进行了试点，取得了良好的示范效果，主要措施如下。

厘清组织关系，规范组织职能，形成“三驾马车”齐驱。将农村集体经济组织从自治组织中剥离，形成党组织、自治组织和集体经济组织并立局面。其中村党组织处于领导核心地位；自治组织是村级自治事务的执行机构，负责贯彻执行具体的各项决议；农村集体经济组织拥有独立的法人地位，经营管理集体所有的土地和其他资产。社区服务中心协助村（居）委会提供公共服务，接受村（居）委会和村（居）民的监督和评议，共同做好本村（居）的有关公共事务和公益事业。

村支书、村委会主任和经联社社长分工合作，而非村委会主任或村党总支书记“一肩挑”。传统农村集体经济组织由于多数是有名无实，“三位一体”的管理模式不仅容易造成干部经济，使干群关系紧张，而且也使集体经济的市场化运作易受行政干预影响。因此，有必要明确各自权限，按照各自职责进行分工：党组织负责全盘统筹、协调工作；村长专做服务；社长主抓经济，从而改变了以往直接由村委会主任或村党总支书记兼任经联社班子成员的局面。

建立农村集体资产交易平台和农村财务监管平台，提高集体资产效益和公开透明度。通过农村集体资产交易平台可以对村里的土地、物业等进行公开招租，从而有利于实现集体资产增值保值。通过建立农村财务监管平台对村集体的资源、资产、资金进行在线实时监控。对全区224个经联社、1934个股份经济社进行财务监管，监管范围涉及资金、票据、合同、固定资产、会计核算、资源管理等方面。村里每一笔款项的支取都要通过监管平台，经过相关审批后支取款项。此外，还建立村民理财小组，对平台的工作进行定期查看、监督。

“政经分开”实现了集体经济的独立运行，提高了农村资产利用效率，拓宽了农民增收渠道。同时还有助于自治组织自治功能的“回归”，使基层自治组织回归本位，有利于建立基层政权组织和村民自治组织职责清晰、互动协作的新型农村治理结构。

三、精准扶贫中乡村治理方式的创新

（一）乡村治理方式方面的问题

乡村治理方式总体上可以分为传统的乡村治理方式和现代的乡村治理方式，而传统的乡村治理主要以德治、礼治的方式为主，现代的乡村治理主要以法治、德治与礼治相互结合的方式为主。目前，中国广大农村正处在从传统的治理方式向现代的治理方式过渡转型时期，旧的德治、礼治方式日渐式微，而新的治理方式还未深入人心，所以乡村治理方式方面最大的问题就是德治、法治等多样化治理方式尚未得到娴熟运用和综合运用。

首先是德治缺乏厚实基础。在传统的乡土社会中充满了传统、习俗、经验等，这些构成了乡村德治的基础，在乡村的治理过程中发挥着重要的作用。改革开放以来，乡村相对封闭和谐的状态被打破，原有的道德价值体系受到挑战，一些起着凝聚和稳定乡村作用的风俗礼仪被外出务工的年轻人遗弃，使得德治、礼治失去了厚实的基础。尽管人们认识到乡村道德滑坡、民风凋敝、村规民俗约束力下降等问题，开始重拾家族制、乡贤制、村规民约等道德规制，期望守住乡村的道德底线，但这只是个别乡村成功的实践，从全国来看仍旧较为缺乏。

其次是法治尚未内化于心。《中共中央关于全面推进依法治国若干重大问题的决定》中指出："全面推进依法治国，基础在基层，工作重点在基层。"事实上，工作的难点也是在基层。尤其是在贫困落后的乡村，不论是乡村干部还是村民，都存在着法制意识淡薄、有法不依的状态，盛行按照人情、习俗办事。梁漱溟认为中国农村是一个礼俗社会，"伦理本位"要高于法律。然而，在中国社会快速转型之际，一些经济市场下产生的问题是难以通过原有的礼俗解决的，如何引导农民用法律去维护自己的各项合法权益，将是农村社会治理的难点。由于乡村社会的管理长期以来存在着法制的缺席，所以当大力提倡依法治理时难免出现一些法律空白。同时，一些乡村干部的依法办事观念不强、能力不足，习惯于过去"一言堂"式的管理。村民虽然初步具备了一些现代法制意识，但是由于走法律程序解决问题的成本高、时间长以及存在人情关系、贪污腐败等司法不公等问题，群众更倾向于选择上访上网这样更加直接的方式。

最后是德治、礼治与法治没能很好地结合起来。孟子曾言：“徒善不足以为政，徒法不能以自行。”意思是告诫统治者在治国理政的时候要把德治与法治结合起来，在进行乡村治理时更应该利用好乡村已有的道德、礼俗资源来推行法治，做到“以德促法、以法弘德”。然而在农村出现了一些“道德干扰法律”，用道德来勒索法律的现象，或者由于法律与村里习俗相冲突而让村民对法治产生困惑甚至抵触。法治在农村的实现，需要与礼治相辅相成，公正的法律应该是既能鼓励善良的风俗，又能摒弃落后的习俗。

（二） 充分发挥村规民约等治理方式的作用

在中国农村社会，一些村规民约、道德礼俗等在维护农村社会秩序方面发挥着重要的作用。它们在调节邻里关系和家庭关系、培养村风民俗、稳定社会治安等方面具有不可替代的优势。在传统农村社会向现代农村社会转型的过程中，我们强调提高现代社会治理能力，强调要依法治国，在农村开展“送法下乡”等普法活动。然而，想要使普法取得预期的效果，绝不能忽视乡土社会中原有的规则秩序，而应该充分利用这些治理方式让法治落地，维护农村的稳定。因此现代社会治理是一个以政府干预和协调为主导、以基层社区自治为基础、以非营利组织为中介，动员公众广泛参与的互动过程。

村规民约，指的是传统社会乡民基于一定的地缘和血缘关系，为某种共同目的而设立的生活规则及组织。村规民约具有时空性、法律性、价值性。在现代社会，村规民约是村民在村民自治的起始阶段，依据党的方针政策和国家法律法规，结合本村实际，为维护本村的社会秩序、社会公共道德、村风民俗以及精神文明建设等而制定的约束规范村民行为的一种规章制度。由于它贴近乡村生活实际、体现了全体村民的集体意志、采取本土化的可执行措施等，因而可以作为法律的补充，帮助解决乡村里的一系列问题。

村规民约是村民相互之间的约定，现代村庄治理需要一种“从身份到契约”的转变。村规民约作为一种契约性规范，是农村社会关系的稳定器、调节器，是维持社会有序化的重要工具。从国家治理的层面上来讲，村规民约是法律的补充，是村民心中的法，可以帮助国家对农村分散的个体进行规范管理。村规民约是一种基于社会道德基础之上的秩序规范和社会契约，虽然保留了乡土风俗的内容，但同时也将大量国家法律重申和细化，对具体村落的村民有着共同约束力。从社会公民的层面上来说，它是全体村民共同参与的结果，有助于培养理性的乡村公民，提高村民的政治参与意识。

四、精准扶贫中乡村治理社会安全体系的创新

中国正处于快速的社会转型期，社会转型是指农业的、乡村的、封闭的半封闭的传统型社会，向工业的、城镇的、开放的社会转型。随着中国经济社会改革的不断深入，贫富差距、城乡差距的不断拉大，农村人口流动的不断加剧，农村社会在转型的过程中出现了一些新情况、新问题，不稳定因素明显增多。例如，土地流转工作中出现的矛盾纠纷；征地拆迁获得大量补偿款而暴富后凸显的精神贫瘠；由于文化娱乐方式的贫乏而产生的巨赌现象；利用网络、信息技术手段在农村滋生的新型犯罪；留守儿童、妇女、老人等弱势群体的安全问题；农民法律意识和权利意识增强后产生的群体上访、越级上访；等等，都难以通过传统的治安模式来管理和解决，迫切需要以综合治理创新来构建乡村社会安全新体系。

农村社会治安治理主要是依托各种法律手段，在尊重法律的基础上利用不同的方式开展的，同时也能达到纠正社会风气的效果。以综合治理的方式构建乡村社会安全新体系，要求整合各种社会资源来维护社会治安，改变传统的以打击处理为主的单一的行政手段和治标不治本的工作方式。综合治理需要多部门通力协作，需要包括农村基层公安机关在内的农村治安职能部门以及农村社会组织和群众的参与，并综合运用政治、经济、行政、教育、文化、道德习俗、村规民约等各种手段，以预防和源头化解为主，全面提高农村社会治安水平，构建乡村社会安全新体系。

强化治安防控体系建设，打造平安乡村。2015 年 4 月 13 日，中共中央办公厅、国务院办公厅印发的《关于加强社会治安防控体系建设的意

见》要求："创新立体化社会治安防控体系，依法严密防范和惩治各类违法犯罪活动，全面推进平安中国建设。"贫困地区由于财力、人力、物力有限导致农村警务资源十分紧缺，治安防控工作极为薄弱。对此，《中共中央国务院关于打赢脱贫攻坚战的决定》中提出："强化贫困地区社会治安防控体系和基层执法队伍建设。"要求打造一个立体化、信息化、高效率的农村社会治安防控体系。加强对基层执法队伍人员的法律素质培训，提升其业务知识水平，增强他们的法治观念和依法行政能力。

强化道德约束，德治与法治互为补充。习近平指出：法律是成文的道德，道德是内心的法律。可见二者是相辅相成、相互促进的，良好的道德可以是法律的补充。孟子也说："徒善不足以为政，徒法不能以自行。"意思是说只有道德不能治理好国家，只有法律也不能自动施行，因此需要把德治与法治结合起来。《中共中央国务院关于打赢脱贫攻坚战的决定》中指出要加强贫困地区乡风文明建设。所以在贫困地区内部要"善于发挥乡规民约在扶贫济困中的积极作用，激发贫困群众奋发脱贫的热情"。在贫困区外部要进行文化扶贫，"推动文化投入向贫困地区倾斜，集中实施一批文化惠民扶贫项目，普遍建立村级文化中心"。

调节利益关系，做好矛盾的源头化解工作。2015 年 12 月 4 日，党的十八届四中全会《中共中央关于全面推进依法治国若干重大问题的决定》指出，要："构建对维护群众利益具有重大作用的制度体系，建立健全社会矛盾预警机制、利益表达机制、协商沟通机制、救济救助机制，畅通群众利益协调、权益保障法律渠道。把信访纳入法治化轨道，保障合理合法诉求依照法律规定和程序就能得到合理合法的结果。"要从源头上进行矛盾的化解，以网格化管理、社会化服务为方向，健全基层综合服务管理平台，及时反映和协调人民群众各方面各层次利益诉求。

加强农村社会治安治理，创造良好的农村社会治安环境，对于维护农村地区的安定有序，实现整个社会的和谐稳定，具有极其重要的现实意义。只有在和谐稳定的社会环境中，人民才能安居乐业，经济才能得到快速发展，国家才能实现长治久安。

参考文献

（一）书籍

［1］郑秉文．市场缺陷分析［M］．沈阳：辽宁人民出版社，1993.

［2］西奥多·W. 舒尔茨．论人力资本投资［M］．吴珠华，译．北京：北京经济学院出版社，1990.

［3］道格拉斯·C. 诺斯．经济史中的结构与变迁［M］．陈郁，罗华平，译．上海：上海人民出版社，1994.

［4］孟春．中国财政扶贫研究［M］．北京：经济科学出版社，2000.

［5］林毅夫．再论制度、技术与中国农业发展［M］．北京：北京大学出版社，2000.

［6］刘冬梅．中国农村反贫困与政府干预［M］．北京：中国财政经济出版社，2003.

［7］穆罕默德·尤努斯．穷人的银行家［M］．吴士宏，译．北京：生活·读书·新知三联书店，2006.

［8］卡尔·波兰尼．大转型：我们时代的政治与经济起源［M］．冯钢，刘阳，译．杭州：浙江人民出版社，2007.

［9］沈小峰．混沌初开：自组织理论的哲学探索［M］．北京：北京师范大学出版社，2008.

［10］闫坤．中国农村减贫财税政策研究［M］．北京：中国财政经济出版社，2008.

［11］陈健生．生态脆弱地区农村慢性贫困研究——基于600个国家

扶贫重点县的监测数据［M］．北京：经济科学出版社，2009.

［12］李佳．扶贫旅游理论与实践［M］．北京：首都经济贸易大学出版社，2010.

［13］曹建民，龙章月，牛剑平．中国农村社会保障制度研究：以西北贫困地区为例［M］．北京：人民出版社，2010.

［14］刘云生．农村金融与反贫困——理论、实证与政策［M］．北京：经济科学出版社，2010.

［15］中共中央马克思恩格斯列宁斯大林著作编译局．马克思恩格斯选集（卷三）［M］．北京：人民出版社，2012.

［16］范小建．中国农村扶贫开发纲要（2011—2020 年）［M］．北京：中国财政经济出版社，2012.

［17］郜秀军，李树苗．中国农户贫困脆弱性的测度研究［M］．北京：社会科学文献出版社，2012.

［18］许源源．中国农村扶贫瞄准：定点部门与 NGO 的视角［M］．北京：中国社会科学出版社，2012.

［19］王曙光，王东宾．金融减贫——中国农村微型金融发展的掌政模式［M］．北京：中国发展出版社，2012.

［20］郑志龙．政府扶贫开发绩效评估研究［M］．北京：中国社会科学出版社，2012.

［21］刘敏．社会资本与多元化贫困治理［M］．北京：社会科学文献出版社，2013.

［22］吕宛青，陈昕．旅游经济学［M］．天津：南开大学出版社，2013.

［23］李培林，王晓毅．生态移民与发展转型——宁夏移民与扶贫研究［M］. 北京：社会科学文献出版社，2013.

［24］谢冰．贫困与保障：贫困视角下的中西部民族地区农村社会保障究［M］．北京：商务印书馆，2013.

［25］唐勇智．社会资本与农户经济行为［M］．北京：中国经济出版社，2013.

［26］夏学英，刘兴双．新农村建设视阈下乡村旅游研究［M］．北京：

中国社会科学出版社，2014.

［27］徐丽杰．中国农村人力资本形成研究［M］．北京：经济科学出版社，2013.

［28］王三秀，李冠阳．中国政府反贫困规范重构［M］．北京：中国社会科学出版社，2013.

［29］白永秀．西部地区城乡经济社会一体化［M］．北京：人民出版社，2014.

［30］武汉大学，中国国际扶贫中心．中国反贫困发展报告（2014）——社会扶贫专题［M］．武汉：华中科技大学出版社，2014.

［31］宋金田．新制度经济学视角下农户决策行为研究——以柑橘种植农户为例［M］．北京：中国出版集团，世界图书出版公司，2015.

［32］徐勇．反贫困在行动：中国农村扶贫调查与实践［M］．北京：中国社会科学出版社，2015.

［33］武汉大学，中国国际扶贫中心，华中师范大学．中国反贫困发展报告（2015）——市场主体参与扶贫专题［M］．武汉：华中科技大学出版社，2015.

［34］武汉大学，中国国际扶贫中心．中国反贫困发展报告（2016）——社会组织参与扶贫专题［M］．武汉：华中科技大学出版社，2016.

［35］国务院扶贫开发领导小组办公室．脱贫攻坚政策解读［M］．北京：党建读物出版社，2016.

［36］刘璐琳．集中连片特困地区产业扶贫问题研究［M］．北京：人民出版社，2016.

［37］陆汉文，黄承伟．中国精准扶贫发展报告（2016）［M］．北京：社会科学文献出版社，2016.

［38］李培林，魏后凯．中国扶贫开发报告（2016）［M］．北京：社会科学文献出版社，2016.

［39］北京师范大学中国扶贫研究中心．中国绿色减贫指数报告（2016）［M］．北京：经济日报出版社，2016.

［40］国家统计局住户调查办公室．中国农村贫困监测报告（2016）［M］．北京：中国统计出版社，2016.

［41］邓小海．旅游精准扶贫理论与实践［M］．北京：知识产权出版社，2016．

［42］黄海洲．电商扶贫创新与突破［M］．北京：中国科学技术出版社，2016．

［43］崔丽丽，潘善琳．农村电商新生态：互联网＋带来的机遇与挑战［M］．北京：电子工业出版社，2016．

［44］起建凌．电子商务扶贫理论与实践［M］．成都：西南财经大学出版社，2016．

［45］黄承伟，叶韬．脱贫攻坚省级样板——贵州精准扶贫精准脱贫模式研究［M］．北京：社会科学文献出版社，2016．

［46］蔡典雄．中国生态扶贫战略研究［M］．北京：科学出版社，2016．

［47］吴大华．生态文明与开放式扶贫［M］．北京：社会科学文献出版社，2016．

［48］饶旭鹏．农户经济行为与农村社会治理研究［M］．北京：光明日报出版社，2016．

［49］王延中．中国社会保障发展报告（2017）［M］．北京：社会科学文献出版社，2017．

［50］左常升．中国扶贫开发政策演变（2001—2015年）［M］．北京：社会科学文献出版社，2017．

（二）期刊文章

［1］傅晨，狄瑞珍．贫困农户行为研究［J］．中国农村观察，2000（2）：39－42．

［2］阳国亮．旅游投资的乘数效应与旅游扶贫［J］．学术论坛，2000（6）：83－85．

［3］孟庆瑜．反贫困法律问题研究［J］．法律科学（西北政法学院学报），2003（1）：24－32．

［4］刘冬梅．对中国农村反贫困中市场与政府作用探讨［J］．中国软科学，2003（8）：20－24．

[5] 郭清霞，姚立新．生态旅游开发是旅游扶贫的最佳发展模式［J］.湖北大学学报（哲学社会科学版），2005，32（4）：455－457.

[6] 林卡．绝对贫困、相对贫困以及社会排斥［J］．中国社会保障，2006（2）：25－26.

[7] 蔡润英．农业合作社定义及其法律地位探析［J］．企业经济，2006（3）：158－160.

[8] 唐新民．社会保障：持久扶贫阶段的基础制度保障［J］．经济研究参考，2006（80）：34－39.

[9] 王小琪．推进我国财政扶贫制度创新的思考［J］．理论与改革，2007（2）：60－63.

[10] 姜锡明，王海芳．农村反贫困战略中的社会保障制度安排［J］.农村经济，2007（6）：66－69.

[11] 黄胜忠．农业合作社理论研究述评［J］．商业研究，2009（3）：175－179.

[12] 李磊．农民社会保障权的实现与农村反贫困［J］．江淮论坛，2009，237（5）：114－118.

[13] 李细建，廖进球．有限理性视角下的地方政府行为分析［J］.社会科学家，2009（10）：44－47.

[14] 丁军，陈标平．构建可持续扶贫模式　治理农村返贫顽疾［J］.社会科学，2010（1）：52－57.

[15] 吴晓俊．中国农村返贫困境分析与可持续扶贫探索［J］．求实，2010（6）：92－95.

[16] 尹学群．基于合作行为的农村金融创新——以临海为例［J］.中国党政干部论坛，2010（8）：28－30.

[17] 王振颐．生态资源富足区生态扶贫与农业产业化扶贫耦合研究［J］.西北农林科技大学学报（社会科学版），2012，12（6）：70－74.

[18] 李桂荣，谷晓霞．农村籍学生接受高等教育的个人成本与收益分析［J］．教育研究，2012（7）：15－21.

[19] 李广义．桂西石漠化地区生态扶贫的应对之策研究［J］．广西社会科学，2012（9）：19－22.

[20] 李勇．改革开放以来东西扶贫协作政策的历史演进及其特点 [J]．党史研究与教学，2012 (2)：36－43.

[21] 高明．兼业背景下贫困地区农户资源配置的特征与效率分析 [J]．经济社会体制比较，2012 (2).

[22] 高明．农户行为的逻辑及其政策含义分析 [J]．思想战线，2013，39 (1)：147－148.

[23] 张强．中国城乡一体化发展的研究与探索 [J]．中国农村经济，2013 (1)：15－23.

[24] 白永秀，王颂吉．城乡发展一体化的实质及其实现路径 [J]．复旦学报（社会科学版)，2013，55 (4)：149－156.

[25] 薛桂霞，刘怀宇．家庭理性：一个分析农户经济行为模式的框架 [J]．农业经济，2013 (4)：58－60.

[26] 黄国庆．连片特困地区旅游扶贫模式研究 [J]．求索，2013 (5)：253－255.

[27] 孟慧新．规划性与自发性适应的协同——以宁夏劳务移民为例 [J]．思想战线，2013，39 (5)：95－99.

[28] 秦立建，陈波，秦雪征．健康对农民工外出务工收入的影响分析 [J]．世界经济文汇，2013 (6)：110－120.

[29] 葛珺沂．西部少数民族地区贫困脆弱性研究 [J]．经济问题探索，2013 (8)：163－170.

[30] 朱青．贵州喀斯特地区贫困农户可持续发展分析 [J]．农业经济，2013 (8)：85－87.

[31] 陈伯庚，陈承明．新型城镇化与城乡一体化疑难问题探析 [J]．社会科学，2013 (9)：34－43.

[32] 刘慧，叶尔肯·吾扎提．中国西部地区生态扶贫策略研究 [J]．中国人口·资源与环境，2013，23 (10)：52－58.

[33] 祁新华，林荣平，程煜，叶士琳．贫困与生态环境相互关系研究述评 [J]．地理科学，2013，33 (12)：1498－1505.

[34] 陶选宁，郭金喜．论区域经济发展的产业嵌入及其实现路径——以兰溪市来料加工行业发展为例 [J]．浙江社会科学，2014 (2).

［35］张永亮，肖毅敏．农村扶贫开发的金融支持创新［J］．湖南社会科学，2014（3）：162－164.

［36］杨玉波，李备友，李守伟．嵌入性理论研究综述：基于普遍联系的视角［J］．山东社会科学，2014（3）：172－176.

［37］胡振光，向德平．参与式治理视角下产业扶贫的发展瓶颈及完善路径［J］．学习与实践，2014（4）.

［38］徐婧，冯雪红．生态移民研究与反思［J］．广西民族研究，2014（4）：149－157.

［39］刘国恩，William H. Dow，傅正泓，John Akin．中国的健康人力资本与收入增长［J］．经济学，2014，4（1）：101－118.

［40］闫喜凤，纪晓宁．国家重点森林生态功能区生态移民的政府责任研究［J］．行政论坛，2014（4）.

［41］胡艳丽．农户经济行为调控与贫困地区生态农业发展研究［J］．生态经济，2014，30（5）：138－140.

［42］高波，王善平．财政扶贫资金综合绩效评价体系研究［J］．云南社会科学，2014（5）：86－89.

［43］李明，邵挺，刘守英．城乡一体化的国际经验及其对中国的启示［J］．中国农村经济，2014（6）：83－96.

［44］邹薇，郑浩．贫困家庭的孩子为什么不读书：风险、人力资本代际传递和贫困陷阱［J］．经济学动态，2014（6）：16－31.

［45］韩广富，周耕．我国东西扶贫协作的回顾与思考［J］．理论学刊，2014（7）：34－38.

［46］杨光华．群体规模与农民专业合作社发展——基于集体行动理论［J］．农业经济问题，2014，35（11）：80－86.

［47］马红旗，王韧．对人力资本形成理论的新认识［J］．经济学家，2014（12）：33－41.

［48］王弟海，龚六堂，李宏毅．健康人力资本、健康投资和经济增长——以中国跨省数据为例［J］．管理世界，2008（3）：27－39.

［49］闫东东，付华．龙头企业参与产业扶贫的进化博弈分析［J］．农村经济，2015（2）：82－85.

［50］韦璞．贫困、贫困风险与社会保障的关联性［J］．广西社会科学，2015（2）：134－141．

［51］孙兆霞．脱嵌的产业扶贫——以贵州为案例［J］．中共福建省委党校学报，2015（3）：14－21．

［52］祁进玉．三江源地区生态移民的社会适应与社区文化重建研究［J］．中央民族大学学报（哲学社会科学版），2015（3）：47－53．

［53］韦仁忠，唐任伍．社会资本与移民适应：三江源生态移民的文化失调与修补［J］．北方民族大学学报（哲学社会科学版），2015（4）：53－57．

［54］张莉．我国东西扶贫协作的推进机制研究［J］．天津行政学院学报，2015（4）：46－51．

［55］李颖．社会扶贫资源整合的类型及其适应性［J］．探索，2015（5）：146－151．

［56］罗莹，李忠慎．可行能力理论视角下民族地区农村社会保障与反贫困探析［J］．凯里学院学报，2015，33（5）：45－48．

［57］林建华．金融支持精准扶贫的实践［J］．中国金融，2015（21）：77－78．

［58］李晶玲，张双英，谢瑞芬．电商扶贫调查［J］．中国金融，2015（22）：88－89．

［59］黄志辉．“嵌入”的多重面向——发展主义的危机与回应［J］．思想战线，2016，42（1）：96－104．

［60］王志章，丛丹丹．连片特困地区城市空间生产与城乡一体化理论发展回眸［J］．中国名城，2016（1）：27－33．

［61］谷晓然．中国居民收入流动性与长期贫困［J］．财经科学，2016（2）：50－61．

［62］高帅，毕洁颖．农村人口动态多维贫困：状态持续与转变［J］．中国人口·资源与环境，2016，26（2）：76－83．

［63］李福夺．西南贫困地区农户生产决策行为——理论构建与实证分析［J］．四川农业大学学报，2016，34（3）：391－396．

［64］周铁涛．基层政府主导农村法治化治理的困境与路径［J］．湖湘论坛，2016，29（3）：122－127．

［65］李迎生，徐向文．社会工作助力精准扶贫：功能定位与实践探索［J］．学海，2016（4）：114－123．

［66］张瑜．宁夏生态移民政策供给缺陷与原因分析［J］．北方民族大学学报（哲学社会科学版），2016（5）：141－144．

［67］莫光辉，凌晨．政府职能转变视角下的精准扶贫绩效提升机制建构［J］．党政研究，2016（5）：95－101．

［68］杨建，韩宗伟，张翊红．旅游精准扶贫的作用机理和推进策略［J］．云南社会科学，2016（6）：52－56．

［69］李晶．贫困地区文化"内生性重构"研究［J］．图书馆论坛，2016（6）：27－33．

［70］刘炫，李郁芳．人力资本投资、公共品供给与农村地区减贫［J］．广东社会科学，2016（6）：25－29．

［71］郑瑞强，曹国庆．脱贫人口返贫：影响因素、作用机制与风险控制［J］．农林经济管理学报，2016，15（6）：619－624．

［72］潘功胜．加快农村金融发展　推进金融扶贫探索实践［J］．行政管理改革，2016（6）：22－28．

［73］陆磊．金融扶贫的发展理念、政策措施及展望［J］．武汉金融，2016（7）：4－6．

［74］沈茂英，杨萍．生态扶贫内涵及其运行模式研究［J］．农村经济，2016（7）：3－8．

［75］胡静林．加大财政扶贫投入力度　支持打赢脱贫攻坚战［J］．行政管理改革，2016，8（8）：12－15．

［76］周宜强，张晓丽，邱峰．财政精准发力　助推扶贫攻坚［J］．农村金融研究，2016（9）：13－18．

［77］杨德进，白长虹．我国旅游扶贫生态效率的提升路径［J］．旅游学刊，2016，31（9）：12－14．

［78］陈晓莉．扶贫扶文化　治"本"除穷根［J］．理论月刊，2016（9）：5－11．

［79］邢成举．压力型体制下的"扶贫军令状"与贫困治理中的政府失灵［J］．南京农业大学学报（社会科学版），2016（5）：65－73．

［80］张岩，王小志．农村贫困地区实施电商扶贫的模式及对策研究［J］．农业经济，2016（10）：58－59．

［81］郑瑞强，张哲萌，张哲铭．电商扶贫的作用机理、关键问题与政策走向［J］．理论导刊，2016（10）：76－79．

［82］李周．社会扶贫的经验、问题与进路［J］．求索，2016（11）：41－45．

［83］莫光辉，张菁．绿色减贫：脱贫攻坚战的生态精准扶贫策略——精准扶贫绩效提升机制系列研究之六［J］．广西社会科学，2017（1）：144－147．

［84］何平．我国精准扶贫战略实施的法治保障研究［J］．法学杂志，2017，38（1）：50－58．

［85］莫光辉．精准扶贫视域下的产业扶贫实践与路径优化——精准扶贫绩效提升机制系列研究之三［J］．云南大学学报（社会科学版），2017，16（1）：102－112．

［86］许汉泽，李小云．精准扶贫背景下农村产业扶贫的实践困境——对华北李村产业扶贫项目的考察［J］．西北农林科技大学学报（社会科学版），2017，17（1）：9－16．

［87］乌静．政策排斥视角下的牧区生态移民社会适应困境分析［J］．生态经济，2017，33（3）：175－178．

［88］王志章．连片特困地区空间生产与城乡一体化的理论逻辑［J］．吉首大学学报（社会科学版），2017，38（3）：26－36．

［89］颜红霞，韩星焕．中国特色社会主义生态扶贫理论内涵及贵州实践启示［J］．贵州社会科学，2017（4）：142－148．

［90］郃秀军，畅冬妮，郭颖．宁夏生态移民居住安置方式的减贫效果分析［J］．干旱区资源与环境，2017，31（4）：47－53．

［91］刘永富．全面贯彻中央决策部署　坚决打赢脱贫攻坚战［J］．中国扶贫，2017（10）．

［92］李雪勤．扎实构建不敢腐不能腐不想腐的有效机制［J］．求是，2017（5）：25－27．

（三）报纸

［1］刘慧．城乡一体化需破除二元结构［N］．经济日报，2013－11－23.

［2］周者军．陇南探索出电商扶贫开发新模式［N］．甘肃日报，2015－5－25.

［3］新华社．习近平在部分省区市党委主要负责同志座谈会上强调　谋划好“十三五”时期扶贫开发工作确保农村贫困人口到2020年如期脱贫［N］．人民日报，2015－6－20.

［4］周克全．电商扶贫要有新思路［N］．甘肃日报，2015－7－3.

［5］石巍．“通榆模式”：县域电商追“＋”样板［N］．吉林日报，2015－7－29.

［6］习近平在中央扶贫开发工作会议上强调　脱贫攻坚战冲锋号已经吹响全党全国咬定目标苦干实干［N］．人民日报，2015－11－29.

［7］谭平．城乡一体化如何协调发展［N］．光明日报，2016－1－7.

［8］习近平在东西部扶贫协作座谈会上强调　认清形势聚焦精准深化帮扶确保实效切实做好新形势下东西部扶贫协作工作［N］．人民日报，2016－7－22.

［9］人力资源社会保障部．人力资源社会保障部关于在打赢脱贫攻坚战中做好人力资源社会保障扶贫工作的意见［N］．中国劳动保障报，2016－8－13.

［10］顾仲阳．兄弟携手　共奔全面小康——全国东西扶贫协作工作20年综述［N］．人民日报，2016－7－20.

［11］中央纪委公开曝光九起扶贫领域腐败问题典型案例［N］．人民日报，2016－11－8.

（四）学位论文

［1］姚瑶．我国农村弱势群体社会救助研究［D］．山东：山东大学，2008.

［2］张锐．浅析贫困地区农村社会保障体系［D］．北京：中央民族大学，2008.

［3］成卓．中国农村贫困人口发展问题研究［D］．四川：西南财经大学，2009．

［4］辛卫振．中国农村扶贫政策价值取向研究［D］．山东：中国海洋大学，2012．

［5］刘小娟．社会保障视野下农村反贫困的研究——以山西广灵县为例［D］．山西：山西财经大学，2013．

［6］尹飞霄．人力资本与农村贫困研究：理论与实证［D］．江西：江西财经大学，2013．

［7］杨绍辉．民族地区农村社会保障发展与反贫困研究［D］．云南：云南大学，2014．

［8］徐小英．农村贫困人口致贫的成因与政策调适［D］．江西：南昌大学，2015．

［9］杨智．小康社会目标与甘肃农村反贫困研究［D］．甘肃：兰州大学，2016．

后 记

党的十八大以后，中国特色社会主义进入新的发展阶段，进入全面建成小康社会决胜阶段，精准扶贫、脱贫攻坚，打赢脱贫攻坚战，是全面建成小康社会、实现第一个百年目标的重要内容、重要要求、重要举措。以习近平同志为核心的党中央高度重视精准扶贫、脱贫攻坚。2013 年习近平总书记在湖南湘西十八洞村考察时明确提出扶贫开发要精准扶贫，此后，精准扶贫就成为中国扶贫开发新阶段的基本要求、推进方略和工作机制。2015 年 11 月，《中共中央国务院关于打赢脱贫攻坚战的决定》提出，大力实施精准扶贫，确保到 2020 年农村贫困人口实现脱贫，坚决打赢脱贫攻坚战。2016 年 11 月，国务院印发《“十三五”脱贫攻坚规划》，要求坚持精准扶贫、精准脱贫基本方略，打赢脱贫攻坚战，确保到 2020 年在现行标准下农村贫困人口实现脱贫。本书立足于全面建成小康社会，一方面围绕党和国家关于精准扶贫、脱贫攻坚的大政方针、战略要求与政策举措进行分析论述，另一方面侧重对全面建成小康社会决胜阶段精准扶贫、脱贫攻坚的一系列重要问题进行理论研究，致力于精准扶贫、脱贫攻坚的政策论述与理论研究相结合。

本书是中共中央党校创新工程区域经济协调发展项目的重要成果之一，本书的研究得到此项目首席专家、中央党校经济学教研部副主任曹立教授的支持。本书由杨秋宝主编，撰写者按撰写章节依次为：杨秋宝撰写第一章、第二章，姚星星撰写第三章、第六章、第七章，公丕明撰写第四章、第八章，张国防撰写第五章、第十章，仲德涛撰写第九章、第十五章、第十六章，杨振强撰写第十一章，公丕宏撰写第十二章、第十七章，刘金新撰写第十三章、第十四章，龙琪琪、王道勇撰写第十八章，王道勇、龙琪琪撰写第十九章。

衷心感谢北京人民出版社对于本书研究和出版提供的鼓励与支持。衷心希望本书对于中国在全面建成小康社会中精准扶贫、脱贫攻坚的实践进程与理论研究能够有所裨益。

中共中央党校　杨秋宝

2017年7月1日

图书在版编目（CIP）数据

2020：中国消除农村贫困：全面建成小康社会的精准扶贫、脱贫攻坚研究 / 杨秋宝主编. — 北京：北京人民出版社，2017.10

ISBN 978-7-5300-0378-7

Ⅰ.①2… Ⅱ.①杨… Ⅲ.①农村—扶贫—研究—中国 Ⅳ.①F323.8

中国版本图书馆 CIP 数据核字(2017)第 233709 号

2020：中国消除农村贫困

全面建成小康社会的精准扶贫、脱贫攻坚研究

2020：ZHONGGUO XIAOCHU NONGCUN PINKUN

杨秋宝　主编

*

北 京 出 版 集 团 公 司
北 京 人 民 出 版 社　出版

（北京北三环中路 6 号）

邮政编码：100120

网　　址：www.bph.com.cn

北京出版集团公司总发行

新　华　书　店　经　销

北京京华虎彩印刷有限公司印刷

*

787 毫米×1092 毫米　16 开本　19 印张　297 千字

2017 年 10 月第 1 版　2017 年 10 月第 1 次印刷

ISBN 978-7-5300-0378-7

定价：58.00 元

如有印装质量问题，由本社负责调换

质量监督电话：010-58572393